Peru

Günter Hane

MERIAN-TopTen

Höhepunkte, die Sie unbedingt sehen sollten

1 **Scharrbilder von Nasca**
Darstellungen von Affen, Spinnen oder Vögeln – mehrere Hundert Meter groß (→ S. 59).

2 **Cañón del Colca**
Der Kondor, der König der Anden, lädt zu einer Flugshow im tiefsten Cañón der Welt ein (→ S. 68).

3 **Taquile**
Eine Bootsfahrt über den Titicacasee zu den strickenden Männern auf der Insel Taquile (→ S. 78).

4 **Altstadt von Cusco**
Kirchen thronen auf Inka-Mauern, Lamas stehen Modell, und zur Novo-Andina-Küche gibt's Anden-Folklore live (→ S. 84).

5 **Valle Sagrado – Urubambatal**
In der Kornkammer der Inka warten bunte Märkte und alte Tempelheiligtümer auf den Besucher (→ S. 95).

6 **Machu Picchu**
Ein märchenhafter Bergurwald umgibt die 1911 wieder entdeckte Tempelburg der Inka (→ S. 99).

7 **Parque Nacional de Huascarán bei Huaraz**
Eine Panoramafahrt auf Augenhöhe mit den Eisgipfeln der Anden (→ S. 107).

8 **Trujillo**
Spanische Kolonialkunst und Tempel aus 140 Millionen Adobe-Ziegeln (→ S. 110).

9 **Museo Tumbas Reales de Sipán bei Chiclayo**
Die schönsten Goldschätze der Mochica-Kultur hervorragend präsentiert (→ S. 122).

10 **Reserva Nacional Tambopata im Amazonasregenwald**
Eine einzigartige Flora und Fauna zu Land und zu Wasser (→ S. 134).

MERIAN-Tipps ···›
finden Sie auf Seite 192

Inhalt

Erläuterung der Symbole

Für Familien mit Kindern besonders geeignet

CREDIT *Alle Kreditkarten werden akzeptiert*

Keine Kreditkarten werden akzeptiert

Preise für Übernachtungen im Doppelzimmer mit Frühstück:

●●●●	*ab 150 US$*	●●	*60–90 US$*
●●●	*90–150 US$*	●	*30–60 US$*

Preise für eine Hauptspeise ohne Getränke:

●●●●	*ab 50 S/.*	●●	*20–35 S/.*
●●●	*35–50 S/.*	●	*bis 20 S/.*

Karten und Pläne

Die Buchstaben-Zahlen-Kombinationen im Text verweisen auf die Planquadrate der Karten, z. B.

⟶ S. 179, E 10 Kartenatlas
⟶ S. 65, b 2 Detailkarte innen
⟶ Umschlagkarte hinten, c 2

Mit Straßenkarte

1. GEPRÜFTER REISEFÜHRER
MERIAN *live!*

Schnelle Orientierung	*Klarer Aufbau. Übersichtliche Seiten, Verzeichnisse und Karten*
Kompakte Informationen	*Alles über Ziele und Umgebung in Kürze, viele nützliche Tipps*
Aktuelle Inhalte	*Angaben werden laufend kontrolliert und aktualisiert*

Extra MERIAN **Quiz**

⟶ S. 19

Peru stellt sich vor

Wer kann sich solchen Blicken entziehen? Die Tracht der Schulkinder in der Urubamba-Kordillere (→ S. 95) ist fast ausschließlich von Hand gewoben und gestrickt.

Eine Reise durch Peru führt durch eine unendliche Vielfalt. Das Land erzählt eine Geschichte von Reichtum und Armut, Gold und Göttern zwischen Wüsten, Eisgipfeln und dem Amazonasregenwald.

Auf dem Teller liegt ein gegrilltes Meerschweinchen, dazu gibt es Kartoffeln – in Peru ein Festessen. Die Kartoffel, die ursprünglich aus dem Andenhochland stammt, trat weltweit einen triumphalen Siegeszug an und bereichert heute die Speisekarten vieler Länder. Das Meerschweinchen dagegen ist außerhalb der Anden kein Publikumsliebling geworden – zumindest nicht in gegrillter Form. Die peruanische Küche hat auch mehr zu bieten als nur Meerschweinchen, sie hat den Ruf, die abwechslungsreichste in ganz Südamerika zu sein. Und das gilt nicht nur für die Küche, das ganze Land ist in vielerlei Hinsicht überraschend vielfältig.

Wie aber kann man die ungeheure Fülle an kulturellen und landschaftlichen Highlights am besten zu einer spannenden Reise verbinden? Generell gilt: Weniger ist oft mehr – und das ganze Land kann man unmöglich auf nur einer Reise kennenlernen. Mit 1 285 216 Quadratkilometern ist Peru ungefähr 3,6-mal so groß wie Deutschland, zählt aber nur ca. 28,5 Millionen Einwohner.

Unendlich weite, dünn besiedelte Landstriche

Bei diesem Fell ist es nicht weiter verwunderlich, dass Alpakas vorwiegend zur Gewinnung von Wolle gehalten werden.

Der Peruaner selbst unterteilt sein Land in »costa, sierra y selva«: Küste, Bergland und Urwald. Auf den Küstenstreifen entfallen ca. zehn Prozent der Landesfläche, auf das parallel zum Küstenstreifen verlaufende Bergland, die Anden, etwa 30 Prozent. Die verbleibenden 60 Prozent liegen östlich der Andenausläufer und bestehen aus tropischem Regenwald.

In den unterschiedlichen Lebensräumen konnte sich über Jahrtausende eine unbeschreiblich reiche Artenvielfalt entwickeln. So erstaunt es niemanden, dass auch der deutsche Naturforscher Alexander von Humboldt, der sich um 1802 in Peru aufhielt, begeistert war. Denn in den Fluten des Pazifiks tummeln sich Wale und Seelöwen, auf den kargen Hängen der Anden weiden Lamas und Alpakas, Jaguare und Tapire durchstreifen den Regenwald, während Kaimane in den Amazonaszuläufen auf Fischfang gehen. In der Wüste wachsen Kandelaber-Kakteen, und in den Hochanden gedeiht die *Puya Raimondi*, eine Bromelie, die bis zu 20 000 einzelne Blüten entwickeln kann. Auf einem einzigen Quadratkilometer im Amazonasregenwald wachsen mehr Pflanzenarten als in ganz Deutschland.

Für die Bewohner Limas – immerhin fast ein Drittel aller Peruaner – ist die Hauptstadt der Mittelpunkt des Landes. Schon zu Beginn der Kolonialzeit im 16. Jahrhundert wurde Peru von Lima aus zentralistisch verwaltet,

Der Dienst in historisch-republikanischer Uniform ist gemütlich. Da lässt es sich gut lachen, während die Kollegen im Amazonasurwald am Grenzposten schwitzen.

woran sich bis zum heutigen Tage nur wenig geändert hat. Nach der Eroberung des Inka-Reichs, im Auftrag der spanischen Krone, hatte Francisco Pizarro die Stadt am 18. Januar 1535 gegründet, 1543 wurde das Vizekönigreich ausgerufen.

Vom 16. bis zum 18. Jahrhundert galt Lima als die »Stadt der Könige«, als »Perle des Pazifiks«. Der koloniale Stadtkern erinnert noch heute an diese glanzvolle Epoche. Prächtige Klöster und Kirchen entstanden zum Zwecke der Evangelisierung der indigenen Bevölkerung und galten als

Pyramiden neben Kirchen

Bollwerke gegen die »dämonischen« indianischen Gottheiten. Barockaltäre traten an die Stelle von Huacas, den ursprünglichen indianischen Tempeln, die in Form von Pyramiden aus Millionen von luftgetrockneten Sand- und Lehmziegeln erbaut wurden. Noch in unseren Tagen verweisen in Lima zahlreiche Überreste dieser Tem-

Gegensätze prägen das Gesicht der Hauptstadt

pel auf das reiche kulturelle Erbe präkolumbischer Zeit, also vor der Ankunft Kolumbus'.

Lima ist eine Stadt der extremen Gegensätze, erschreckende Armut und üppiger Wohlstand gehören zum täglichen Bild. Glas- und Betonpaläste sowie die großzügig bewässerten Parkanlagen der modernen Stadtteile verbergen dem Besucher, dass er sich eigentlich inmitten einer Wüste befindet. Erste Anzeichen dieser Wüste finden sich in den Armenvierteln des Vorstadtgürtels, der die ganze Stadt umschließt. Hier grünt es nur noch spärlich, dafür dominieren Sand und Fels. Der tägliche Wasserbedarf der über acht Millionen Einwohner der Hauptstadt stellt die Verantwortlichen vor schier unlösbare Probleme. In den Randbezirken werden die Bewohner über Tanklastwagen mit dem lebensnotwendigen Nass versorgt. Hygienische und gesundheitliche Probleme sind somit vorprogrammiert.

Versteckte Regeln im Chaos

Fast noch schwieriger als die Wasserversorgung Limas stellt sich das Verkehrsproblem der Großstadt dar. Davon bleibt auch der Besucher nicht lange verschont. Schon wenige Kilometer nach Verlassen des Flughafens kommt der Verkehr fast zum Erliegen. Nun ist es eine Frage des Geschicks des Fahrers, verbunden mit dessen Appell an die Fahrgäste, Geduld zu bewahren. Gerade für deutsche Besucher ist es erstaunlich zu beobachten, wie das, was sich auf den ersten Blick als ein totales Verkehrschaos darstellt, doch nach ganz eigenen Spielregeln zu funktionieren scheint, wobei eine Straßenverkehrsordnung im eigentlichen Sinne dabei keine entscheidende Rolle spielt.

Die Inka und ihre Vorfahren

Die Geschichte Perus und die Geschichte der Inka werden fälschlicherweise oft gleichgesetzt, denn die Inka traten erst sehr spät auf die historische Bühne Perus. Bereits vor fast 5000 Jahren entstand die erste städtische Zivilisation in Peru. **Caral**, in einem Flusstal 200 Kilometer nördlich von Lima gelegen, gilt als die älteste Stadt auf dem amerikanischen Kontinent. Die Bewohner lebten sowohl vom Fischreichtum des immer kalten Humboldtstroms, der vor der peruanischen Küste verläuft, als auch von der Landwirtschaft. Das Flusswasser, das aus den höheren Regionen der Anden zum Pazifik fließt, leiteten die einfallsreichen frühen »Agraringenieure« geschickt zu Bewässerungszwecken um und machten den trockenen Wüstensand dadurch urbar.

Aber auch die Bewohner der Anden begnügten sich nicht mit einem einfachen Jäger- und Sammler-Dasein. In **Chavín de Huántar**, in der Cordillera Blanca, der Weißen Kordillere, nordöstlich von Lima gelegen, entwickelte

Die traditionelle Tracht der Frauen und Mädchen aus der Vilcanota-Kordillere (→ S. 38).

sich vor über 3000 Jahren die Chavín-Kultur. Die **Cordillera Blanca** dehnt sich auf eine Länge von 180 Kilometern aus und besitzt über 50 Berge, die sich auf Höhen über 5700 Meter erheben. Weit verzweigte, teilweise unterirdisch angelegte Tempelanlagen zeugen vom hohen Entwicklungsstand der Chavín. Die Aufgaben in ihrer Gesellschaft waren klar verteilt: Das einfache Volk verrichtete bäuerliche oder handwerkliche Arbeiten, und eine Priesterkaste hatte sich dem Dienst an anthropomorphen, Furcht erregenden Gottheiten verschrieben. Der Tauschhandel gehörte schon damals zum Alltag.

Von den Anfängen der südamerikanischen Kulturen bis hin zum Imperium der **Inka** war es ein weiter Weg. Die Inka übernahmen die kulturellen Errungenschaften früherer Kulturkreise der Küste, der Anden und des Bergurwalds. Sie »erbten« Straßen- und Bewässerungssysteme, Webtechniken und Goldschmiedekünste, aber auch das Wissen um Steinmetzarbeiten und Keramikkünste. Das Reich der Inka entstand vermutlich um 1200 n. Chr. Aber erst unter dem neunten Inka Pachacútec Yupanqui (1438–1471) begann die Expansion des Reiches, das sich zum größten Imperium des amerikanischen Kontinents in präkolumbischer Zeit entwickeln sollte. Als die Spanier eintrafen, erstreckte sich das »tawantinsuyo«, wie es die Inka nannten, das »Reich der vier Himmelsrichtungen«, über eine Länge von mehr als 4000 Kilometern. Teile der heutigen Länder Kolumbien, Ecuador, Peru, Bolivien, Chile und Argentinien standen unter der Kontrolle der Inka. Noch heute zeugen die ungeheuren baulichen Wunderwerke vom Leistungsvermögen ihres Staatsapparates. Oberhalb der Stadt **Cusco**, in **Saqsaywaman**, stehen beispielsweise bis zu 155 Tonnen schwere Steinblöcke, die über beachtliche Entfernungen transportiert, mit einfachen Steinwerkzeugen behauen und doch mit großer Präzision zu einem perfekten Bauwerk zusammengefügt wurden. Umso erstaunlicher mutet der schlagartige Untergang dieses Reiches an, dessen Schicksal von einer Hand voll Spaniern besiegelt wurde.

Es scheint, als würde der Bergurwald nahtlos in die Gletscher der Vilcabamba-Kordillere (→ S. 37) übergehen.

Steinalte Zeugen der Zeit

Die Spanier brachten den Ureinwohnern nicht nur den christlichen Segen, sondern sie schleppten auch fremde Krankheitserreger in die kolonialisierten Gebiete ein, gegen die selbst das potenteste Weihwasser nichts auszurichten vermochte. Masern und Pocken wüteten ganz verheerend unter der indigenen Bevölkerung Südamerikas. Hinzu kamen die menschenunwürdigen Arbeitsbedingungen in den Minen der Hochanden – ein Martyrium, das nur die wenigsten

Die wunderschöne Orchideenblume Wiñay Wayna, was übersetzt so viel bedeutet wie »ewige Jugend«, ist in der peruanischen Landschaft keine Seltenheit.

Zwangsarbeiter überlebten. Die ursprünglich auf neun bis zehn Millionen geschätzte indianische Bevölkerung des Inka-Reichs schrumpfte bis 1650 auf nicht einmal mehr eine Million indianischer Einwohner zusammen. In den Küstenregionen Perus leben bis heute die Nachfahren der aus Afrika verschleppten Sklaven, die vom 16. bis zum 18. Jahrhundert die indianischen Arbeitskräfte ersetzten. Große Baumwoll- und Zuckerrohrplantagen entstanden entlang des Pazifiks, und auch die von den Spaniern eingeführte Weinrebe gedieh prächtig.

An den miserablen Lebensbedingungen der indigenen Bewohner änderte sich auch durch Perus Unabhängigkeit von Spanien seit 1824 und den Beginn der republikanischen Epoche nichts. Zwar wurde offiziell 1854 die Sklaverei abgeschafft, aber die indianische Landbevölkerung kam vom Regen in die Traufe. Denn das Land, auf dem die Bauern lebten, gehörte Großgrundbesitzern, welchen sie zu Arbeitsleistungen verpflichtet waren.

Ab Mitte des 19. Jahrhunderts kamen chinesische Arbeiter zur Verlegung der Eisenbahnstrecken nach Peru – ein weiterer Mosaikstein in einem Schmelztiegel unterschiedlicher Völker und Kulturen.

Perus Weg in die Moderne

Erst 1968 leitete ein militärischer Staatsstreich unter Führung des Generals Juan Velasco Alvarado einen radikalen Kurswechsel in Peru ein, der Verstaatlichungen vieler Industriezweige und eine Landreform zur Folge hatte. In den nächsten zwölf Jahren orientierte sich Peru stark an der UdSSR und Kuba. Als die Militärs 1980 abdankten, hinterließen sie ein wirtschaftliches und politisches Chaos, das von Korruption gezeichnet war. Trotz des demokratischen Neubeginns begann fast zeitgleich ein tragisches Kapitel der peruanischen Geschichte. Die Kämpfer des »Leuchtenden Pfads«, einer peruanischen Terrororganisation mit maoistischen Tendenzen, lieferten sich einen erbarmungslosen Kampf mit den peruanischen Militärs, die ihrerseits vor keiner Menschenrechtsverletzung zurückschreckten. Die indianische Bevölkerung geriet bei diesem Kampf zunehmend zwischen die Fronten.

Der Regierung unter Alberto Fujimori, einem Sohn japanischer Einwanderer, gelang es 1994, den Konflikt zu beenden. Nach vorsichtigen Schätzungen hat dieses blutige Kapitel der peruanischen Geschichte mindestens 60 000 Menschenleben gekostet. Fujimori räumte nach anfänglichen Erfolgen sehr unrühmlich das Feld. Zu Beginn seiner dritten Amtsperiode setzte er sich im Jahr 2001 nach schweren Korruptionsvorwürfen nach Japan ab. Seinem Nachfolger Alejandro Toledo gelang es zwar, das Land wirtschaftlich weiter zu stabilisieren, aber die im Wahlkampf versprochenen neuen Arbeitsplätze blieben aus. Den wachsenden Unmut großer Teile der Bevölkerung bekam auch er schnell zu spüren. 2006 wurde Alan García Pérez erneut zum Präsidenten gewählt. Garcia war bereits von 1985 bis 1990 Staatschef, seine erste Amtsperiode war jedoch von innenpolitischen Problemen bestimmt gewesen.

So unterschiedlich wie das Land sind auch die Leute

De facto ist es aufgrund der vielen differierenden Interessen und Bedürfnisse der Peruaner schwierig, das Land zu regieren. Noch heute leben im Regenwald Nomaden, die nie Kontakt zur westlichen Zivilisation hatten, selbst der Gebrauch von Eisen ist ihnen fremd. Auch in den abgeschiedenen Tälern der Anden hat sich seit den Inka nicht viel verändert. In Städten wiederum gehört der Gebrauch von Handys und Internet zum Alltag.

Ein Land mit Tausend Realitäten, welchen nur eine Regierung gerecht werden soll?

Lamas grasen vor dem Nevado Auzangate (6372 Meter). Die Tiere sind wichtiges Nutzvieh, da sie bis zu 30 Kilogramm tragen können, aber auch Fell und Fleisch sind begehrt.

Vielfalt zeigt sich auch in der Natur: Parallel zu der 2414 Kilometer langen **Pazifikküste** Perus verläuft ein schmaler Wüstenstreifen, der im Norden in der Nähe der Grenze zu Ecuador beginnt und im Süden in die chilenische Wüste Atacama übergeht. Die **Wüste** hat unterschiedliche Gesichter – Fels, Geröll und Sand wechseln einander ab. Auf Steilküstenabschnitte folgen Sandstrände, landeinwärts befinden sich riesige Sicheldünen. Nur sporadisch ist diese Wüste, die zu den trockensten der Welt zählt, von grünen Flusstälern unterbrochen.

Das Augenmerk vieler Reisender richtet sich heute auf die **Anden** sowie die Sehenswürdigkeiten der Bergregionen Perus. Die westliche, der Pazifikküste zugewandte Seite der Anden ist trockener, während die östliche, dem **Amazonasregenwald** zugewandte Seite in feucht-schwülen Bergurwald übergeht. Schroff ragen die Gletscher der Kordilleren aus dem südamerikanischen Kontinent hervor. Kaum 100 Kilometer Luftlinie trennen den höchsten Gipfel Perus, den »Eisriesen« Huascarán (6768 m), von den Ufern des Pazifiks.

Beim Anblick dieses spektakulären Andenpanoramas vergisst man die dünne Höhenluft nur allzu schnell. Doch hier ist Vorsicht geboten! Zu Beginn eines Aufenthaltes in den Hochanden lautet die Devise: »despacio«, »immer schön langsam«, sonst droht »soroche«, die Höhenkrankheit.

Der Titicacasee – mit dem Boot eine andere Welt erkunden

Im Süden Perus, bereits an der Grenze zu Bolivien, liegt auf 3820 Metern der **Titicacasee**. Mit über 8000 Quadratkilometern ist er der höchste schiffbare See der Welt, der noch internationalen Schiffsverkehr vorweisen kann. Zwei Drittel des Sees beansprucht Peru, ein Drittel gehört zu Bolivien. Eine Bootsfahrt auf dem Titicacasee gehört zu den Höhepunkten

Die mäandernden Regenwaldflüsse verändern häufig ihren Lauf. Zurück bleiben Seen, die sich durch die Regenfälle füllen, aber über Jahrhunderte langsam verlanden.

einer Perureise, so wie auch die Fahrt mit der Andenbahn von Puno über das große Hochland **Altiplano** nach Cusco ein unvergessliches Erlebnis ist.

Die alte Inka-Hauptstadt **Cusco** ist heute nicht nur der wichtigste Anziehungspunkt Perus für Kulturreisende, sondern zugleich beliebter Ausgangsort für verschiedene Trekkingtouren in die umliegenden Kordilleren. Aber auch Rafting und Mountainbiking gehören zu den Angeboten der vielen örtlichen Reiseagenturen.

Wer noch höher hinaus möchte, findet die mächtigsten Sechstausender – von welchen es immerhin 57 in Peru gibt – in der **Cordillera Blanca**. Das Angebot im Bergsteigerzentrum Huaraz reicht von Tagesausfügen bis hin zu mehrtägigen Bergtouren in den **Huascarán-Nationalpark**. Passstraßen führen auf über 5000 Meter Höhe, die Eismassen der Gletscher rücken in nächste Nähe. Noch höher schafft es nur der majestätische Kondor, der seine Kreise vor dem stahlblauen Himmel der Anden zieht.

Die grüne Lunge der Erde – der Regenwald

Doch der weitaus größte Teil Perus besteht aus undurchdringlichem **Regenwald**, der den Besuchern zumeist verborgen bleibt. Lediglich ca. zwölf Prozent der Bevölkerung Perus lebt im Regenwald, aber die dortigen Städte Iquitos, Pucallpa und Puerto Maldonado weisen ein rasches Wachstum auf. In früherer Zeit existierten hier lange nur unbedeutende Missionsstationen, die aufgrund der feindlichen Übergriffe indianischer Urwaldbewohner immer wieder aufgegeben wurden. Erst der Kautschukboom im 19. Jahrhundert verhalf einzelnen Urwaldregionen zu einem einzigartigen, aber nur sehr kurzfristigen wirtschaftlichen Aufschwung. Das Ende dieses Booms markierte eine neue Epoche für die unterschiedlichen Ethnien der Amazonasregionen. Der skrupellose Abbau von Gold, Erdgas und Erdölvorkommen sorgt auch in unserer Zeit noch dafür, dass die Rechte der Ureinwohner regelmäßig missachtet werden. Zum Glück finden der Erhalt des tropischen Regenwalds, der Artenschutz und der Schutz indianischer Lebensräume weltweit immer mehr Beachtung. Der Ökotourismus im peruanischen Regenwald verzeichnet ein kräftiges Wachstum und trägt so zum Fortbestand dieser Lebensräume bei.

Tourismus im Einklang mit Mensch und Umwelt

Der Reisende wird bald erkennen, dass Peruaner mit ihrer lebensfrohen Grundeinstellung und ihrem ungebremsten Erfindungsreichtum nicht nur die schwierigsten Lebensbedingungen meistern, sondern dadurch vielleicht selbst den größten Reichtum des Landes darstellen. Da gerade die Hochlandbewohner Fremden anfangs aber mit vorsichtiger Zurückhaltung begegnen, sollte man sich als Besucher Zeit nehmen und Kontakte behutsam knüpfen. Dafür wird man anschließend mit unvergesslichen Erlebnissen belohnt. Reisende, die nicht nur die wichtigsten touristischen Sehenswürdigkeiten aufsuchen, sondern gerne auch auf alternative Routen ausweichen, werden sich in ländlichen Gegenden schnell wie mit einer Zeitmaschine um Jahrhunderte zurückversetzt fühlen – ein Abenteuer!

Peru bietet die einmalige Gelegenheit, eine Reise durch verschiedene Zeitepochen und Lebensräume zu unternehmen: von den ersten Jägern und Sammlern über die Inka und die Kolonialzeit bis in das 21. Jahrhundert – von der Wüste über die Anden bis in den Regenwald.

Gewusst wo ...

Die Uros leben auf schwimmenden Inseln auf dem Titicacasee (→ S. 78), die künstlich aus Totora, einer Binsenart, erschaffen werden. In früheren Zeiten dienten sie dem Schutz vor Feinden, heute sind sie unter anderem beliebte touristische Ausflugsziele.

Die farbenfrohen Welten Perus überlassen dem Reisenden die Qual der Wahl zwischen Steigeisen und Surfbrett, Gold und Wolle, Fisch und Meerschweinchen, Märkten und Galerien!

Übernachten

Zwischen Klostermauern, Zeltwänden oder unter Palmendächern – Schlafen kann auch Erlebnis sein.

Das Glasdach des im Kolonialstil gehaltenen Innenhofs des Novotel (→ S. 82) in Cusco erlaubt dem Besucher auch bei stürmischem Wetter ein Frühstück unter »freiem« Himmel.

In den touristisch interessanten Regionen Perus ist das Angebot an Übernachtungsmöglichkeiten insgesamt sehr vielfältig und deutlich besser, als allgemein angenommen wird. Selbst hohe Ansprüche lassen sich an der Küste, in den Anden sowie im Regenwald problemlos erfüllen. In Lima und Cusco stehen sogar **Hotels** der Luxusklasse zur Verfügung. Insbesondere für den Zeitraum von Juni bis August sind rechtzeitige Reservierungen ratsam, da die Nachfrage nach luxuriösen und ausgefallenen Unterkünften schnell das Angebot übersteigt. Reisende, die abseits der touristischen Pfade das Erlebnis suchen, sollten keine zu hohen Ansprüche an Unterkünfte stellen. In der Regel stehen aber saubere und einfache Quartiere (ohne Frühstück) zur Verfügung.

Wer es naturverbunden liebt, kann sich beispielsweise in einer **Urwaldlodge** im Amazonasregenwald am frühen Morgen von kreischenden Aras wecken lassen. Auf Touren wird der »Early Morning Tea« im **Trekkingcamp** zu früher Stunde ans Zelt gebracht, während die ersten Sonnenstrahlen gerade die vergletscherten Sechstausender erleuchten. Auf die Spuren der Vizekönige begibt man sich hinter alten Klostermauern, die heute luxuriöse Fünf-Sterne-Hotels beherbergen. Kolonialzeitliches Flair und barocke Klänge begleiten hier den Gast durch Säle und Höfe.

Bei einer Übernachtung in sogenannten **Homestays** steht die Begegnung mit einer indianischen Gastfamilie im Vordergrund. Einfache und rustikale, aber blitzsaubere Unterkünfte stehen hierfür am Titicacasee oder auf dem Altiplano bereit, einer Hochebene im Südosten Perus und Westen Boliviens, die zwischen den Hochgebirgsketten der Cordillera Occidental und der Cordillera Oriental liegt. Ohne sich als »Zaungast« zu fühlen, erhält der Gast einen Einblick in das ländliche Leben der indigenen Bevölkerung. Kontakte entstehen trotz sprachlicher Barrieren spontan.

Um es mit anderen Worten auszudrücken: Luxus, Abenteuer und Erlebnis lassen sich auf einer Reise durch Peru auch bei der Auswahl der Übernachtungsmöglichkeiten in unterschiedlichster Form kombinieren.

MERIAN-Favoriten
Die 10 besten Adressen

Country Club Lima Hotel
Kolonialkunst in stilvoller, gediegener Atmosphäre. Zugang zu Limas exklusivem Golfclub (→ S. 45).

Miraflores Park Hotel, Lima
Luxus pur à la Orientexpress, an der Steilküste oberhalb des Pazifiks gelegen (→ S. 45).

Hotel Cantayo Spa & Resort, Nasca
Komfortables Landhotel in einer grünen Oase in der Wüste (→ S. 59).

Colca Lodge, Cañón del Colca
Rustikale Lodge in einzigartiger Cañón-Landschaft. Mit Thermalbad (→ S. 71).

Casa Andina Private Collection Suasi Island, Titicacasee
Eco-Lodge in einem privaten Naturschutzgebiet auf einer Insel im Titicacasee (→ S. 75).

Libertador Palacio del Inka, Cusco
Luxuriöses Hotel zwischen Inka-Mauern und Kolonialarkaden. Ausgezeichneter Pisco Sour (→ S. 82).

Monasterio, Cusco
Die Nummer eins in Peru. Koloniale Traumkulisse aus dem 16. Jh. kombiniert mit dem Luxus des 21. Jh. (→ S. 82).

Sol & Luna Lodge & Spa, Urubambatal
Komfortable, von Gärten umgebene Bungalowanlage mit Spa und Reitstall (→ S. 96).

Machu Picchu Pueblo Hotel, Aguas Calientes
Ein Paradies im Bergurwald zwischen Orchideen und Kolibris (→ S. 100).

Posada Del Puruay, Cajamarca
Das schönste Haziendahotel der peruanischen Anden mit grandiosem Kolonialflair (→ S. 117).

Einfache Hostals bieten schon ab 15 bis 30 S/. pro Nacht Unterkünfte für Rucksackreisende an, das Preisniveau der Luxushotels ist jedoch europäisch. Im Zimmerpreis ist in der Regel das Frühstück inbegriffen, allerdings sollte man zuvor erfragen, ob Servicesteuern anfallen. Reisende mit ausländischem Wohnsitz, die noch keine 60 Tage in Peru verweilen, sind von der 19-prozentigen IGV-Steuer (peruanische Mehrwertsteuer) auf Hotelübernachtungen ausgenommen. Um den entsprechenden Nachweis zu erbringen, wird der Reisepass sowie das bei der Einreise erhaltene Einreiseformular in den Hotels fotokopiert. Bei spontaner Hotelwahl kann man außerhalb der Hochsaison mancherorts mit etwas Geschick den Übernachtungspreis sogar aushandeln.

Taxifahrer, die versuchen, den Fahrgast von dem Hotel seiner Wahl abzubringen, um ihn in eine andere Unterkunft »abzuschleppen«, sollte man ein deutliches »No, gracias« entgegnen. Das reicht zumeist aus.

Bisher sind leider nur sehr wenige Hotels in Peru rollstuhlgerecht eingerichtet, wobei die Infrastruktur für Rollstuhlfahrer insgesamt mangelhaft ist. Die gute Nachricht ist aber: Man kann jederzeit auf tatkräftige und hilfsbereite Mitmenschen zählen.

Freundliche Gastfamilien

Eine wachsende Zahl an Perureisenden nutzt die Gelegenheit während ihres Aufenthalts in Cusco oder Arequipa zur Belegung eines Sprachkurses. Die Sprachschüler wohnen in einheimischen Gastfamilien, bekommen durch den herzlichen Familienanschluss einen exzellenten Einblick in den peruanischen Alltag und können daneben an spannenden Besichtigungsprogrammen teilnehmen (www.acupari.com).

Empfehlenswerte Hotels und andere Unterkünfte finden Sie jeweils bei den Orten im Kapitel »Unterwegs in Peru«.

Das Landhotel Sol & Luna im Urubambatal (→ S. 96) ist von prächtigen Gärten und Andengebirgszügen umgeben. Ausritte in die herrliche Landschaft sind möglich.

MERIAN Quiz

Der Kosmopolit aus den Anden

Die Hackordnung einer peruanischen Kadettenanstalt zum einen. Ein Provinzbordell, in dem »missionierte« Inkamädchen landen, zum anderen. Das waren die Stoffe, mit sozialkritischem Hintergrund und höchst kunstvoll erzählt, mit denen ein junger Peruaner in den 1960er Jahren internationale Anerkennung gewann.

Später zeigte er andere delikate, hocherotische Seiten mit wiederkehrendem Motiv: der Jüngling und die reife, zudem verwandte Frau. Auch da mögen, so viel Klatsch sei hier erlaubt, eigene Erfahrungen (wie bei der Militärakademie) eingeflossen sein. Seine erste Gattin, zehn Jahre älter als er, war die Schwester einer Tante. Seine zweite Ehe, die noch heute besteht, ging er mit einer Cousine ein.

Demokratie sei nicht gerade sexy, gab er in einem Interview einmal kund. Was ihn nicht abhielt, sich in seinem Heimatland als Präsident zu bewerben. Er verlor aber in der Stichwahl. Fortan widmete er sich wieder dem, wovon er zweifellos am meisten versteht: dem Schreiben und der Literatur, die er als Professor lehrte.

Als Kosmopolit von hohen Graden, genießt er zuweilen auch die Pose des konservativen Dandys. In García Márquez, dem kolumbianischen Nobelpreisträger und Castro-Freund, fand er seinen Antipoden. Die beiden stritten sich, gelinde gesagt, herzhaft. Doch würde niemand bezweifeln, daß sie, so unterschiedlich sie sind, zu den herausragenden lateinamerikanischen Autoren der Gegenwart zählen: Márquez ebenso wie er, der hier gesucht wird ...

Felix Woerther

Um wen, was oder welchen Ort geht es hier?

Wenn Sie die Lösung wissen, besuchen Sie uns doch im Internet unter **www.merian.de/quiz**. Unter den richtigen Einsendern verlosen wir Monat für Monat attraktive Preise. Viel Glück!

Essen und Trinken

Ob Fisch in Limonensaft oder Alpaka aus dem Steinofen – die Landesküche ist köstlich einfallsreich.

Eine Marktfrau serviert eine frisch gepresste Vitaminspritze. Die Vielfalt an Obst und Gemüse schlägt sich in der abwechslungsreichen peruanischen Küche nieder.

Kaum hält ein Reisebus, schon stürzen Verkäufer verschiedenster Leckereien herbei. Ähnliches beobachtet man an Bahnhöfen und Bootsanlegestellen – kurzum: überall, wo Reisende unterwegs sind. In Peru werden Gerichte auf Papptellern serviert oder sogar in Zeitungspapier gewickelt, durch geöffnete Türen oder Fenster gereicht – es könnte sich fast der Eindruck aufdrängen, es gäbe in Zukunft nie wieder etwas zu essen.

Wenn Peruaner unterwegs sind, dann essen sie gerne eine »Kleinigkeit«. Erstaunte Besucher beobachten oft mit großen Augen, wie geschickte Verkäuferinnen innerhalb kürzester Zeit ganze Spanferkel an den Mann bringen. Aber es besteht kein Grund zur Sorge, die unterschiedlichen regionalen Spezialitäten werden auch in Restaurants serviert, ohne dass man dabei die eigene Jeans als Tischtuch- oder Serviettenersatz verwenden muss.

Die peruanische Küche ist sehr schmackhaft und abwechslungsreich. Nur das **Frühstück** wird vernachlässigt – Peruaner begnügen sich meist mit einer Tasse Kaffee oder Tee.

In den Hotels ist das Frühstück international, mit einem reichhaltigen Angebot an frischem Obst, jedoch wird kein Schwarzbrot angeboten. Schon José de Acosta, ein spanischer Jesuit, Missionar und Chronist sowie Provinzial seines Ordens in Peru, mokierte sich 1590 darüber, dass die Indianer kein Brot kennen – die Auswahl an diesen Backwaren ist auch 400 Jahre später nicht gerade beeindruckend.

Für die meisten Peruaner ist das **Mittagessen** die Hauptmahlzeit. Viele Restaurants bieten mittags ein günstiges Menü an. Der Service ist meist recht flott. Das Abendessen wird an der Küste generell später serviert als im Hochland. In Lima sind die Restaurants auch an Wochenenden um 23 Uhr noch gut besucht.

MERIAN-Favoriten
Die 10 besten Adressen

La Gloria, Lima
Hervorragende italienische Küche, gediegenes Design, ein In-Treff der Limeños (→ S. 50).

La Rosa Nautica, Lima
Der Pazifik umspült das Traditionsrestaurant im Jugendstil; Fisch und Meeresfrüchte (→ S. 50).

Las Brujas de Cachiche, Lima
Preisgekrönte Kreolenküche mit ausgezeichnetem Büfett (→ S. 50).

Wa Lok, Lima
Chinesische Küche auf Peruanisch, viel asiatisches Publikum (→ S. 51).

Alfresco, Lima
Das beste »Cebiche«, tolle Fischkreationen, reelle Preise (→ S. 52).

ZigZag, Arequipa
Peruanisches Straußenfleisch wird auf heißen Steinplatten serviert (→ S. 67).

Sol de Mayo, Arequipa
Gemütliches Gartenrestaurant mit handfester Andenküche und Musik (→ S. 67).

Cicciolina, Cusco
Gemütliches Ambiente, trendige Novo-Andina-Küche, viel Charme (→ S. 89).

Inka Grill, Cusco
Internationale Speisen mit Blick auf die Plaza de Armas (→ S. 89).

Tunúpa, Cusco
Sehr gutes Andenbüfett, abends mit authentischer Folklore-Show (→ S. 89).

»Cebiche« aus dem Pazifik

Der kalte Humboldtstrom versorgt die Küstenbewohner mit ausgezeichnetem Fisch und einer Vielzahl an Meeresfrüchten. Für das Nationalgericht »Cebiche« wird frischer Fisch in Limonensaft mariniert und mit Zwiebeln und klein gehackten, scharfen Schoten gemischt. Auch mit Meeresfrüchten kann man diese Delikatesse zubereiten, die kein Reisender verpassen sollte. Aber Vorsicht: Die dekorative rote oder grüne Scheibe, die das Cebiche krönt und äußerlich an Paprika erinnert, ist höllisch scharf – am besten also klein schneiden oder einfach beiseite legen!

Die Nachfahren der chinesischen Eisenbahnarbeiter des 18. Jh. haben die peruanische Gastronomie um asiatische Einschläge bereichert. Die besten »Chifas« – **peruanischen Chinarestaurants** – findet man in Lima, und dort nicht nur in China-Town.

Das populärste Restaurantessen Perus, das »Pollo Broaster«, darf auf keiner Speisekarte fehlen: ein Grillhühnchen vom Spieß, mit Reis, etwas Salat und fettigen Pommes. Europäer teilen diese Vorliebe nicht unbedingt, aber außerhalb der touristischen Hochburgen wird auch der Reisende vereinzelt auf das Pollo Broaster zurückgreifen müssen. Dann helfen nur die scharfen Soßen, die in Peru bei keinem Essen fehlen sollten. Bekannt sind diese als »Aji«; im Hochland werden sie auf der Basis von Kräutern hergestellt und »Uchucuta« genannt.

Traditionelle andine Küche in modernem Gewand

In den Anden gehören deftige **Suppengerichte** zur täglichen Nahrung, wobei in ländlichen Gegenden der Mais- und Kartoffelanteil überwiegt. Fleisch, ob vom Rind, Schaf, Schwein, Alpaka oder Meerschweinchen, steht bei den Peruanern hoch im Kurs. Vegetarische Gerichte sind nicht sehr beliebt. »Quinoa« und »Quiwicha«, zwei Fuchsschwanzgewächse aus den Anden, sowie zahlreiche Maissorten werden nur als Beilagen serviert. »Chicharrones de Chancho« – in siedendem Fett knusprig gebratenes Schweinefleisch – entspricht wieder mehr dem einheimischen Geschmack. Die traditionelle andine Küche bekommt neuerdings frischen Wind durch pfiffige Kreationen, die unter der klingenden Bezeichnung **Cocina Novo Andina** bekannt wurden. Alpakafleisch mit Amaranth in Holundersoße trifft den Nerv der Zeit.

Ausgezeichnete traditionelle Gerichte findet man in den Quintas, Gartenrestaurants, die besonders in Arequipa sehr beliebt sind. »Chupe de Camaranones«, eine Suppe aus Flusskrebsen, gehört zu den Höhepunkten, aber auch der »Rocoto Relleno«, eine scharfe gefüllte Schote, sorgt für hohe Betriebstemperaturen. An Straßenecken findet man verrußte Grillstände, um die sich Menschenmengen trotz des beißenden Qualms drängen, so als ob es Freibier gäbe. Die »Anticuchos de Corazon« – Rinderherzspieße, die hier im Akkord zubereitet werden – gelten als Delikatesse für zwischendurch. »Empanadas«, mit Käse, Gemüse, Fleisch oder Huhn gefüllte Teigtaschen, stillen ebenfalls den kleinen Hunger. »Tamales« bestehen aus einem Maisteig, der wieder in Maisblätter eingewickelt wird, um anschließend gedünstet zu werden. Die Tamales gibt es in süßer und salziger Variante. In den Urwaldgebieten Perus werden verschiedene Gerichte in Bananenblättern gegart, z. B. die »Juanes«, die mit Reis und Hühnchenfleisch gefüllt werden.

Süßspeisen machen ihrem Namen hierzulande alle Ehre. Torten werden fantastisch dekoriert, doch verbirgt sich unter dem Zuckerguss zumeist ein Einheitsteig. Dafür ist das Angebot an frischem **Obst** auf den Märkten nicht zu übertreffen.

Das **Nationalgetränk** ist unangefochten der berühmte Pisco Sour. Der klare Traubenbrand wird mit Zucker, Eiswürfeln, Limonensaft und der Hilfe von Eiweiß süffig und schaumig zubereitet – ein Aperitif, dem, wenn in großen Mengen konsumiert, eine »hinterhältige« Wirkung nachgesagt wird. Pisco pur ist ein idealer Verdauungsschnaps.

Gegrillter Fisch und Meeresfrüchte: heiße Leckerbissen aus dem kalten Humboldtstrom.

Auch an **Wein** mangelt es in Peru nicht. Das Zentrum des Weinanbaus liegt an der Küste, zwischen den Ortschaften Pisco und Nasca. Heißt es über jemanden, er befinde sich zwischen Pisco und Nasca, so bedeutet dies im Volksmund, der so Bezeichnete sei »stockbetrunken«. Peruanischer Wein ist erheblich besser als der Ruf, der ihm vorauseilt. Den Roten und Weißen der Weingüter Ocucaje und Tacama sollte man unbedingt probieren. Allerdings wird mehr Bier getrunken.

Über »Inca Kola«, eine peruanische **Limonade**, gibt es eine ungewöhnliche Erfolgsgeschichte zu erzählen. Die gelbe Brause erfreute sich unter Lateinamerikanern über Jahrzehnte einer immer größer werdenden Beliebtheit und machte der braunen Coca-Cola kräftig Konkurrenz. 1999 entschied die Coca-Cola-Company kurzerhand, sich an Inca Kola zu beteiligen. Diese verkauft sich zwar weiter erfolgreich, ist aber nun keine »rein peruanische« Erfolgsmarke mehr.

Das berühmte **Maisbier** »Chicha« wird auch heutzutage nicht industriell hergestellt, sondern nur hausgebraut und hauptsächlich von der indigenen Landbevölkerung getrunken. Das Chicha weist einen säuerlichen, leicht vergorenen Geschmack auf und beschleunigt bei »Gringos« die Verdauung – Vorsicht ist angesagt! Auch auf den Genuss von Leitungswasser sollte man verzichten.

»Mate de Coca«, ein weit verbreiteter **Tee**, für den getrocknete Kokablätter verwendet werden, belebt – vergleichbar mit starkem Schwarztee oder Kaffee – den Kreislauf und ist besonders in den Hochlagen der Anden sehr bekömmlich. Die Kokablätter sind in dieser Form völlig harmlos.

Trinkgeld nicht vergessen

Übrigens: Nach einer guten Mahlzeit freut sich der Ober über ca. 10 % Trinkgeld. Dieses sollte man zusätzlich geben, auch wenn in teuren Restaurants schon eine Servicesteuer auf der Rechnung erscheint. Eine telefonische Reservierung ist in allen besseren Restaurants ratsam.

Empfehlenswerte Restaurants und andere Lokale finden Sie jeweils bei den Orten im Kapitel »Unterwegs in Peru«.

Die Kartoffel aus dem Eisbach

Von Ernährungswissenschaftlern, gegrillten Meerschweinchen und Kokablättern.

Getrocknete Algen, Lupinenbohnen, schwarze Maiskörner – die Liste kurioser Speisen ließe sich ganz problemlos erweitern. Gegrillte Meerschweinchen gehören ebenfalls dazu, auch wenn sie von Besuchern oft verschmäht werden. Der gängige Kommentar lautet: »Das brauche ich nicht zu probieren, da ist ja nichts dran!« Aber es ist eben doch sehr viel mehr dran! Das Meerschweinchen ist ähnlich den gefriergetrockneten Kartoffeln Bestandteil eines ausgeklügelten Ernährungs- und Versorgungskonzepts, das von ausgefeilten biochemischen Kenntnissen zeugt und bei seiner Entstehung seiner Zeit weit voraus war.

Die Einsicht, dass auf die Götter alleine nicht immer Verlass war, führte in der Prä-Inka-Zeit dazu, dass man Vorratslager für Grundnahrungsmittel anlegte – schließlich war man vor Missernten nicht gefeit. Um die Ernteerträge zu steigern, entstanden an Steilhängen zahlreiche Terrassenfelder. Zudem züchteten die Andenbewohner Kartoffelsorten, die auch in großen Höhen wuchsen.

Konservierung bei den Inka

Wie jedoch die Haltbarkeit der Waren verbessern? Trocknen war die Lösung. Lamafleisch wurde gepökelt, Mais und Getreide konnte man trocknen oder rösten. Die Idee allerdings, Kartoffeln durch einen Gefriertrockenprozess unbegrenzt haltbar zu machen, ohne dass sie dabei ihre wertvollen Nährstoffe einbüßten, verdient eine Medaille. Heute noch werden Kartoffeln aus großen Höhen in eisigen Bächen eingeweicht, dem Nachtfrost ausgesetzt und anschließend getrocknet. Dieser Prozess wird mehrfach wiederholt, bis eine leichte, hinsichtlich der Konsistenz an ein Stück Kreide erinnernde Trockenkartoffel zurückbleibt. Wird das Knollengemüse beim

Trocknen dem direkten Sonnenlicht ausgesetzt, so ist das Resultat dunkel, schrumpelig und wird »Moraya« genannt. Ansehnlicher dagegen sind die weißen »Chuños«, die vor Sonnenlicht geschützt werden. Vor dem Verzehr werden die Knollen eingeweicht und anschließend gekocht.

Auch Amaranth und Quinoa, heute in Europa beliebte Reformhausprodukte, zählen zu den peruanischen Grundnahrungsmitteln, ähnlich wie getrocknete Fluss- und Meeresalgen.

Seit Jahrtausenden bereichern die eiweißhaltigen Lupinenbohnen (»Tarwi«) die an tierischen Eiweißen arme Alltagskost der Hochlandindianer. Die giftigen Bitterstoffe werden ausgeschwemmt, indem man die Bohnen in engmaschigen Netzen in ein fließendes Gewässer hängt. Heute ernten die Lupinen in der Novo-Andina-Küche (→ Essen und Trinken, S. 22) Lorbeeren.

Ob Produkte sang- und klanglos nach missglückten Experimenten wieder von den Speiseplänen entfernt wurden, ist leider nicht bekannt – aber wahrscheinlich. Die Meerschweinchen gelten – so oder so – auch heute noch als Festessen.

Soziale und religiöse Aspekte

Das gegrillte Meerschweinchen dient häufig als »Wegbereiter« für wichtige Bitten an Freunde und Verwandte, die im Anschluss an ein Mahl vorgetragen werden. Die Kokablätter erfüllen bei geselligem Beisammensitzen eine wichtige soziale und religiöse Funktion; sie werden bei rituellen Anlässen verwendet und gelten als heilig. Man bietet sich gegenseitig Blätter an, die, mit etwas Pottasche vermischt, in der Backentasche »eingelagert« werden – »kauen« kann man diesen Vorgang kaum nennen. Langsam lösen sich einzelne Alkaloide, die Hunger- sowie Kältegefühle unterdrücken und die Ausdauer steigern. Ein Rauschzustand entsteht dabei allerdings nicht. Zu Zeiten der Inka-Kultur war das Kauen der Blätter lediglich dem Adel vorbehalten. Erst die Spanier nutzten die Ausdauer fördernde und Hunger dämpfende Wirkung der Blätter hemmungslos an ihren Arbeitern in den Bergwerken aus. Man sagt, traditionelle andine Heiler könnten sogar aus Kokablättern weissagen.

Links: Der Grabstock ist für andine Hochlandbauern auch heute noch das wichtigste Arbeitsgerät.
Rechts: Diese bearbeiteten Kartoffelfelder erinnern an Kunstwerke.

Einkaufen

www. in Peru: Webarbeiten, Wandteppiche und Wolle. Aber auch Schmuck und Keramik sind vom Feinsten.

Wer einen Blick in den peruanischen Alltag werfen will, sollte einen der Märkte besuchen, die nicht ausschließlich Souvenirs verkaufen. Auch hier finden sich schöne Mitbringsel, wie zum Beispiel Schokolade und Kaffee aus dem peruanischen Bergurwald.

Hochwertiges Kunsthandwerk ist in Peru durch eine lange Tradition geprägt. Nicht umsonst wühlen sich noch heute zahlreiche Grabräuber auf der Suche nach Schätzen durch den trockenen Wüstensand der Küstenregion. Auch das moderne Kunstgewerbe knüpft an indianische Vermächtnisse an – das Ergebnis kann sich sehen lassen! Webarbeiten, Keramiken und Goldschmiedearbeiten erzielen bei internationalen Wettbewerben höchste Auszeichnungen. Allerdings findet man auch Nippes und Kitsch in Hülle und Fülle, den selbst Grabräuber sofort wieder im Wüstensand verscharren würden.

Den größten Spaß bereitet das Einkaufen auf traditionellen **Märkten**, wie z. B. in Pisaq oder Chinchero. Auf diesen Versorgungsmärkten der Hochlandbauern findet man heute außer Obst, Gemüse und Kartoffeln auch die gesamte Palette an Souvenirs vor – ideal, um die Preise mit anderen Märkten zu vergleichen und nach Herzenslust zu handeln.

Das **Feilschen** gehört auf Märkten zum guten Ton, doch bemerkt man sehr schnell, wo die preislichen Untergrenzen liegen. Auch Geschäfte und Galerien, die hochwertiges Kunsthandwerk anbieten, haben nicht unbedingt Festpreise (»precios fijos«). Versuchen Sie Ihr Glück – Fragen kostet nichts. Oftmals findet man in den Innenhöfen der Altstädte, wie z. B. in Cusco, zahlreiche kleine Verkaufsstände mit interessantem Angebot.

Nicht besonders gemütlich, aber praktisch für letzte Einkäufe und Mitbringsel sind die großen Souvenirmärkte (»Mercado Indio«) in Lima und Cusco.

Auch die großen Versorgungsmärkte in den Städten, z. B. in Cusco oder Arequipa (→ MERIAN-Tipp, S. 67), lohnen einen Besuch. Das Angebot ist überwältigend – die beste Gelegenheit zu erfahren, was auf den traditionellen Speiseplänen steht!

MERIAN-Favoriten
Die 10 besten Adressen

Dédalo Galería de Arte y Artesania, Lima
Verrückte Mischung aus Kunst und Kunsthandwerk, Spielzeug und vielem mehr (→ S. 52).

El Virrey, Lima
Die beste Buchhandlung Limas (→ S. 52).

Galería Lucia De La Puente, Lima
Kunstgalerie: »Modern Art« zeitgenössischer peruanischer Künstler (→ S. 52).

Kunsthandwerkerviertel San Blas, Cusco
Fast jeder Patio beherbergt eine Kunstgalerie, einen Minimarkt oder eine Werkstatt (→ S. 87).

Alpaca 111, Cusco
Feinste Wollprodukte in modernem und klassischem Design (→ S. 90).

Apacheta Kunstgalerie, Cusco
Ausgesuchtes traditionelles und modernes Kunsthandwerk (→ S. 90).

Carlos Chaquiras Jewelry, Cusco
Exklusiver Silber- und Goldschmuck nach historischen Vorlagen (→ S. 90).

Centro de Textiles Traditionales del Cusco
Ein Webprojekt der Spitzenklasse mit sehr interessantem Museum (→ S. 90).

Galería Latina, Cusco
Hochwertiges Kunsthandwerk aus ganz Peru (→ S. 90).

Seminario Ceramicas, Cusco
Keramikkunst auf höchstem Niveau, aber auch praktische Mitbringsel für Daheimgebliebene (→ S. 91).

Wertvollen Schmuck – ob Gold oder Silber – sollte man besser nicht an Straßenständen kaufen, sondern in Juweliergeschäften gegen eine Quittung. Geschäfte müssen diese, in der Landessprache »Boleta« oder »Factura« genannt, aushändigen. Wichtig ist: Wer mit Kreditkarte zahlt, sollte darauf achten, ob peruanische Soles oder US-Dollar abgerechnet werden. Das größte Verhandlungsgeschick hilft wenig, wenn der Kaufpreis anschließend durch »Umrechnungsspielchen« wieder in die Höhe getrieben wird. Auch den Endbetrag sollte man unbedingt überprüfen. Einen interessanten Preisnachlass gibt es zumeist nur bei Cash-Zahlung. Bargeld gibt es fast überall per EC-Karte an den Geldautomaten. Travellerschecks werden in Wechselstuben nur gegen eine Gebühr gewechselt. In Banken muss mit langen Wartezeiten gerechnet werden.

Kunsthandwerk in vielen Forme

Bei **Antiquitäten** ist Vorsicht geboten: Kunsthistorisch wertvolle Stücke – ob aus der Zeit vor den Spaniern oder aus der Kolonialzeit – dürfen nicht außer Landes gebracht werden. Auch vom Kauf von exotischem Federschmuck, ausgestopften Tieren und Ähnlichem ist abzuraten, denn viele Arten sind vom Aussterben bedroht und stellen zudem ein »rotes Tuch« für den deutschen Zoll dar. Auch Kokablätter gehören nicht ins Reisegepäck, da ansonsten Ärger wegen Verstoßes gegen das Betäubungsmittelgesetz droht.

Noch ein Tipp: Verschaffen Sie sich in renommierten Geschäften einen ersten Eindruck über hochwertiges Kunsthandwerk, bevor Sie Ihre Einkäufe tätigen. So erhalten Sie einen guten Überblick über das Angebot. Entscheiden Sie erst anschließend, welche Qualität, wo und zu welchen Preisen Sie einkaufen möchten. Renommierte Geschäfte übernehmen auch gerne den Versand Ihres Einkaufs per Kurierdienst (DHL etc.).

Feine Schals aus Vicuña-Wolle

Alpaka-Wollartikel

Die feinste Wolle wird als »Baby-Alpaka« bezeichnet und stammt von der ersten Schur eines Jungtieres. Sie ist »schäfchenweich«. Für einen Export-Pullover zahlt man normalerweise ab 80 US$ aufwärts. Die Baby-Alpaka-Wolle wird lediglich von der Wolle der Vicuñas übertroffen, der feinsten Wolle der Welt. Vicuñas gehören zur Gattung der Kamele und leben in den Hochanden Ecuadors, Perus, Boliviens, Argentiniens und Chiles auf Höhen zwischen 3500 und 5500 m. Die Tiere waren lange vom Aussterben bedroht. Um illegalem Handel vorzubeugen, besitzt nur die Edelkette Alpaca 111 (→ S. 90) eine Lizenz zum Verkauf der Produkte. Ein Schal aus naturfarbener Vicuña-Wolle kostet zwischen 800 und 1500 US$.

Kalebassen

Vor der Entdeckung der Keramik waren Kalebassengefäße, die aus der ausgehöhlten und getrockneten Hülle eines Flaschenkürbisses hergestellt werden, für die Andenvölker unentbehrlich. Sie wurden kunstvoll mit Ritzzeichnungen verziert. Vergleichbare Techniken nutzten zuerst moderne Künstler in Huancayo im Norden Limas. Heute arbeiten in ganz Peru Kürbisschnitzer an detaillierten Darstellungen.

Keramik

Die Töpferkunst der alten Peruaner haben moderne Künstler aufgegriffen und verfeinert. Der Fantasie sind keine Grenzen gesetzt: Vom Wandteller mit geometrischen Motiven aus der Zeit der Inka bis zum Schachspiel aus Keramik findet sich alles. Bei Letzterem treten Inka-Krieger im Kampf der Denker gegen spanische Soldaten an. Der Ort Pisaq im Heiligen Tal der Inka ist ein Zentrum der Keramikproduktion. Von ganz besonderer Qualität und Originalität sind die Arbeiten des Künstlers Pablo Seminario aus Urubamba.

Kolonialimitate

In traditionellen Werkstätten in Cusco werden handgeschnitzte barocke Bilderrahmen neben kunstvollen Holztruhen und Möbeln angefertigt.

Auch Spiegel im barocken Mestizenstil (span. »mestizo«, Nachkomme europäischer und indianischer Vorfahren) sowie Hinterglasmalerei gehören zum Repertoire der Künstler, die koloniale Vorbilder nutzen.

Malerei

Zahlreiche Künstler fertigen Kopien der Ölgemälde der sogenannten Cusco-Schule (17./18. Jh.) an. Ein beliebtes religiöses Motiv ist die Virgen de la Leche. Andere Maler haben sich auf Aquarelle spezialisiert, die in zarten Farben bäuerliche Szenen und Landschaften darstellen.

Musikinstrumente

Instrumentenbauer fertigen Blas- und Zupfinstrumente ganz unterschiedlicher Qualität. Die Frage ist vielmehr: Hängt man das Instrument nur zur Dekoration an die Wand, oder soll es tatsächlich gespielt werden? Lokale Folkloremusiker bieten ihre Instrumente gerne auch zum Kauf an – dann weiß man wenigstens, was man ersteht.

Schmuck

Gold oder Silber ist in Peru nicht billiger als anderswo auf der Welt. Aber die Juweliere sind hervorragend – oftmals dienen alte Schmuckstücke als Vorlage. Ein berühmtes Beispiel ist der »Tumi«, ein halbmondförmiges Opfermesser, dessen Griff die Darstellung des Mochica-Gottes Naymlap ziert.

Wandteppiche

Die Auswahl an hochwertigen Wandteppichen wird in Peru immer größer. Auch hier dienen Originale aus der Kolonialzeit häufig als Vorbilder. Zu Beginn dieser Zeit vermischten sich einheimische und katholische Motive, ähnlich, wie sich im sogenanten Mestizenbarock (16./17. Jh.) Motive der Steinmetze und Holzschnitzer vermischten. Moderne Künstler wählen dagegen sehr abstrakte Motive, bis hin zu erstaunlichen esoterischen Darstellungen.

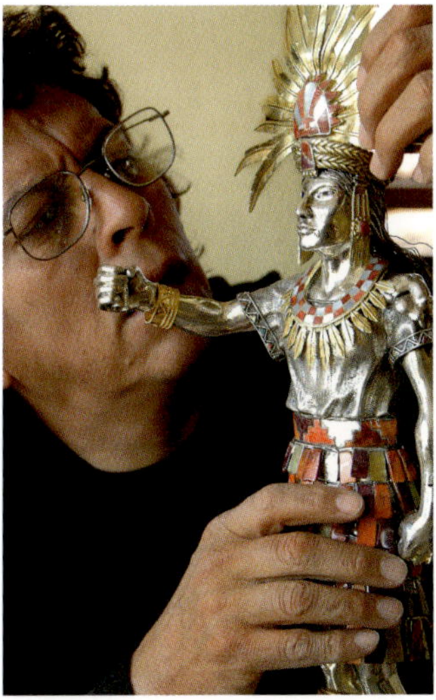

Der Silberschmied Carlos Chaquiras erweckt Inka-Krieger zum Leben. Aber auch ausgefallener Schmuck ist in seiner Werkstatt in Cusco zu erstehen (→ S. 90).

Webarbeiten

Die schönsten Webarbeiten Perus entstehen in traditioneller Form auf einfachen, transportablen Webstühlen. So arbeiteten schon die Paracas, Nasca und Inka. Die Wolle der Alpakas, Lamas und Schafe wird von Hand gesponnen und anschließend mit natürlichen Farbstoffen koloriert. Die Webmuster stellen eine komplizierte Ikonografie der frühen Andenvölker dar, die von Generation zu Generation überliefert wurde. Private Initiativen haben in den letzten Jahren erheblich dazu beigetragen, dass diese höchste Ausdrucksform wertvoller Volkskunst nicht verloren geht. Im Gegenteil, indigene Weberinnen erinnern sich ihrer kulturellen Wurzeln und tragen durch ihre Arbeit zum Fortbestehen der Traditionen bei (→ Centro de Textiles Tradicionales del Cusco, S. 90).

Empfehlenswerte Geschäfte und Märkte finden Sie jeweils bei den Orten im Kapitel »Unterwegs in Peru«.

Feste und Events

Ob Sommersonnenwende, Nationalfeiertag oder Fronleichnam – das Jahr hat hier 365 Feiertage.

Zu Beginn der Karwoche erweisen die Cusqueños dem Señor de los Temblores (→ S. 33) ihre Aufwartung, denn der Herr der Erdbeben ist Cuscos wichtigster Schutzheiliger.

Böse Zungen behaupten, in Peru würde permanent gefeiert. Bei oberflächlicher Betrachtung mag das richtig erscheinen, doch hinter der Freude am Feiern steckt viel mehr.

Ursprünglich stimmten die südamerikanischen Indianer ihre Gottheiten durch Feierlichkeiten milde, um in den menschenfeindlichen Hochanden oder der Wüste überleben zu können. Solche Rituale zielten etwa darauf ab, Niederschläge heraufzubeschwören, und konnten Wochen dauern.

Naturgötter und Katholiken

Ab dem 16. Jh. versuchten spanische Missionare, die Naturgottheiten durch katholische Schutzheilige zu ersetzen. Dies gelang nur bedingt – oft lebten die Götter unter katholischem Deckmantel weiter.

Dass die Spanier z. B. Fronleichnam nicht nur am katholisch vorgesehenen Donnerstag feierten, sondern bis zur »Octava« – dem achten Tag danach – ausdehnten, passte genau in das andine Konzept religiöser Feierlichkeiten. In Cusco werden zu Fronleichnam die 15 Schutzheiligen der Stadt gefeiert. Die hölzernen Figuren verweilen acht Tage lang in der Kathedrale. »Chicha«, das Maisbier, galt schon den Inka als Göttertrunk. Das gemeinsame Trinken und Teilen aus einem zeremoniellen Becher stand dabei im Vordergrund – es ging nicht darum, einen Vorwand für Trinkgelage zu finden, so wie es erste spanische Beobachter zu Beginn der Kolonialzeit missverstanden hatten. Auch heute fließt jedoch in den Gassen der Altstadt Cuscos nach der Fronleichnamsprozession das Bier. Dazu werden Feiertagsgerichte serviert, und es herrscht Volksfeststimmung.

Je mehr man sich aufs Land begibt und **traditionelle Feste** beobachtet, umso mehr wird man auf alte Traditionen stoßen. Wer heute bei Feierlichkeiten in den Anden die Augen aufhält, wird faszinierende Beobachtungen machen und auf tief religiöse Menschen treffen.

Sicherlich trägt der harte Alltag vieler Peruaner, der sonst nicht unbedingt Anlass zum Feiern bietet, auch dazu bei, dass sie mit viel Hingabe selbst kleine, lokale Feste zu wirklich kunstvollen folkloristischen Darbietungen aufwerten. Und dabei werden auch Lebensfreude und Kampfgeist bewiesen. In ländlichen Gegenden sind die Feste zudem eine wichtige Gelegenheit zur Brautschau.

In den Anden begleiten Musik- und Tanzgruppen den Verlauf katholischer Feiertage und **Prozessionen**. In Paucartambo und Pisaq (Großraum Cusco) bieten die Feierlichkeiten zu Ehren der Mamacha Carmen (gemeint ist die Jungfrau Carmen) im Juli eine einmalige Gelegenheit, dieses Zusammenspiel von **Tanz** und **Musik** zu erleben.

Das Fest der Virgen de la Candelaria, das im Februar in Puno stattfindet, wird durch aufwendige Umzüge bestimmt, die wiederum von Tanz und der Musik leben. Die Musiker spielen frei nach dem Motto: lang, laut und verkehrt. Der ohrenbetäubende Krach der Feuerwerkskörper vollendet die Kakophonie. Sollten vereinzelte Dämonen der spanischen Inquisition entkommen sein, so ergreifen sie sicherlich spätestens jetzt die Flucht. Die Tänzer treten zu Ehren der Schutzheiligen auf und ordnen ihre eigene Identität während der mehrere Tage andauernden Feierlichkeiten einer kollektiven Identität unter. Nur so wird die Erfüllung höherer, für die Gemeinschaft wichtiger Ziele möglich. Historische Begebenheiten werden in den Tänzen zum Leben er-

Tanz und Musik dienen dem rituellen Gruppenerlebnis

Nur die Ukukus (Bärenmenschen) verfügen über besondere Kräfte, um das Eis der heiligen Apu-Berggötter anlässlich des Festes Qollur Rití von den Gletschern ins Tal zu holen.

weckt, so manche Kritik an der Obrigkeit findet hier ein Ventil.

Viele Traditionen erklären sich auch einfach nur aus der Tradition heraus: So war es eben schon immer. So erinnern z. B. die Capac Negros an schwarze Sklaven, die Ukukus sind Bärenmenschen, die Saqras stellen Teufel dar, die es zu vertreiben gilt, und die Chilenos erinnern an den Salpeterkrieg mit Chile.

Zu den religiösen Festtagen kommen die **militärischen Gedenktage.** So wird z. B. am 28./29. Juli der Nationalfeiertag eingedenk der Unabhängigkeitserklärung von Spanien im Jahr 1821 begangen. Dies war die Geburtsstunde der Republik Peru.

Januar

Bajada de Reyes

Prozession und Tanzgruppen zum Fest der Heiligen Drei Könige. In verschiedenen Teilen der Anden (besonders schön in Ollantaytambo).

6. Januar

Februar/März

Fiesta de la Virgen de la Candelaria

Eine Stadt steht kopf: Umzüge, Teufelstänze und Preiskrönungen zu Ehren der Schutzpatronin der Stadt.

Puno; 2.–19. Februar

Carnaval

Das Fest der Narren wird regional sehr unterschiedlich gefeiert. Während in abgelegenen Teilen der Anden bei Fruchtbarkeitsritualen Lamas oder Alpakas vermählt werden, vergnügt man sich in Cusco damit, einander gegenseitig mit Wasserbomben zu nässen und mit farbigen Pulvern und Rasierschaum zu verschönern.

März/April

Semana Santa

Die wichtigsten Osterprozessionen in der heiligen Woche, der Karwoche, finden in Ayacucho statt. Unter anderem eine atemberaubende Wiederauferstehungsprozession, die zu den bedeutendsten der Welt zählt.

Señor de los Temblores
Im von Erdbeben geplagten Peru eine Prozession zur Mildestimmung des Herrn der Erdbeben.
Cusco; Montag zu Beginn der Karwoche

Mai/Juni

Qollur Rití
Mehr als 25 000 Pilger finden sich jährlich zum Sternschneefest auf beinahe 5000 m Höhe ein.
Woche vor Fronleichnam; südöstl. von Cusco in der Sinajara-Kordillere

Corpus Christi
Anlässlich der Fronleichnamsprozession herrscht Volksfeststimmung in Cusco! Musikkapellen begleiten den Einzug der Schutzheiligenfiguren in die Kathedrale.

Inti Raymi
Den Höhepunkt der Cusco-Woche krönt das für Besucher aufbereitete Sonnwendfest. Achtung: Cusco platzt aus allen Nähten!
Saqsaywaman; 24. Juni

Juli/August

Virgen del Carmen
Fest mit zahlreichen Tanzgruppen und Prozessionen zu Ehren der Jungfrau Maria.
Paucartambo und Pisaq; 15.–18. Juli

Siestas Patrias
Der Nationalfeiertag wird zwei Tage lang u. a. mit landesweiten Militärparaden begangen.
28./29. Juli

Fiesta del Patrón Santiago
In vielen Landesteilen finden Prozessionen nach Santiago de Compostela und Feierlichkeiten zu Ehren des Heiligen Jakobus, bekannt als Schutzpatron der Pilger sowie wegen des nach ihm benannten Jakobswegs, statt.

Besonders interessante Tänze und Wettbewerbe erlebt man auf der Insel Taquile im Titicacasee.
25. Juli–4. August

Santa Rosa de Lima
Große Prozession durch die Altstadt zu Ehren der Heiligen Rose von Lima.
Lima; 30. August

Oktober

Señor de los Milagros
Prozessionen zu Ehren des Señor de los Milagros (Herr der Wunder), der der wichtigste Schutzpatron der Hauptstadt ist.
Lima; 18.–28. Oktober

November

Todos los Santos
Auf vielen Friedhöfen herrscht zu Allerheiligen großer Trubel. In ländlichen Gebieten erinnert vieles an den Toten- und Mumienkult der alten Peruaner.
1. November

Dezember

Santuranticuy
Weihnachts- und Krippenmarkt im Zentrum.
Cusco; 23./24. Dezember

Die Ikone des Señor de Tayancani ruht bis zu Qollur Rití in einer Kapelle. Zwei Chunchus stehen ehrfürchtig Wache.

Religion und Macht

Wie der Altomisayoc überlebte und die Erdmutter in die katholischen Kirchen einzog.

In finsteren Höhlen stellten die ersten steinzeitlichen Bewohner Südamerikas ihre Wünsche, Sorgen und Ängste in Form von Felsmalereien dar. Medizinmänner oder Priester kannten sie wahrscheinlich noch nicht.

Eine klare Aufgabenteilung gab es spätestens vor 5000 Jahren, als die ersten städtischen Zivilisationen wie Caral entstanden. Dies war vermutlich auch die Geburtsstunde der Priester und Würdenträger in Peru.

Was aber veranlasste die Menschen dazu, Kaimane und Jaguare zu dämonischen Fabelwesen zu verschmelzen und diese zu Göttern zu erheben, wie es etwa in Chavín de Huántar um 1000 v. Chr. geschehen ist? Waren diese Darstellungen Produkte eines Rausches, der durch Halluzinogene hervorgerufen wurde, oder dienten sie dazu, die Mitmenschen in Angst und Schrecken zu versetzen und so die eigene Macht zu festigen? Ob unter den Mochica, den Chimú oder den Inka – die Bewohner Perus unterteilten das Universum in verschiedene Welten, die von Toten, Lebenden und göttlichen Wesen bewohnt wurden.

Die vielen Welten der alten Zeit

Kam es zu Erdbeben oder Dürrekatastrophen, so galt es, diese »Wutausbrüche der Götter« zu besänftigen. Menschenleben wurden zu den wertvollsten Opfergaben, auch wenn es »nur« Kriegsgefangene waren, die so ihre Chance erhielten, den Göttern gegenüberzutreten.

Die Berggötter der Anden speisten aus ihren Gletschern die Flüsse und bestimmten auch über Regen oder Dürre. Daher zählten Wasser und Fruchtbarkeit zu den höchsten Gütern, die es zu erbitten galt.

Ab dem 13. Jh. n. Chr. prägten die Inka eine neue Weltordnung mit dem

Sonnengott Inti an der Spitze. Anstelle der dämonischen Fabelwesen-Götter der Vorkulturen rückten nun die Apu-Berggötter, die Erdmutter Pachamama, der Blitz- und Donnergott Illapa sowie zahlreiche Huacas – also heilige Stätten – in den Vordergrund. Die Inka eroberten viele Völker und nahmen deren Götter in ihr Pantheon in Cusco auf. Dies erleichterte es ihnen, neue Untertanen an das Imperium zu binden.

Parallele religiöse Identitäten

Für derartige religiöse Strategien brachte die Kolonialmacht Spanien ab 1532 kein Verständnis auf. Wurden zu Beginn der Konquista die goldenen Idole mehr aus Habgier eingeschmolzen, so begann ab 1569 unter der Herrschaft des peruanischen Vizekönigs Toledo die gezielte Ausmerzung der Bilderverehrung und des damit verbundenen Götzendienstes.

Doch den wachsamen Augen der spanischen Inquisitoren entging, dass indianische Künstler fortan einen umgekehrten Weg nutzten: Wurden die Kirchen auf den Grundmauern alter Inka-Tempel gebaut, so holten die Künstler kurzerhand die traditionellen Andengötter in die Kirchen – in versteckter Form, versteht sich! Die Erdmutter, zuständig für Fruchtbarkeit, lebte in der Jungfrau Maria weiter. Es existieren sogar Gemälde, auf denen das Kleid der Jungfrau die Form eines Berges, also eines Apu, bekam. Da die indigene Bevölkerung, nach Ansicht der Spanier – so überlieferten es Chronisten – »tausenderlei kleines Teufelszeug« verehrte, versuchte man im 17. Jh. beispielsweise, die steinernen Lamafiguren durch katholische Reliquien zu ersetzten. Kuriose Mischungen sammelten sich daher auf den Hausaltären an – fromm nach dem Motto: Doppelt hält besser.

Trotz der fast 500-jährigen Unterdrückung und Bevormundung der indianischen Kulturen Perus haben die alten Traditionen überlebt. Der Altomisayoc etwa, ein hoher Würden- und Wissensträger, wird in andinen Dorfgemeinden bei allen wichtigen Angelegenheiten konsultiert. Er besitzt medizinische Kenntnisse, heilt aber auch durch spirituellen Rat und schützt vor negativen Kräften. Auch im Amazonasregenwald konnte sich ein traditionelles Schamanentum trotz zahlreicher Missionsstationen halten.

Kokablätter, Schnaps und Maisbier stehen bereit, um die Erdmutter und die Berggötter für die bevorstehende Pilgerreise gütig zu stimmen.

Sport und Freizeit

Bergschuhe, Steigeisen und ein Mountainbike für die Anden sowie ein Surfbrett für den Pazifik.

Trotz eines Schneeeinbruchs steht das Reitpferd für müde Trekker treu bereit. Auch der Pferdetreiber wartet geduldig am Auzangate in der Vilcanota-Kordillere.

Die Ehrfurcht vor hohen Bergen war schon immer groß in Südamerika, wurden diese doch Göttern gleichgesetzt. Die Bewohner der Anden haben ihre Lebensweise zwar bestens den Höhen angepasst, sie sind aber dennoch keine Bergsteiger. Trotzdem zählt Peru zu den Traumzielen vieler Bergfreunde. Die Berglandschaft der peruanischen **Anden** gehört zu den schönsten der Welt: 57 Sechstausender, zahlreiche Bergketten, tief eingeschnittene Täler und eine grenzenlose Weite und Einsamkeit sprechen für sich. Die Übernachtung im Zelt ist Bedingung, um diese Schönheit hautnah erfahren zu können, denn Berghütten sind rar gestreut.

Wie überall in Südamerika ist **Fußball** auch in Peru Nationalsport. Selbst in entlegenen Dörfern findet sich ein Acker zum Kicken, da stört auch die steile Hanglage nicht. Die Volleyballerinnen Perus sind allerdings erfolgreicher als die Fußballer, denn sie gewannen schon olympisches Silber. Kein Wunder, dass die Mädchen, ob an der Küste, in den Anden oder im Urwald, begeistert **Volleyball** spielen.

Gesurft wird am Pazifik, wobei die **Wellenreiter** aus der wohlhabenden Oberschicht Perus stammen. Viele Andenbewohner können leider nicht einmal schwimmen.

Bergsteigen/Trekking/Mountainbiking

Die zwei wichtigsten Ausgangspunkte für Bergsteiger, Trekker und Biker sind Cusco und Huaraz. Da beide Städte auf über 3000 m liegen, sollte man sich zu Beginn seines Aufenthalts vorsichtig an die Höhe gewöhnen. In Cusco sowie Huaraz bieten zahlreiche örtliche Reiseagenturen geführte, mehrtägige Trekkingtouren an (mit Guide, Koch, Trägern oder Pferdetreibern und Lasttieren). Preise und Qualität der Angebote variieren erheblich, und man sollte sich die Bestandteile des Trekkingpaketes vorher genau erklären lassen. Ein Check der Ausrüstung und des Menüplans beugt Überraschungen vor. Eine seriöse Agentur sollte gegen solche Vorsichtsmaßnahmen nichts einzuwenden haben. In Huaraz werden schwierige Bergtouren angeboten (Fünf- und Sechstausender), die von international anerkannten, in Peru staatlich geprüften Bergführern geleitet werden sollten. Eine Vorbesprechung mit dem Guide ist ratsam. Dasselbe gilt auch bei der Planung von Trekkingtouren.

Die meisten Anbieter von Biketouren verfügen über einfache Mountainbikes, die aber den Ansprüchen von sehr sportlichen Fahrern nicht gerecht werden. Bevor man sich zu einer Tour entschließt, sollte man unbedingt die Ausrüstung (Bike, Helm, Handschuhe, Ersatzschlauch, Werkzeug etc.) checken. Viele Schotterstraßen und Feldwege um Cusco oder Huaraz bieten Möglichkeiten zu wunderschönen Tagestouren, die sich als Einstieg empfehlen, bevor man sich zu einer mehrtägigen Tour entschließt. Ein Begleitfahrzeug sollte immer zur Verfügung stehen.

Cusco

→ S. 181, D 13

Drei sehr unterschiedliche Kordilleren laden zum Trekking ein:

Die **Urubamba-Kordillere** liegt nördlich von Cusco. Einige vergletscherte Fünftausender überragen das berühmte Urubambatal. In den Hochtälern leben sehr traditionsbewusste Andenbauern, die mit großem Stolz ihre Trachten tragen. Sie leben vom Ackerbau und der Lama- und Alpakazucht. Dies ist das ideale Gebirge für Bergwanderer, die das kulturelle Erlebnis suchen.

Nordwestlich der Inka-Hauptstadt diente die **Vilcabamba-Kordillere** den letzten Inka als Rückzugsgebiet. Auch der berühmte **Inka-Trail** nach Machu Picchu (Buchung nur über Reiseagenturen bei rechtzeitiger Voranmeldung möglich) führt durch diesen Gebirgszug. Dies ist aber nur eine von vielen möglichen Routen. Sechstausender überragen tief eingeschnittene Bergurwaldtäler, in denen Orchideen und Bromelien blühen und Kolibris zu Hause sind. Inka-Straßen begleiten den Wanderer wie auf einer Berg- und Talbahn durch ständig wechselndes Andenpanorama. Die Pässe sind bis zu 4850 m hoch, der Salcantay (6271 m) ist das Wahrzeichen dieser Kordillere.

Südöstlich von Cusco verläuft die **Vilcanota-Kordillere.** Schon von weitem sieht man den gewaltigen Eisriesen Auzangate (6372 m), der auch der wichtigste Berggott Perus ist. Sprachlos steht man in der Vilcanota vor der unendlichen Weite der Hochebenen, die nur noch von einem Gletschergürtel überragt werden. Tausende von Lamas und Alpakas weiden hier zwischen »Himmel und Erde«. Auf 4800 m baden Flamingos an den Ufern des **Sibinacocha-Sees**. Zahlreiche Gipfel laden zum Bergsteigen ein, die Pässe sind über 5000 m hoch.

HANE Tours; Av. Los Incas 1046; Tel./Fax 0 84/22 11 97; www.hanetours.com

Huaraz ⇢ S. 177, E 8

Die Weiße (Cordillera Blanca) und die Schwarze Kordillere (Cordillera Negra) stehen sich ca. 350 km nördlich von Lima gegenüber. Zwischen den beiden Bergrücken befindet sich ein schmales Hochtal, durch das sich der Río Santa seinen Weg gebahnt hat. Die westliche **Cordillera Negra** ist deutlich niedriger, aber auch hier erreichen die Gipfel fast 5200 m. Allerdings werden sie um über 1500 m vom höchsten Gipfel Perus in der Weißen Kordillere überragt, dem Huascarán mit stattlichen 6768 m. Auf einer Länge von fast 200 km reihen sich in der **Cordillera Blanca** die Sechstausender verschiedenster Schwierigkeitsgrade aneinander. Die Trekkingmöglichkeiten sind unbegrenzt. Fast der gesamte Gebirgszug liegt innerhalb des Nationalparks Huascarán (→ MERIAN-TopTen, S. 107).

Die südlich der Cordillera Blanca gelegene **Huayhuash-Kordillere** ist ein weiteres Juwel der Anden. Sie liegt etwas abgeschieden von den touristischen Hauptachsen Perus. Es erwartet den Trekker hier eine unberührte Hochgebirgslandschaft mit zahlreichen Gletscherseen. Ausgangspunkt für Wanderungen ist die Ortschaft Chiquián. Für ein kurzes Trekking sollte man mindestens fünf Tage einplanen, für die große Runde besser zehn bis zwölf Tage. Die Pässe führen auf fast 5000 m Höhe, die Gipfel sind technisch schwierig.

Information zu Bergführern und Gipfelmöglichkeiten in Huaraz erteilt die Bergführervereinigung Casa de Guías (Parque Ginebra 28-G; Tel. 0 53/72 18 11; Mo–Fr 9–13 und 16–20, Sa 9–13 Uhr). Generelle Info: www.huaraz.com

Birdwatching/Wildlife

Wenn von Peru die Rede ist, geraten Ornithologen ins Schwärmen. Das Land zählt zusammen mit Kolumbien zu den vogelartenreichsten Ländern der Welt. Besonders der **Regenwald** bietet einmalige Gelegenheiten für Naturbeobachtungen. Der Río Tambopata war sogar Schauplatz eines Weltrekords: 361 Vogelarten sichtete ein Ornithologe hier innerhalb von 24 Std.

www.manuexpeditions.com

Rafting/Kajak

Rafting- und Kajaktrips erfreuen sich wachsender Beliebtheit in Peru. Die Touren führen oftmals durch spektakuläre Schluchten und Täler. Aber Vorsicht: Immer wieder ertrinken Teilnehmer! Gute Ausrüstung und eine seriöse Agentur sind lebenswichtig, nicht immer ist das billigste Angebot sehr sicher. Der Schwierigkeitsgrad liegt zwischen Klasse II und V und ist erheblich von den jeweiligen Wasserständen abhängig.

Die Palette der Raftingtouren reicht im Großraum **Cusco** von Tagesausflügen auf dem **Río Urubamba/Vilcanota** bis hin zu Zwölf-Tagestouren auf dem **Río Tambopata**. Anspruchsvolle, nicht gerade ungefährliche Drei-Tagestouren werden auf dem **Río Apurimac** angeboten.

Apumayo Expediciones; Av. Garcilaso 316-A; Tel./Fax 0 84/24 60 18; www.apumayo.com

Reiten

Die ersten Pferde kamen Anfang des 16. Jh. mit den spanischen Konquistadoren nach Südamerika. Heute sind die peruanischen **Pasopferde** weit über die Landesgrenzen hinaus berühmt. Die eleganten Tiere haben im Wüstensand einen besonderen Passgang entwickelt. Das Zentrum der Pasopferdezucht liegt in **Trujillo** im Norden Perus. Infos unter www.cabalgatas.com.pe/htm/trujillo.htm

Nur wenige Hotels in Peru bieten Ausflüge mit gepflegten Reitpferden an, so wie z. B. das Sol & Luna im Urubambatal (→ S. 96). Spezialisiert auf Reitausflüge im Urubambatal ist Perolchico: www.perolchico.com

Strände

Zur peruanischen Sommerzeit (Dez.–März) sind die Strände in der Nähe Limas überfüllt. Ganzjährig scheint die Sonne nur an den Stränden im Norden z. B. in **Máncora**, wo Surfschulen Unterricht im Wellenreiten anbieten.

Punta Sal ist für seine Hochseefischerei bekannt, schon Ernest Hemingway liebte die Gegend. Welcher Strand ihn zu seinem Werk »Der alte Mann und das Meer« inspirierte, darüber kann man bestens bei Sonnenuntergang in einer Hängematte mit einem Glas Whiskey in der Hand grübeln. Die Strände Nordperus können zwar nicht mit denen der Karibik konkurrieren, aber ihr rauer, wüstenhafter Charme und die einsame Weite sind im Anschluss an archäologische Besichtigungstage eine willkommene Abwechslung. Generelle Info: www.vivamancora.com

Die alten Inka-Straßen dienen heute noch als wichtige Verbindungswege in den Hochanden und eignen sich hervorragend für ausgedehnte Wanderungen.

Familientipps – Hits für Kids

Das Dschungelbuch gibt es wirklich – aber vorsicht, die Tiere bitte nicht anfassen!

Klassische Vergnügungsparks sind in Peru nicht zu finden. Dafür aber kontaktfreudige Kinder, die Sprachbarrieren »kommentarlos« beim Spielen überwinden.

Die Peruaner haben wie alle Lateinamerikaner ein großes Herz für Kinder. Strafende Blicke treffen eher die Eltern, falls sie ihre Kleinen zu überflüssiger Disziplin ermahnen. Das heißt aber noch lange nicht, dass Familien auf einer Reise durch Peru mit kindgerechter Infrastruktur rechnen dürfen. Dafür gibt es einfache Gründe.

Wohlhabendere Peruaner reisen mit ihren kleinen Kindern eher nach Miami als nach Machu Picchu. Auf einer Reise durch das eigene Land ist in der Regel die Empleada – das Kindermädchen – mit von der Partie, die alle lästigen Kleinigkeiten abnimmt. Der Ruf nach öffentlichen Wickelräumen verfügt also über keine starke Lobby. Weniger betuchte Peruaner reisen kaum, und falls wirklich einmal nötig, so verfügen sie über ein erstaunliches Improvisationstalent. Kinder sind in Peru schon von klein auf überall mit dabei. Die indigenen Frauen tragen ihre Kleinkinder tagsüber sogar in einem Tuch auf dem Rücken.

Der größten Herausforderung müssen sich Eltern, die mit ihren Kindern durch Peru reisen, jedoch wohl selbst stellen. Es gibt so viel Sehenswertes, jahrtausendealtes kulturelles Erbe steht an fast »jeder Ecke« – nur reizt ein Archäologieprogramm den Nachwuchs mit Sicherheit nicht sonderlich ... Wenn man aber flexibel bleibt, so bieten sich trotzdem an fast jeder Ecke große, von der Natur geschaffene Spielplätze.

Die Natur als Spielplatz

Ein eigenes Fahrzeug bewährt sich sehr. Dann kann man nämlich einfach die Fahrt bei einer Alpakaherde unterbrechen, schnell mal einen Gebirgsbach aufstauen oder mit den neuen Freunden am Dorfplatz ein paar Kekse teilen. Bei diesen Begegnungen können auch die Kids aus der Alten Welt noch etwas lernen – es ist sehr beeindruckend zu erleben, wie insbesondere die Kinder in ärmeren ländlichen Gegenden liebevoll dafür sorgen, dass ihre Geschwister einen gerechten Anteil der begehrten Süßigkeiten (oder was auch immer gerade verteilt wird) bekommen.

Nervenaufreibend kann es allerdings für die »kleinen Blonden« werden, denn ihr Engelshaar ruft überall »helle« Begeisterung hervor. Dies führt häufig zu lästigen, aber liebevoll gemeinten Streicheleinheiten.

Eine Perureise mit Kindern will gut geplant sein

Wanderungen, leichtes Trekking oder einfachere Rafting- und Mountainbiketouren sowie Aufenthalte im Regenwald kommen erst für größere Kinder in Frage. Dann jedoch bieten sich tolle Abenteuermöglichkeiten. Die ideale Lösung für solche Reisen: ein maßgeschneidertes Programm für eine Familien-Kleingruppe. Erste Veranstalter reagieren auf die Marktlücke. Bisher sind aber nur wenige Angebote tatsächlich familiengerecht. Da es Kindern schwer fällt, mit ihren Kräften maßzuhalten – was soll schon anders sein beim Fußballspiel auf 3500 m ? –, sollte genug Zeit zur Höhenanpassung verbleiben.

Peruanische Familien kehren gerne in eine Quinta, ein Gartenrestaurant, ein. Zu diesen Lokalen gehören manchmal auch Spielplätze oder Tiere. Zumindest gibt es viel Platz zum Toben.

Parque Recreacional Urpicha

⟶ S. 83, südl. c 3

In Cusco bietet dieser Abenteuerspielplatz Kids eine Abwechslung zur Besichtigungstour. Hier ergeben sich garantiert auch Kontakte zu gleichaltrigen Spielkameraden, denn in den Urpicha finden regelmäßig Kindergärten- und Grundschulausflüge statt.

Alameda Pachacutec; Di–So 9–18 Uhr; Eintritt 0,50 S/.

Unterwegs in Peru

Landwirtschaftliche Terrassen im Cañón del Colca (→ S. 68), so weit das Auge reicht. Den Inka- und Vor-Inka-Kulturen entging zur Nutzung kaum ein Quadratmeter Erde.

Es gibt Unzähliges in Peru zu entdecken. Zwischen der Pazifikküste, den Kordilleren der Anden und dem Regenwald erlebt der Besucher eine kulturelle Zeitreise durch fünf Jahrtausende.

Lima

Einst Kolonialperle, heute eine Acht-Millionen-City – Lima ist voller Überraschungen und Gegensätze.

Immer wieder zerstörten schwere Erdbeben die Kathedrale Limas (→ S. 47), bis 1751 eine leichtere Hohlstruktur Abhilfe schuf. Heute ist das Gebäude wieder zu besichtigen.

Im 17. und 18. Jh. galt Lima als die »Perle des Pazifiks«. Die spanisch-kreolische Oberschicht lebte in Saus und Braus, als hätte sie gerade das Gold des letzten Inka geerbt. Niemand würde im 21. Jh. die Hauptstadt Perus noch als Perle bezeichnen, geblieben sind aber die extremen Gegensätze zwischen Arm und Reich. Daran haben weder die Abschaffung der Sklaverei noch die Unabhängigkeit von Spanien etwas geändert. So gibt es auch nicht »ein« typisches Lima, die Stadt besitzt viele Gesichter.

Lima

→ S. 178, A 11

8 Mio. Einwohner
Stadtplan Centro → Umschlagkarte hinten
Stadtplan Miraflores → S. 51
Vorwahl: 01

Lima besteht aus über 40 eigenständigen Stadtteilen, ihr Oberhaupt, der Oberbürgermeister, residiert im historischen Stadtkern. Die **Altstadt** wurde im Jahr 1991 zum UNESCO-Weltkulturerbe ernannt, da hier eine Reihe einzigartiger kolonialer Baudenkmäler erhalten sind. In der Altstadt konzentrierte sich über vier Jahrhunderte das politische und gesellschaftliche Leben. Heute findet man Banken, Botschaften, luxuriöse Einkaufszentren, exklusive Hotels und Restaurants in den modernen Stadtteilen **Miraflores, San Isidro** und **Monterico.** Das kulinarische Angebot wird hier auch den höchsten Ansprüchen gerecht. Auf den Speisekarten stehen fangfrische Meeresfrüchte und Fische aus dem Humboldtstrom, aber auch chinesische Spezialitäten, die die Nachfahren asiatischer Einwanderer des 19. Jh. zubereiten.

Großzügige, gepflegte Grünanlagen lassen vergessen, dass Lima mitten in einer Wüste liegt und dass die Stadt von Armenvierteln umgeben ist. Dort bestimmt der Kampf ums tägliche Brot den Alltag der Bewohner.

Das beste Transportmittel sind Taxis. Den Preis verhandelt man bei Fahrtantritt (z. B. Taxi von Miraflores in die Altstadt Limas ca. 12–15 S/.).

Und auch die Kultur kommt in einer Stadt mit dieser Geschichte natürlich nicht zu kurz – zahlreiche erstklassige Museen laden in Lima zu einem Besuch ein.

Hotels/andere Unterkünfte

Country Club Lima Hotel

→ S. 51, nordwestl. a 1

Viel Kolonialkunst in stilvollem, gediegenem Ambiente, das an einen Hazienda-Landsitz erinnert. Sehr komfortable, geräumige Zimmer. Zugang zu Limas exklusivem Golfclub.

Los Eucaliptos 590, San Isidro; Tel. 6 11 90 00, Fax 6 11 90 02; www.hotelcountry.com; 75 Zimmer ●●●● CREDIT

JW Marriott Hotel Lima → S. 51, a 4

Unter den luxuriösesten Hotels eine günstigere Alternative. In bester Lage oberhalb des Larcomar-Einkaufszentrums gelegen.

Malecon de la Reserva 615, Miraflores; Tel. 2 17 70 00, Fax 2 17 71 00; http://hoteles.marriott.com.pe; 300 Zimmer ●●●● CREDIT

Miraflores Park Hotel → S. 51, a 4

Luxus pur mit einem Hauch von Orientexpress an der Steilküste in Miraflores. Der Dach-Swimmingpool im 11. Stock scheint in den Pazifik überzugehen. Ausgezeichnetes Restaurant.

Malecon de la Reserva 1035, Miraflores; Tel. 2 42 30 00, Fax 2 42 33 93; www.mira-park.com; 82 Zimmer ●●●● CREDIT

Sheraton Lima Hotel & Casino

→ Umschlagkarte hinten, b 5

Ideal für Besucher, die die Nähe zum alten Zentrum Limas suchen.

Paseo de la Republica 170; Tel. 3 15 50 00, Fax 3 15 50 15; www.sheraton.com.pe; 431 Zimmer ●●● CREDIT ♿

Sonesta Posada del Inca El Olivar-Lima → S. 51, nordwestl. c 1
Modernes, komfortables Hotel in ruhiger Lage, umgeben von alten Olivenbäumen.
Pancho Fierro 194, San Isidro; Tel. 7 12 60 00, Fax 7 12 60 99; www.sonesta.com/peru_lima/; 134 Zimmer ●●● CREDIT

Jose Antonio Hoteles → S. 51, a 3
Die zwei modernen Hotels stehen sich in Miraflores in sehr günstiger, zentraler Lage gegenüber. Das **Executivo** bietet besonders geräumige, bequeme Zimmer.
Malecon 28 de Julio 398, Miraflores; Tel. 4 45 77 43, 4 45 52 28; www.hotelesjoseantonio.com; 84 und 44 Zimmer ●●/●●● CREDIT

Hotel Antigua Miraflores → S. 51, a 2/3
Das Haus erinnert an eine Mischung aus Kunstgalerie und Gewächshaus und besitzt viel persönlichen Charme. Hilfsbereites Personal. Einige Zimmer sind ein wenig »altersschwach«.
Av. Grau 350, Miraflores; Tel. 2 41 61 16, Fax 2 41 61 15; www.peru-hotels-inns.com; 39 Zimmer ●●

Gegensätze prägen die Stadt. Glaspaläste (hier: JW Marriott → S. 45) und Kolonialbauten umgeben von ärmlichen Vororten.

Casa Andina Miraflores → S. 51, a 3
Funktionelle, moderne Zimmer im Stil der Casa-Andina-Kette, einer peruanischen Hotelkette.
Malecon 28 de Julio 1088, Miraflores; Tel. 2 41 40 50, Fax 2 41 40 51; www.casa-andina.com; 49 Zimmer ●● CREDIT

Hotel Aleman → S. 51, c 2
Familiäres Ambiente, ordentliche Zimmer und günstige Preise.
Av. Arequipa 4704, Miraflores; Tel. 2 41 15 00, Fax 4 45 69 99; www.hotelaleman.com.pe; 25 Zimmer ● VISA MASTER DINERS

SPAZIERGANG

Der Rundgang beginnt an der **Plaza San Martin**, benannt nach dem Freiheitskämpfer, an den hier ein Reiterdenkmal erinnert. Am nördlichen Eck führt die Fußgängerzone Jr. de la Union, die einstige Flaniermeile Limas, über fünf Cuadras (Häuserblöcke) bis zur **Plaza Mayor**, dem Hauptplatz. An der dritten Cuadra liegt die Kirche **La Merced**. Die Fassade wird von der Ordenspatronin Virgen de la Merced geschmückt und besteht aus Panamagranit, der als Schiffsballast nach Lima kam. Das **Municipalidad** (Rathaus), der **Palacio del Gobierno** (Regierungspalast, um 12 Uhr ist Wachablösung) sowie die **Catedral** bestimmen das Bild der Plaza Mayor. Blickt man auf den Regierungspalast, sieht man gleich an der nordöstlichen Ecke der Plaza, im Jr. Carabaya, den ältesten erhaltenen **Holzbalkon** Limas (17. Jh.). Die ca. 300 Holzbalkone des Zentrums sind ein Markenzeichen der Stadt. An der nächsten Ecke stößt man auf die **Estacíon Ferrocaril Desamparados** – einen ehemaligen Bahnhof, heute ein Kulturzentrum. Blickt man rechts ums Eck, erkennt man schon die Kirche und

Die geschnitzten Balkone prägen das Bild des historischen Stadtzentrums in Lima. Das erzbischöfliche Palais wartet mit einer besonders prachtvollen Fassade auf.

das Kloster **San Francisco**. Von hier folgt man dem Jr. Lampa und biegt links in den Jr. Ucayali ab, bis man vor dem prächtigsten zivilen Gebäude Limas, dem **Palacio Torre Tagle,** steht. An der Ecke Azangaro/Ucayali liegt der Jesuitenkomplex **San Pedro**. Wieder zurück an der Plaza Mayor, überquert man den Platz diagonal und biegt in die Conde de Superunda ein. Vorbei an der Hauptpost, gelangt man zur Kirche und dem Konvent **Santo Domingo** und wenige 100 m weiter zu den beeindruckenden Balkonen der **Casa de Osambela.** Für den Spaziergang sollten – mit Besichtigungen – mindestens drei Stunden veranschlagt werden.

SEHENSWERTES

El centro histórico – das historische Zentrum

⇢ Umschlagkarte hinten, b 3/4–d 3/4

Bei der Gründung Limas, am 18. Januar 1535, zeichnete der Konquistador Francisco Pizarro mit der Schwertspitze den quadratischen Grundriss der Plaza de Armas in den Wüstensand. Zuerst wurde der Platz für die Kathedrale festgelegt, dann wies sich Pizarro selbst ein Grundstück zu. Er ließ ein zweistöckiges Haus errichten, indem er sechs Jahre später ermordet werden sollte. Anschließend residierten hier die Vizekönige, und heute steht an gleicher Stelle der Regierungspalast. Alle wichtigen spanischen Begleiter Pizarros erhielten ebenfalls zentrale Grundstücke in der neuen Hauptstadt. Die geometrische Aufteilung des historischen Zentrums gleicht heute noch weitgehend Pizarros Schwertzeichnung.

La Catedral

⇢ Umschlagkarte hinten, d 3

Zahlreiche Erdbeben brachten die Kathedrale mehrfach zum Einsturz. Ab 1751 sorgten Bündel aus Eichenpfählen in den Säulen und eine Gewölbedecke aus Holz, Rohr und Gips für eine elastische Struktur. Eine Kapelle beherbergt die sterblichen

MERIAN-Tipp

1 Museo Nacional de Arqueología, Antropología e Historia del Perú

Das Museum vermittelt einen guten Überblick über die geschichtliche Entwicklung des alten Peru, von ersten Sammlern und Jägern über zahlreiche Hochkulturen bis hin zu den Inka und weiter in die Kolonialzeit. Archäologische Höhepunkte sind der Tello-Obelisk und die Raimondi-Stele aus der Chavín-Kultur, die wunderschönen Paracas-Textilien sowie die Sammlung der Mochica-Keramiken. Gold- und Silberschmuckstücke stellen die hohe Kunstfertigkeit der frühen Schmiede unter Beweis, deren Techniken anhand von Werkzeugen und einem Modellschmelzofen erläutert werden. Das Museum bietet die ideale Vorbereitung für eine Perureise.

Pl. Bolívar, Pueblo Libre; Di–So 9.30–17 Uhr; Eintritt 11 S/.

→ Umschlagkarte hinten, südwestl. a 6

Überreste Pizarros. Der San Juan Bautista gewidmete Seitenaltar des spanischen Bildhauers Juan Martínez Montanés sowie das Chorgestühl von Pedro de Noguera gehören zum wertvollsten Inventar des Gotteshauses. In der Sakristei begeistert ein Gemälde des Herrscherstammbaums der Inka und der spanischen Könige aus dem 18. Jh. die Besucher.

Pl. de Armas, Centro; Mo–Fr 9–16.30, Sa 10–16.30 Uhr; Eintritt 10 S/.

Palacio Torre Tagle

→ Umschlagkarte hinten, d 3

Der Palast des Schatzmeisters der spanischen Armada, Marqués de Torre Tagle, aus dem Jahr 1735 gilt als die prunkvollste koloniale Stadtvilla Limas. Da das Gebäude heute vom Außenministerium vereinnahmt ist, kann es nicht besichtigt werden. Aber schon die Fassade mit den schönsten holzgeschnitzten Mudéjar-Balkonen der Stadt lohnt einen Abstecher.

Jr. Ucayalil/Jr. Lampa, Centro

San Francisco

→ Umschlagkarte hinten, d/e 3

Das Altarportal der Klosterkirche (Mitte 17. Jh.) sollte die heiligen Handlungen im Inneren der Kirche zur Straße hin verkünden. Der Stil galt als die Neue Limenische Schule und beeinflusste die Architektur Limas bis Ende des 18. Jh. Zu den wichtigsten Sehenswürdigkeiten des Klosters gehört eine Mudéjar-Kuppel aus Zedernholz oberhalb der breiten Haupttreppe, die wandteppichartigen Azulejos-Kacheln im Kreuzgang, die Bibliothek im zweiten Stock sowie die restaurierte Sakristei mit Apostelgemälden des spanischen Malers Francisco de Zurbarán.

Jr. Ancash, Centro; tgl. 9.30–18.45 Uhr; Eintritt 5 S/.

Santo Domingo

→ Umschlagkarte hinten, c 3

Pizarros Beichtvater Vicente Valverde war Dominikaner, und so erhielt der Orden ein gewaltiges Grundstück in der Nähe der Plaza Major. Der Konvent verfügte im 17. Jh. über zwölf Kreuzgänge und Patios. Zwei heute noch erhaltene Kreuzgänge weisen die ältesten Kacheln Limas auf. 33 Gemälde der Lima-Schule schmücken zusätzlich den ersten Hof, dessen dunkle Holzarkaden im zweiten Stock ein maurisches Flair verbreiten. Santa Rosa de Lima und San Martin de Porras, zwei weit über die Grenzen Perus berühmte Heilige, fanden ihre letzte Ruhe im Santo-Domingo-Kloster.

Jr. Conde de Superunde/Jr. Camaná, Centro; Mo–So 9–12.30 und 15–18 Uhr; Eintritt 3 S/.

Spaziergang im modernen Lima

→ S. 51, c 2–a 4

Das geschäftliche, kulturelle und gesellschaftliche Leben der Hauptstadt spielt sich heute in den Stadtteilen Miraflores, San Isidro und Barranco ab, die Altstadt gilt bei den Limeños als »out«. Einen guten Eindruck dieses modernen Limas bekommt man, wenn man in Miraflores vom Parque Kennedy über die Larco-Straße zum oberhalb der Pazifikküste gelegenen Einkaufszentrum Larcomar spaziert. Bei einer bunten Mischung aus Cafés, Restaurants, Fastfood-Imbissständen, Spielsalons, Kinos und allerlei Krimskramsläden trifft sich hier Alt und Jung.

Museen

Museo Amano

⇢ S. 51, a 1

Private Sammlung von Textilien der Chancay-Kultur sowie Keramiken. Kostenlose (Trinkgeld), ca. 40-minütige Führung (nachmittags) nach telefonischer Voranmeldung. Sehr interessant für Textilfreunde.

C. Retiro 160, Miraflores; Tel. 4 41 29 09

Museo Arqueologico Rafael Larco Herrera

⇢ S. 51, nordwestl. a 1

Das Museum ist in einem sehr schönen Hazienda-Herrenhaus des 18. Jh. untergebracht und zeigt hauptsächlich Keramiken der nordperuanischen Mochica- und Chimú-Kulturen, aber auch goldene Mumienmasken und Paracas-Textilien. Sehr sehenswert ist die Sammlung erotischer Darstellungen auf präkolumbischer Keramik.

Av. Bolívar 1515, Pueblo Libre; tgl. 9–18 Uhr; Eintritt 25 S/.

Museo de Arte

⇢ Umschlagkarte hinten, b 6

3000 Jahre peruanische Kunstgeschichte auf einen Blick. Präkolumbische Textilien und Keramiken, Gemälde der Cusco-Schule, Aquarelle Pancho Fierros, der sehr treffend das kreolische Lima des 19. Jh. darstellte, sowie zeitgenössische Kunst und Fotografie sorgen für Abwechslung.

Paseo Colón 125, Parque de la Exposición (Pl. Grau); Do–Di 10–17 Uhr; Eintritt frei

Museo de la Nación

⇢ S. 51, nordöstl. c 1

Der Betonbunker, der ursprünglich die Nationalbank beherbergte, dient heute als Nationalmuseum. Auf drei Stockwerken werden in chronologischer Reihenfolge die verschiedenen Kulturkreise des präkolonialen Peru anhand von Keramikfunden vorgestellt. (Didaktisch gelungen, Erklärungen allerdings nur auf Spanisch.) Der Nachbau des Grabes des Señor de Sipan, des Mochica-Fürsten aus Nordperu, der vor ca. 1700 Jahren lebte, ist ein weiterer Höhepunkt.

Av. Javier Prado Este 2465, San Borja; Di–Fr 9–18, Sa, So und Feiertag 10–18 Uhr, Kassenschluss 1 Std. zuvor; Eintritt 7 S/.

Museo Oro del Peru y Armas del Mundo

⇢ S. 51, östl. c 1

Das Museum besteht aus einer Waffensammlung im Erdgeschoss, der berühmten Gold- und Metallkunstaus-

Die Webkünste der Paracas-Kultur (700–200 v. Chr.) stellen andere Textilien der altamerikanischen Völker in den Schatten.

Das kleine Mochica-Schmuckstück aus dem Museo Oro zeigt einen Priester mit einem rituellen Messer und Trinkgefäß. Zwei Helfer stehen ihm zur Seite.

stellung im Untergeschoss sowie einer Textilausstellung präkolonialer Webarbeiten im ersten Stock.

Wer sich nicht so sehr für Samurai-Schwerter oder Pistolen aus aller Welt interessiert, sollte sich auf das Kellergeschoss konzentrieren. Einzelne Ausstellungsstücke sind von herausragender Qualität (Totenmasken der Chimú, Tumi-Zeremonialmesser), diese sind allerdings keine wissenschaftlichen Funde, sondern stammen aus Raubgrabungen. Über den genauen Fundort und die Umstände ist leider nichts bekannt. Es handelt sich hauptsächlich um Grabbeigaben der Küstenvölker aus der Zeit vor den Inka, denn das Gold der Inka landete zum größten Teil in den Schmelzpfannen der Spanier.

Alonso de Molina 1100, Monterrico-Surco; tgl. 11.30–19 Uhr; Eintritt 30 S/.; Fotografierverbot

Museo Pedro de Osma

⇢ S. 51, südl. b 4

Das Museum zeigt eine hervorragende Sammlung kolonialer Kunst: Gemälde, Plastiken, Textilien, Möbel und Silberschmiedearbeiten.

Av. Pedro de Osma 423, Barranco; Di–So 10–13.30 und 14.30–18 Uhr; Eintritt 10 S/

Essen und Trinken

Astrid & Gaston

⇢ S. 51, c 3

Ausgezeichnete kreolische und mediterrane Küche in einem Ambiente, das von moderner Kunst und einem Touch kolonialen Charmes geprägt ist. Gemütliche Bar.

Cantuarias 175, Miraflores; Tel. 4 44 14 96; Mo–Sa 12.30–15.30 und 19.30–24 Uhr

●●●● CREDIT

Huaca Pucllana

⇢ S. 51, c

Speisen zu Füßen einer 1500 Jahre alten Adobe-Pyramide. Das rustikale Restaurant besticht mit einer kreativen neuen peruanischen Küche.

General Borgoño Cuadra 8, Miraflores; Tel. 4 45 40 42; tgl. 12–16 und 19–23 Uhr

●●●● CREDIT

La Gloria

⇢ S. 51, c 2

Ausgezeichnete italienische Küche, gediegenes Design, ein In-Treff der Limeños.

C. Atahualpa 201, Miraflores; Tel. 44 66 51 04; Mo–Sa 13–16 und 20–24 Uhr ●●●● CREDIT

La Rosa Nautica

⇢ S. 51, a 3

Das Traditionsrestaurant im Jugendstil ragt auf einem Pier in den Pazifik hinaus. Stilvolles Ambiente an der Costa-Verde-Steilküste. Daher verwundert auch nicht das reiche Angebot an Fisch und Meeresfrüchten.

Circuito de Playa, Miraflores; Tel. 4 47 00 57; tgl. 12–24 Uhr ●●●● CREDIT

Las Brujas de Cachiche

⇢ S. 51, a 4

Unter wohlhabenden Limeños sehr beliebtes Restaurant, weil vorzügliche kreolische Küche. Fantastische Fisch- und Fleischgerichte.

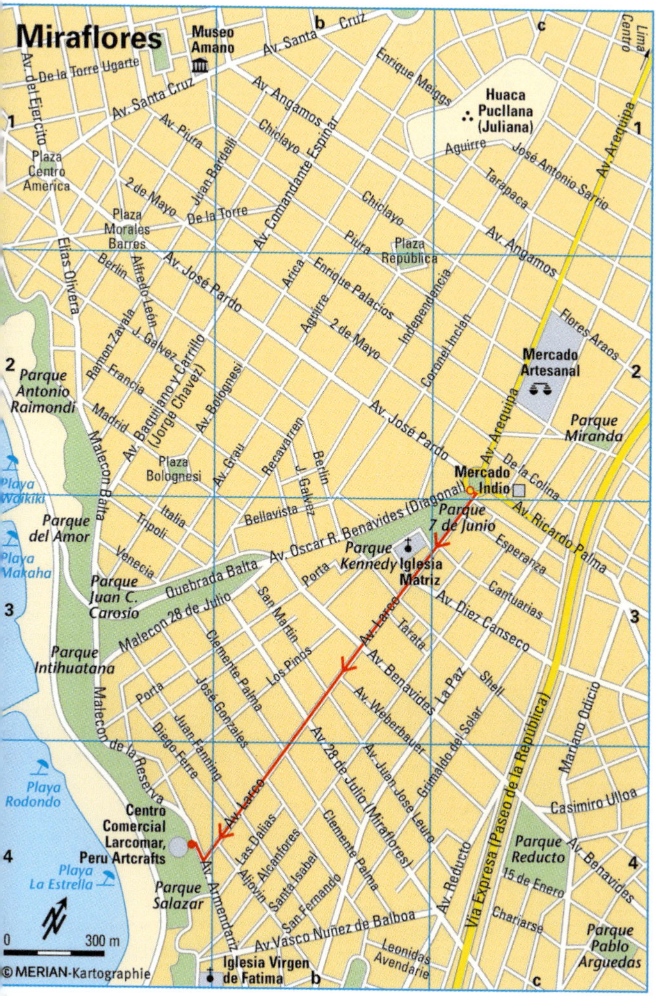

Av. Bolognesi 460, Miraflores; Tel. 4 46 65 36; Mo–Sa 13–24, So 12.30–16.30 Uhr ●●●● CREDIT

Manos Morena ⇢ S. 51, südl. b 4

Der Name »Dunkle Hände« steht für afroperuanische Spezialitäten, die begleitet werden von einer bunten Mischung aus Musik und Show (Letztere Di–Do 21.30 Uhr; 12 US$).

Av. Pedro de Osma 409, Barranco; Tel. 4 67 04 21; Mo–Sa 12.30–16.30 und 19–24, So 12.30–16.30 Uhr ●●● CREDIT

Wa Lok ⇢ S. 51, c 1

Die beste chinesische Küche mit peruanischem Einschlag in ganz Lima.

Jr. Paruro 864, Centro; Tel. 4 27 26 56; tgl. 9–23 Uhr;

oder Angamos Oeste 700, Miraflores; Tel. 4 47 13 14; tgl. 12–23 Uhr ●●● CREDIT

Alfresco → S. 51, a/b 3
Hier zählen nicht Ambiente oder Design, sondern die hervorragenden Gerichte mit Fisch und Meeresfrüchten zu reellen Preisen. Sehr gute Auswahl, guter Service.
Malecón Balta 790, Miraflores; Tel. 2 42 89 60; Mo–Sa 12–23, So 12–17 Uhr ●●/●●● CREDIT

Café Haiti → S. 51, c 2
Am Ovalo, dem Kreisverkehr im Zentrum von Miraflores, gelegenes Café und Restaurant. Am besten sitzt man draußen und beobachtet das geschäftige Treiben.
Av. Diagonal 160, Miraflores; Tel. 4 46 38 16; tgl. 7–2 Uhr ●● CREDIT

El Cordano → Umschlagkarte hinten, d 3
Uriges, einfaches und traditionsreiches Restaurant mit Bar im Zentrum Limas, das schon wegen der Atmosphäre einen Besuch wert ist.
Jr. Ancash 202, Centro; Tel. 4 27 01 81; tgl. 8–21 Uhr ●/●● VISA

Einkaufen

Wer auf die Schnelle noch einige Mitbringsel sucht, der ist bei den zahlreichen Souvenirgalerien (**Mercado Indio**, Av. Petit Thouars Ecke Av. Ricardo Palma in Miraflores (→ S. 51, c 2) genau richtig. Das Angebot ist äußerst vielseitig, die Atmosphäre allerdings etwas ungemütlich. Einige **Antiquitäten- und Juweliergeschäfte** (Silber) haben sich in der nahe gelegenen Av. La Paz (→ S. 51, c 3) niedergelassen.

Dédalo Galería de Arte y Artesania → S. 51, südl. b 4
Äußerst interessante Mischung aus Kunst, Kunsthandwerk und vielem mehr. Mit kleinem Café.
Paseo Sáenz Peña 295, Barrranco; Mo–Sa 11–21, So 11–19 Uhr

El Virrey → S. 51, nördl. c 1
Die beste Buchhandlung Limas mit einer großen Auswahl an englischer Literatur, auch deutsche Bücher und schöne Bildbände.
Miguel Dasso 147, San Isidro; Mo–Sa 9.30–20.30, So 11–19 Uhr

Galería Lucia De La Puente → S. 51, südl. b 4
Kunstgalerie, spezialisiert auf die Arbeit moderner peruanischer Künstler (Skulpturen, Gemälde und Fotografie).
Paseo Sáenz Peña 206, Barranco; Mo–Sa 10–20 Uhr

Peru Artcrafts → S. 51, a 4
Gute Auswahl an Kunsthandwerk aus ganz Peru, aber teuer.
Larcomar Einkaufszentrum, Miraflores; tgl. 10–22 Uhr

Am Abend

Barranco → S. 51, südl. b 4
Das Künstlerviertel Barranco hat sich zu einem Zentrum des Nachtlebens entwickelt. Am besten startet man die Tour durch Kneipen, Bars, Restaurants und Diskotheken von der Plaza de Barranco und folgt, besonders an Wochenenden, der nicht zu überhörenden Livemusik (z.B. **La Noche**, Psje. Sanchez Carrión 199-A; sehr gute Livemusik, verschiedene Tanzflächen; Mo–Sa 7.30–3 Uhr; Eintritt 10–35 S/.).

Kasinos
Viele große Hotels verfügen über Spielkasinos, aber auch sonst findet man sie in Lima an fast jeder Ecke (z. B. Av. Larco, Miraflores).

Peña-Restaurant Sachún → S. 51, nordwestl. a 1
Ein sehr gutes, gemischtes Programm aus afroperuanischen Klängen, Anden-Folklore und kreolischer Musik und Tanzshow.
Av. del Ejército 657, Miraflores; Tel. 4 41 44 65; Di–Sa 20.30–4 Uhr; Eintritt 20–30 S/.

Peña del Carajo ⇢ S. 51, südl. b 4
Donnerstag-, Freitag- und Samstagabend ist in dieser Diskothek die »Hölle« los. Fast nur einheimisches und eher junges Publikum. Seit Anfang 2007 tanzen die Limeños in den renovierten Räumen des Peña.
C. Catalino Miranda 158, Barranco; www.del-carajo.com; Tel. 2 47 79 77; Do–Sa 22–5 Uhr; Eintritt 25 S/.

Satchmo ⇢ S. 51, c 3
Hier spielen Livebands; viel Jazz, aber auch Rock und manchmal sogar Theater. Gute Stimmung.
Av. La Paz 538, Miraflores; Tel. 4 44 49 57; Di–Sa 19.30–2 Uhr; Eintritt 15–30 S/.
CREDIT

SERVICE

Information
i perú
– Jorge Basadre 610, San Isidro; Tel. 4 21 16 27, Fax 4 21 12 27 ⇢ Umschlagkarte hinten, e 3
– Larcomar-Einkaufszentrum, Módulo 14, Miraflores; Tel. 4 45 94 00 ⇢ S. 51, a 4

Polizei
Policía de Turismo ⇢ Umschlagkarte hinten, c 4
Pje. Tambo de Belén 104, Pl. San Martin; Tel. 4 24 20 53

Post
Serpost ⇢ S. 51, c 3
Petit Thouars 5201, Miraflores; Mo–Sa 8–20.45, So 8.45–14 Uhr

Krankenhaus
Clinica Anglo-Americana ⇢ S. 51, nordwestl. a 1
Alfredo Salazar, San Isidro; Tel . 7 12 30 00

Flughafen
Aeropuerto Internacional Jorge Chávez ⇢ S. 178, A 11
Der Flughafen von Lima ist die Drehscheibe für internationale sowie lokale Flüge.
Tel. 5 17 31 00; www.lap.com.pe

Busgesellschaften
– **Cruz del Sur** ⇢ S. 51, nordöstl. c 1
Av. Javier Prado Este 1109; Tel. 2 25 57 48; www.cruzdelsur.com.pe
– **Ormeño** ⇢ S. 51, nordöstl. c 1
Av. Javier Prado Este 1059; Tel. 4 72 17 10; www.grupo-ormeno.com

Autovermietung
Am Flughafen Avis, Budget, Hertz oder Triny Rent.

Ziel in der Umgebung

Pachacamac ⇢ S. 178, A 11

Der spanische Chronist Miguel de Estete beschrieb als Erster 1543 das Verwaltungs- und Zeremonialzentrum Pachacamac, das zu diesem Zeitpunkt unter dem Einfluss der Inka stand. Er fand große Pyramiden aus Adobe-Ziegeln sowie Heiligtümer und Paläste vor und erwähnte auch das berühmte Orakel, das als Gottheit verehrt wurde. Nach der spanischen Eroberung versandete Pachamac über die Jahrhunderte fast vollständig, bis der deutsche Archäologe Max Uhle 1896 mit der Erforschung begann.

Die erste Besiedlung geht auf die Jahre um 200 v. Chr. zurück, aber erst unter der Wari-Kultur ab 650 n. Chr. gelangte Pachacamac zu überregionalem Einfluss. Aus dieser Epoche stammen der große Tempel und das Orakel. Ab 1000 bis 1450 n. Chr. prägte die Ishmay-Kultur das Lurin- und Rimactal. Neue Stufenpyramiden entstanden, und Pachacamac entwickelte sich zu einem wichtigen politisch-religiösen Zentrum. Die Inka erweiterten ab Mitte des 15. Jh. die Anlage um einen Sonnentempel, um das Acllahuasi, das Haus der auserwählten Sonnenjungfrauen und einen Palast.
Mo–So 9–17 Uhr; Eintritt 5,50 S/.
31 km südl. von Lima

Die Südküste

Natur und Kultur pur – Pelikane in Paracas, Wüstenoasen bei Ica und die Scharrbilder von Nasca.

Der Fischreichtum des immer kalten Humboldtstroms ernährt Pelikane, Tölpel, Kormorane und zahlreiche weitere Vogelarten, aber auch auf heimischen Tellern und im Restaurant werden die Spezialtäten aus dem Pazifik serviert.

Die Panamericana Sur führt auf ca. 1300 km von Lima entlang der Pazifikküste bis Camaná, dann ins Andenhochland nach Arequipa und weiter bis an die chilenische Grenze südlich der Stadt Tacna. Die trockene Küstenwüste wird nur vereinzelt von Tälern, die an Oasen erinnern, durchschnitten. Das Wasser der Flüsse aus den Anden wird hier geschickt zur Bewässerung großer landwirtschaftlicher Nutzflächen eingesetzt. Häufig finden dabei Kanäle, die aus der vorspanischen Zeit erhalten geblieben sind, Verwendung. Neben Produkten wie Kartoffeln, Mais sowie anderen Gemüsen, Zuckerrohr, Oliven, Baumwolle und Weinreben, die hier schon seit Jahrhunderten kultiviert werden, kommt zunehmend Spargel hinzu, der mit großem Erfolg exportiert wird.

Chincha Alta

→ S. 180, A 13

65 000 Einwohner

Erste spanische Gründungen in der Gegend um Chincha gehen auf das 16. Jh. zurück. Im 17. und 18. Jh. entstanden riesige Haziendas, auf denen sich Tausende afrikanischer Sklaven abrackerten. Im Hafen Tambo de Mora blühte der Sklavenhandel, zugleich wurde hier für die Silbergewinnung in Bolivien unentbehrliches Quecksilber aus Huancavelica (nordöstl. von Chincha in den Hochanden) verschifft. Im Distrikt El Carmen, 10 km von Chincha landeinwärts, leben heute viele Nachfahren der aus Afrika verschleppten Sklaven. Einen Abstecher in die Wiege der afroperuanischen Folklore sollte man mit einem Besuch der Casa Hacienda San José verbinden. Die 1688 gegründete Hazienda produzierte Zuckerrohr und Baumwolle, heute dient sie als Hotel und Restaurant. Die verschiedenen afroperuanischen Tänze, wie der Alcatraz und der Zapateo, die auf den Regionalfesten aufgeführt werden, sind mit einer rhythmischen Trommelmusik unterlegt, die durch Klopfen auf eine einfache Holzkiste, dem Cajon, entsteht.

Hotels/andere Unterkünfte

Casa Hacienda San José
Große, traditionsreiche Hazienda im Kolonialstil mit Kapelle, Katakomben und Gartenanlage sowie einem Pool. Die Zimmer sind in rustikalem Stil gehalten. Jeden Sonntag wird ein kreolisches Mittagsbüfett aufgetischt inklusive Folkloreshow (70 S/.).
Abzweigung Panamericana Km 203, Tel./Fax 0 56/83 70 17; www.haciendasanjose.com.pe; 24 Zimmer ●● AmEx MASTER VISA

Pisco

→ S. 180, A 13

90 000 Einwohner

Schon zur Kolonialzeit wurde der peruanische Weinbrand von Pisco nach Europa verschifft und kurzerhand nach der Hafenstadt benannt. Heute ist Pisco der Ausgangsort für Ausflüge in die **Reserva Nacional Paracas** (→ S. 56). Reisebüros in der C. San Francisco (Stadtzentrum) bieten Ausflüge und Bootsfahrten an (Preise vergleichen). Der Ort Pisco bietet ansonsten keine besuchenswerten touristischen Sehenswürdigkeiten.

Die Boote zu den Ballestas-Inseln legen 20 km südlich von Pisco am Strand El Chaco ab. Am Pier befinden sich auch zahlreiche einfache Restaurants und ein Souvenirmarkt.

Hotels/andere Unterkünfte

Posada Hispana Hotel
Sehr gemütliches, familiär geführtes Hotel mit gutem Restaurant (Fisch und Meeresfrüchte) und Dachterrasse.
C. Bolognesi 222; Tel./Fax 0 56/53 63 63; www.posadahispana.com; 24 Zimmer ● AmEx VISA

Essen und Trinken

Das gastronomische Angebot in Pisco ist einfach. An der Plaza de Armas sowie im Jr. Comercio gibt es einige günstige Restaurants, Pizzerias und Cafés. Das **Don Manuel** (Jr. Comercio 179) lohnt einen Besuch (Fisch- und Fleischgerichte). Ebenfalls empfehlenswert ist das Restaurant des Hotels **Posada Hispana** (→ Hotels, S. 55).

Reserva Nacional Paracas

⇢ S. 180, A 14

Im Jahr 1925 fand der peruanische Archäologe Julio C. Tello 20 km südlich von Pisco auf der Paracas-Halbinsel 429 Mumienbündel. Die Verstorbenen waren in bis zu 16 Tücher allerfeinster Qualität gehüllt, und es fanden sich zahlreiche Grabbeigaben. Die Schönheit der Textilien stellt bis heute alle vergleichbaren Funde der altamerikanischen Welt in den Schatten. Die Textilien sind über viele Museen verteilt, z. B. im Museo Nacional de Arqueología, Antropología e Historia (→ MERIAN-Tipp, S. 48). Der Beginn der nach dem Fundort Paracas benannten Kultur wird auf ca. 700 v. Chr. geschätzt. Gegen 200 v. Chr. wurde sie von der Nasca-Kultur abgelöst. Die Paracas-Winde, die nachmittags regelmäßig über die Halbinsel stürmen, haben den Fundort der Mumienbündel zwar wieder mit Sand bedeckt, aber die Halbinsel sowie die der Küste vorgelagerten Ballestas-Inseln wurden 1975 zum Naturschutzgebiet ernannt.

Eintritt 5 S/.

Hotels/andere Unterkünfte

Hotel Paracas

Das traditionsreiche Hotel liegt direkt in der Bucht von Paracas. Die Zimmer sind in Bungalowreihen über eine gepflegte Gartenanlage verteilt. Gemütliche Bar, gutes Restaurant sowie Pool und Tennisplätze. Das Hotel bietet Ausflüge zu den Ballestas-Inseln vom hauseigenen Pier an.

Av. Paracas 173; Tel./Fax 0 56/54 51 00; www.hotelparacas.com; 114 Zimmer

●●● CREDIT

Hotel El Mirador

Die günstigere Alternative zum Hotel Paracas. Ordentliche Zimmer, Pool, schöner Blick auf den Pazifik.

C. Paracas Km 20; Tel. 0 56/54 50 86; www.elmiradorhotel.com; 35 Zimmer

● MASTER VISA

Ziele in der Reserva Nacional Paracas

Ballestas-Inseln

⇢ S. 180, A 13

Schon vor über 2000 Jahren wurde der Guano-Vogelmist der Kormorane, Pelikane und Tölpel von den alten Peruanern als Dünger genutzt. Die bis zu 20 m dicke Schicht aus Vogelexkrementen der Ballestas- und Chincha-Inseln wurde Mitte des 19. Jh. zu einem wichtigen Wirtschaftsfaktor, bevor der Kunst- den Naturdünger ablöste.

Riesige Seevögel- und Seelöwenkolonien bewohnen die Ballestas-Inseln. Der kalte Humboldtstrom transportiert große Mengen Phytoplankton, das am Anfang einer langen Nahrungskette steht, an die peruanische Küste. Auf diesem Nahrungsreichtum basiert die Fülle an Fischen, die wiederum die große Seevögel- und Seelöwenpopulation ernährt. Aber auch Delfine, Humboldt-Pinguine und Otter gehören zu den Bewohnern der Küstengewässer. Schnellboote bringen die Besucher auf einem ca. zweistündigen Ausflug zu den schroffen Felsinseln. Die Fahrt führt entlang des **Paracas-Candelaber**, eines 128 x 70 m großen Scharrbilds in Form eines Dreizacks, das weithin sichtbar zum Meer ausgerichtet ist. Die Darstellung wird mit den Scharrbildern von Nasca (→ MERIAN-TopTen, S. 59) in Verbindung gebracht, andere Wissenschaftler sehen hierin ein Zeichen früher christlicher Seefahrer. Die Ballestas-Inseln liegen ca. 25 km vor der Küste, Landgänge sind zum Schutz der Fauna verboten. Vom Boot aus kann man den Artenreichtum der Inseln aber bestens beobachten und erlebt den unvergesslichen Anblick verspielter Seelöwen und kreischender Vogelkolonien (Bootsfahrt 33–59 S/. bzw. 10–15 US$).

Paracas-Halbinsel

→ S. 180, A 14

Ein weiterer Höhepunkt der Reserva Nacional Paracas ist ein Ausflug durch die Mondlandschaft der Paracas-Halbinsel zu den Flamingokolonien der **Bucht von Paracas** und dem **Strand von Lagunillas.** Tausende von Flamingos sollen den General José de San Martin bei seiner Ankunft 1820 in Paracas zu den Farben der zukünftigen Nationalflagge Perus inspiriert haben.

Spektakuläre Aussichten auf den Küstenverlauf ergeben sich bei der »Catedral«, einer markanten Felsformation an der Steilküste. Ein Strandspaziergang ermöglicht den Besuch einer zum Meer hin offenen Felshöhle unterhalb der Kathedrale. Wer sich vom kalten Humboldtstrom nicht abschrecken lässt, kann an den kilometerlangen Stränden ein Bad im Pazifik nehmen.

Ica

→ S. 180, B 14

160 000 Einwohner

Das **Zentrum der peruanischen Wein- und Pisco-Produktion** Ica wurde 1563 gegründet. Über 80 Weingüter, teilweise kleine Familienbetriebe, aber auch namhafte traditionelle Haziendas nutzen das überwiegend sonnige Klima. Das Stadtzentrum von Ica bietet wenig, da Erdbeben immer wieder die koloniale Substanz zum Einsturz brachten.

Hotels/andere Unterkünfte

Hotel Las Dunas Sun Resort

Das beste Hotel der Region ist ähnlich einer Clubanlage aufgebaut. Es bietet viele Sport- und Freizeitmöglichkeiten

Der atemberaubende Blick über die Steilküste der Paracas-Halbinsel – einsame Strände laden trotz des kalten Humboldtstroms zu einem kurzen Bad im Pazifik ein.

Die Scharrbilder der Nasca-Kultur – mehrere Hundert Meter große Darstellungen von Tieren werden als Botschafter lang ersehnten Wassers in der Wüste gedeutet.

an (Golf, Tennis, Reiten, Pools, Wasserrutsche). Die Zimmer sind groß, aber nicht luxuriös.

Av. La Angostura 400; Tel./Fax 0 56/ 25 62 24; www.lasdunashotel.com; 110 Zimmer ●●● CREDIT

Ocucaje Hacienda

Das berühmte Weingut liegt ca. 30 Minuten südlich von Ica. Nach einer Wein- und Pisco-Probe laden die schattigen Gärten der Hazienda zum Entspannen ein, oder man nutzt das umfangreiche Freizeitangebot (Pool, Tennis, Reitpferde, Fahrräder). Geräumige, komfortable Zimmer.

Panamericana Sur Km 334; Tel. 0 56/ 83 70 49, Fax 83 61 03; www.hotelocucaje.com; 47 Zimmer ●● CREDIT

Sol De Ica Hotel

Modernes Hotel mit Pool, kleine Zimmer. Beste Option für den, der in der Stadt Ica wohnen möchte.

Calle Lima 265; Tel./Fax. 0 56/21 89 31; www.hotelsoldeica.com; 61 Zimmer ● CREDIT

Museen

Museo Regional

Das Museum vermittelt dem Besucher einen sehr guten Überblick über die regionale Entwicklung von der Steinzeit über die Kulturen Paracas, Nasca bis hin zur inkaischen Eroberung. Hinzu kommt ein interessanter Saal der Bioanthropologie, in dem Mumien, deformierte und trepanierte Schädel sowie die dazu verwendeten Techniken zu sehen sind. Die ausgestellten Röntgenbilder der Mumien halfen den Wissenschaftlern bei der posthumen Krankheits- bzw. Todesdiagnose.

Av. Ayabaca Cuadra 8; Mo–Fr 8–19, Sa–So 9–18 Uhr; Eintritt 10 S/.

Essen und Trinken

Ica bietet eine Vielzahl populärer Restaurants, für den, der das Besondere sucht, aber keine außergewöhnlichen Alternativen. Das **El Otro Peñoncito** (Bolívar 422) zählt zu den gemütlichsten Lokalen und bietet eine große Auswahl regionaler Gerichte.

Ziele in der Umgebung

Verschiedene **Weingüter**, die auch Pisco-Schnaps brennen, laden zu Besichtigungen ein. Z. B. **Ocucaje, Vista Alegre** oder das älteste Weingut Perus, **Tacama** (Abzweigung Panamericana Sur Km 295; www.tacama.com; Mo–So 9–16.30 Uhr).

Huacachina

S. 180, B 14

Die Oase Huacachina liegt zwischen riesigen Sanddünen und ist ein beliebtes Ausflugsziel in der Region. Hier tummeln sich an einem von Palmen umgebenen See häufig Schulklassen, die sich über die »Gringos« wundern, die auf gemieteten Sandboards versuchen, die Dünenhänge herunterzuwedeln und doch zumeist mehr durch den Sand purzeln als gleiten. Ausflüge per »Dünenbuggy« vermitteln einen Eindruck von der Schönheit und der unglaublichen Weite der Wüstenlandschaft. Wer die Dünen zu Fuß erklimmen möchte, beginnt den Aufstieg am besten schon etwas oberhalb der Oase, an einem Prozessionskreuz. Der Aufstieg durch den heißen Sand ist anstrengend, der Abstieg dafür »sandig-flott«.

3 km südwestl. von Ica

Hotels/andere Unterkünfte

Hotel Mossone

Das Hotel, im Kolonialstil gehalten, ist eine attraktive Alternative zu den Stadthotels von Ica.

Direkt am Ufer; Tel. 0 56/21 36 30, Fax 23 61 37; 41 Zimmer ●● CREDIT

Nasca

S. 180, B 14

40 000 Einwohner

Nasca ist für seine Geoglyphen, die Scharrbilder der Nasca, weltberühmt geworden (→ MERIAN-TopTen, S. 59). Im Jahr 1994 wurden diese von der UNESCO zum Weltkulturerbe ernannt. Die Stadt liegt auf ca. 600 m mit ganzjährig Sonne. Trotz Erdbeben und Wüstenklima konnte eine kontinuierliche Besiedlung der Gegend seit 1000 v. Chr. nachgewiesen werden. Die koloniale Gründung hat in Nasca kaum Spuren hinterlassen.

Hotels/andere Unterkünfte

Hotel Cantayo Spa & Resort

Sehr schönes Hazienda-Hotel, umgeben von Gärten, einer Poollandschaft und einem Spa-Bereich.

3,5 km außerhalb von Nasca Richtung Puquio; Tel. 0 56/52 23 45, Fax 52 22 83; www.hotelcantayo.com; 40 Zimmer ●●●● AmEx VISA

Casa Andina Nasca

Modernes, gemütliches Hotel mit Pool in zentraler Lage.

Jr. Bolognesi 367; Tel. 0 56/52 35 63, Fax 52 10 67; www.casa-andina.com; 60 Zimmer ●●/●●● CREDIT

Nazca Lines

Die bekannte deutsche Mathematikerin und Geografin Maria Reiche lebte lange Jahre in diesem Hotel, daran erinnert das nach ihr benannte hauseigene Planetarium. Komfortable Zimmer, Pool und Tennisplätze.

Jr. Bolognesi s/n; Tel. 0 56/52 22 93, Fax 52 21 12; 78 Zimmer ●● CREDIT

Sehenswertes

Scharrbilder von Nasca 1

Die ersten Bodenzeichnungen stammen aus der Zeit der Paracas, kamen aber erst in der mittleren Nasca-Zeit ca. 450 n. Chr. zur vollen Blüte. Nach dem Ende der Nasca-Kultur, um 600 n. Chr., entstanden keine weiteren mehr.

Die Scharrbilder verteilen sich über eine Fläche von 450 qkm. Warum die Bewohner Nascas Motive wie den Affen, die Spinne oder verschiedene Vögel für ihre mehrere Hundert Meter großen Darstellungen auswählten und was sie damit ausdrücken wollten, gibt bis heute Rätsel

Die Lebensumstände der Landbevölkerung sind häufig hart, das gilt auch für die Kinder. Dennoch zeigen sich die Menschen freundlich und offen.

auf. Zusätzlich schabten sie eine verwirrende Anzahl an geometrischen oder schnurgrade verlaufenden, kilometerlangen Linien in den steinigen Wüstenboden.

Die ersten Hinweise auf die Existenz dieser Linien gehen auf die frühe Kolonialzeit zurück, aber erst 1939 wurden die Ausmaße des Phänomens von Paul Kosok beschrieben, der die Linien vom Flugzeug aus gesehen hatte. Die deutsche Mathematikerin und Geografin Maria Reiche war von diesem gigantischen »Astronomiebuch« so fasziniert, dass sie über 50 Jahre ihres Lebens der Erforschung und dem Schutz der Region widmete. Ihr ist es auch zu verdanken, dass die Nasca-Linien Weltkulturerbe wurden. Maria Reiche verstarb 1998. Die Wissenschaftler sind sich heute darüber einig, dass die Geoglyphen zwar aus unterschiedlichen Epochen stammen, aber zumeist einem Fruchtbarkeits- und Wasserkult dienten. In der präspanischen Kosmologie (Lehre der Welt) besteht ein enger Zusammenhang zwischen Wasser, Bergen, Berggöttern und Fruchtbarkeit. Einige der geraden Linien zielen auf Berge der Umgebung, andere verweisen auf unterirdische Wasseradern, die geschickt von den frühen Nasca angezapft wurden. Vor ca. 1400 Jahren häuften sich vermutlich verzweifelte Appelle der Bewohner Nascas mit der Bitte um Regen, denn geomorphologische Untersuchungen haben erwiesen, dass die Region zunehmend austrocknete. Wenn auch das Bild eines Affen nichts in der Wüste verloren hat, war das Tier als ein Bewohner wasserreicher Regionen vermutlich ein symbolischer Botschafter für das ersehnte Nass. Entsprechend werden auch andere Darstellungen, wie z. B. die von Vögeln, der Spinne und dem Walfisch, gedeutet. Manche Scharrbilder sollen auch als Prozessionswege in einer Art »Rituallandschaft« gedient haben. Durch gewaltige Aufmärsche wollte man der Bitte um Wasser Nachdruck verleihen. Die jahrelangen Dürreperioden haben vor ca. 1400 Jahren vermutlich entscheidend zum Niedergang der Nasca-Kultur beigetragen.

Nur die ca. 30- bis 45-minütigen Rundflüge vermitteln einen Eindruck von den Scharrbildern von Nasca, das Gelände selbst darf nicht betreten werden. Der Flughafen befindet sich ca. fünf Minuten südlich. Flüge können hier direkt gebucht werden oder bei den Reisebüros im Ort. Je nach Flugdauer und Nachfrage (es gibt auch Rundflüge, die zu weiteren Geoglyphen bei Palpa führen) kostet der Rundflug zwischen 163–293 S/. (oder 50–90 US$), plus 5 S/. Flughafengebühr (www.aerocondor.com.pe; www.aeroica.net). Am Morgen bzw. nachmittags erkennt man die Linien am besten. Auch von Lima und Ica aus werden Rundflüge angeboten.

Museen

Museo Antonini
Hier werden die verschiedenen Nasca-Kulturfolgen anhand von Keramiken, Webarbeiten, Blasinstrumenten, Trophäenschädeln und Schmuck sowie mithilfe großformatiger Karten und Fotos sehr anschaulich dargestellt.
Av. de la Cultura 600; tgl. 9–19 Uhr; Eintritt 10 S/.

Essen und Trinken

Im übersichtlichen Zentrum Nascas befinden sich einige günstige Restaurants mit den üblichen Pizza- oder Spaghettigerichten. Das **El Portón**, (C. Morsesky Ecke C. Lima) bietet eine reichhaltige Palette an peruanischen und internationalen Gerichten. Ansonsten sind die Restaurants der besseren Hotels eine gute Adresse für ein vielversprechendes Dinner, allen voran die hervorragende Küche des **Hotels Cantayo Spa & Resort** (→ Hotels, S. 59).

Ziele in der Umgebung

Cahuachi

→ S. 180, B 14

Das Zeremonialzentrum der Nasca entstand in fünf Bauphasen zwischen 200 v. und 400 n. Chr. Auf ca. 150 ha wurden 40 natürliche Hügel in die Baukomplexe eingearbeitet und zu großen Stufenpyramiden umgestaltet. Die Tempel waren zumindest teilweise mit Lehmfriesen verziert. Auf den oberen Plattformen sowie bei einzelnen Höfen fanden sich Reste von Dächern. Hier handelte es sich aber wohl nicht um ein urbanes Zentrum, sondern wahrscheinlich um einen Pilgerort für rituelle Aktivitäten mit einer relativ geringen permanenten Bevölkerungsdichte. Ab 400 n. Chr. scheint Cahuachi lediglich als Nekropole und Opferstätte genutzt worden zu sein.
28 km nordwestl. von Nasca

Chauchilla-Friedhof

→ S. 180, B 14

Am Km 464 der Panamericana führt eine beschilderte Abzweigung nach 7 km zu einem stark geplünderten Friedhof der Ica-Chincha-Zeit. Die mumifizierten Verstorbenen wurden mithilfe von Seilen und Bändern in einer fetalen Position fixiert und in Richtung der aufgehenden Sonne in unterirdischen, aus Lehmziegeln gemauerten Grabräumen platziert. Die Mumien wurden in feine Baumwolltextilien gehüllt und mit zahlreichen Grabbeigaben für die Reise ins Jenseits versorgt. Skrupellose Grabräuber verwandelten auf der Suche nach Edelmetallen und Wertvollem über Jahrzehnte den Friedhof in ein makaberes Wirrwarr aus menschlichen Gebeinen, Textil- und Keramikresten. Mittlerweile wurden einige Gräber restauriert.
Tgl.; Eintritt 7 S/.
25 km südl. von Nasca

Puquios

→ S. 180, B 14

Nachdem das Flusswasser aus den Anden immer knapper wurde, entwickelten die Bewohner Nascas ab 450 n. Chr. neue Techniken, um an tiefer liegendes Grundwasser zu gelangen. Dazu schufen sie tiefe, lange Gräben und Tunnel, in denen sich das Grundwasser sammelte und dann direkt in Speicher oder Bewässerungssysteme ablief. Die Gräben wurden mit Steinplatten gegen Versanden abgedeckt, trichterartige Schächte sorgten für Zugang zu Reinigungszwecken und zur Belüftung. Noch heute funktionieren diese Puquios genannten Sickergalerien. Auch die Reste des Inka-Tambos **Paredones**, einer Verpflegungs-, Rast- und Kontrollstelle, sind hier zu besichtigen.
Tgl. 8–16.30 Uhr; Eintritt 10 S/.
4 km südwestl. von Nasca

Von Arequipa zum Titicacasee

Aktive Vulkane, tiefe Cañóns und das weite Altiplano säumen den Weg zum höchsten See der Welt.

Der Vulkan Misti liegt direkt neben Arequipa und gilt daher als Wahrzeichen der Stadt. Seine Schneekrone hat er aufgrund von Klimaveränderungen mittlerweile eingebüßt.

Der Titicacasee ist der höchst gelegene See mit internationalem Seeverkehr und dadurch weltbekannt geworden, doch auch die einzigartige Kultur, die sich um das Leben spendende Gewässer entwickelt hat, gilt es zu entdecken, so z. B. die strickenden Männer auf Taquile oder die schwimmenden Inseln der Uros. Auf dem Weg laden Arequipa mit seinem UNESCO-geschützten historischen Stadtkern und die majestätischen Kondore im Cañón del Colca zum Verweilen ein.

Arequipa

⇢ S. 181, D 15

900 000 Einwohner
Stadtplan → S. 65
Vorwahl: 054

Die zweitgrößte Stadt Perus liegt auf 2335 m in einem Hochtal zu Füßen des aktiven Vulkans Misti (5821 m) sowie des Chachanis (6075 m). Das trockene, milde Wüstenklima beschert der Stadt über 300 Sonnentage im Jahr. Die intensive landwirtschaftliche Nutzung der Terrassenanlagen des Umlandes ist nur mithilfe aufwendiger Bewässerungssysteme möglich. Arequipa gleicht einer Oase, umgeben von einer Gebirgswüste. Den Beinamen »die weiße Stadt« trägt sie aus zwei Gründen: Einerseits wurde der historische Stadtkern (UNESCO-Weltkulturerbe seit 2000) fast ausnahmslos aus weißem vulkanischen Tuffstein gebaut, andererseits waren die Bewohner im 16. Jh. hauptsächlich hellhäutige Spanier. Im 20. Jh. hat die Landflucht auf dem Altiplano das Verhältnis zu Gunsten der Mestizen und der indigenen Bewohner verschoben.

Der historische Stadtkern bewahrte das klassische koloniale Bild. Die einfachen und oftmals ärmlichen Randbezirke der Stadt erstrecken sich dagegen bei ungebremstem Wachstum weniger idyllisch in die umliegende Wüste. Ähnlich wie Lima kämpft auch Arequipa mit Wasserversorgungsproblemen.

Die Metropole ist ein wichtiges Handelszentrum und der bedeutendste Industriestandort im Süden Perus. Berühmt sind die Baby-Alpakapullover die hier maschinell gefertigt werden und zu Perus Exportschlagern zählen. Die Arequipeños kehren gerne zu Mittag in Quintas – in gemütliche Gartenrestaurants – ein. Die Palette an Leckerbissen reicht von Flusskrebssuppe bis hin zu Spanferkeln, schnulzige Andenklänge sind im Preis inbegriffen.

Das Gründungsjubiläum Arequipas am 15. August (1540) wird mit großen Umzügen, Konzerten, Folklorefestivals und Stierkämpfen eine Woche lang gefeiert.

Hotels/andere Unterkünfte

Libertador Ciudad Blanca

⇢ S. 65, nördl. c 1

Die Nummer eins der Hotels in Arequipa ist großzügig in eine Park- und Gartenanlage gebettet. Der koloniale Charme wird von der ruhigen Lage unterstrichen.

Pl. Bolívar, Selva Alegre; Tel. 21 51 10, Fax 24 19 33; http://libertador.com.pe; 88 Zimmer ●●●● CREDIT

La Posada del Puente ⇢ S. 65, a 1

Sehr schön gelegen in einem Garten oberhalb des Río Chili mit Blick auf die Vulkane. Geräumige, komfortable Zimmer.

Av. Bolognesi 101; Tel. 25 31 32, Fax 25 35 76; www.posadadelpuente.com ●●● CREDIT

Sonesta Posada del Inca Arequipa

⇢ S. 65, b 2

Komfortables Hotel in idealer Lage an der Plaza de Armas mit Blick auf die Kathedrale.

Portal de Flores 116; Tel. 21 55 30, Fax 23 43 74; www.sonesta.com/peru; 58 Zimmer ●●/●●● CREDIT

Casa Andina Arequipa ⇢ S. 65, b 1

Moderner Bau, praktisch, funktionell, in günstiger Lage.

C. Jerusalén 603; Tel. 20 20 70, Fax 28 74 20; www.casa-andina.com; 94 Zimmer ●● CREDIT

La Maison d'Elise ⋯> S. 65, nördl. a 1
Hübsche Hotelanlage, aufgelockert durch kleine Gärten und Patios. Familiäres Ambiente mit Stil.
Av. Bolognesi 104, Yanahuara; Tel. 25 61 85, Fax 27 19 35; www.hotelmaisondelise.com.pe; 48 Zimmer ●● CREDIT

La Casa de Melgar Hostal ⋯> S. 65, b 1
Das Kolonialhaus aus dem 18. Jh. erinnert an eine Klosteroase. Hübsche Zimmer, nette Atmosphäre.
Melgar 108; Tel./Fax 22 24 59; 30 Zimmer ●

La Hosteria ⋯> S. 65, b 1
Ein kleiner, zentral gelegener Familienbetrieb mit vielen Pflanzen und gepflegten Zimmern.
C. Bolívar 405; Tel./Fax 28 92 69; www.lahosteriaqp.com; 11 Zimmer ● AmEx MASTER VISA

Spaziergang

Arequipas koloniale Schätze lassen sich gut zu Fuß entdecken. Das historische Zentrum verteilt sich auf ca. 1 qkm. Die Cafés und Restaurants im ersten Stock der **Arkaden**, der Westseite der Plaza, bieten einen schönen Blick über den mit Palmen bewachsenen Hauptplatz. Von der nordwestlichen Ecke der Plaza de Armas lohnt ein Abstecher in die **C. San Augustín** bis zur gleichnamigen Kirche mit herrlicher Barockfassade aus Tuffstein. Man kehrt zur Plaza zurück und folgt der C. Sta. Catalina bis zum Eingang des **Monasterio de Santa Catalina**. Folgt man anschließend dem massiven Mauerwerk des Klosters und biegt bei der C. Zela rechts ab, gelangt man zu einem kleinen Park. Hier liegen Kloster und Kirche **San Francisco**. Rechts geht es in die C. San Francisco, in der sich zahlreiche Restaurants befinden und die wieder zurück zur Plaza führt. An der südöstlichen Ecke sticht die Jesuiten-Kirche **La Compañía de Jesús** sofort ins Auge. Folgt man der G. Moran, und quert die C. San Juan de Dios, erreicht man nach einem weiteren Block die Kirche **Santo Domingo**. Rechts der C. N. de Piérola folgend, gelangt man nach zwei Blöcken zum **San Camilo Mercado**. Lassen Sie sich nach dem Marktbesuch mit einem Taxi für 3–4 S/. (Preis bei Fahrtantritt aushandeln) zur Plaza des Stadtteils **Yanahuara** fahren. Von hier hat man einen herrlichen Blick über die Stadt Arequipa und den **Vulkan Misti**, das Wahrzeichen der weißen Stadt. Der Spaziergang dauert ca. vier Stunden inklusive Besichtigungen.

Sehenswertes

La Catedral ⋯> S. 65, b 2
Die Kathedrale nimmt die gesamte Nordseite des Hauptplatzes ein. Zwar wurde schon 1624 mit dem Bau begonnen, die heutige Form geht allerdings auf einen Wiederaufbau zurück, der 1844 abgeschlossen wurde. Der Hauptaltar besteht aus Carrara-Marmor aus Italien, die hölzerne Kanzel stammt aus Frankreich, und die riesige Orgel wurde in Belgien gefertigt.
Pl. de Armas; tgl. 7.30–11.30 und 14.30–19.30 Uhr; kein Eintritt

La Compañía de Jesús ⋯> S. 65, b 2
Die Fassade der Kirche der Jesuiten gehört zu den schönsten Arequipas. Barocke, platereske und indianische Elemente verschmelzen miteinander. Im Inneren prägen Zedernholzaltäre, die mit Blattgold verziert sind, das Bild. Den Hauptaltar schmückt eine Darstellung der Jungfrau mit dem Kind des italienischen Jesuiten Bernardo Bitti von 1595. Die alte Sakristei, heute **St.-Ignatius-Kapelle**, ist mit farbenprächtigen Fresken verziert, die zu großen Teilen aus Urwaldmotiven bestehen. Jesuiten, die ihre Missionsaufträge in Amazonasgebieten erfüllt hatten, haben hier vermutlich den Schöpfungsreichtum der Region dargestellt.

Der Kreuzgang des einstigen Kollegs der Jesuiten gehört zu den schönsten Höfen der Stadt. Die Korridore sind mit Kreuzgewölben versehen, die steinernen Rundbögen und Säulen sind fantastisch mit Pflanzenmotiven und Engeln geschmückt. Heute beherbergen die zwei Kolonialhöfe eine touristische Ladengalerie.

Pl. de Armas

Monasterio de Santa Catalina

⇢ S. 65, b 1

Von wuchtigen Mauern umgeben, liegt das Kloster Santa Catalina als »Städtchen in der Stadt«. Kleine Gassen führen zu idyllischen Plätzen, auf prachtvolle, koloniale Innenhöfe folgen hübsche Gärten. Im Kloster gewinnt man den Eindruck, ein koloniales Kleinod betreten zu haben. 1579 gegründet, wurden erst 400 Jahre später ca. 20 000 qm des restaurierten Klosters der Öffentlichkeit zum ersten Male zugänglich gemacht. Nichts erinnert hier an triste Klosterzellen. Die Dominikanernonnen lebten zusammen mit den eigens zu ihren Diensten ins Kloster versetzten Dienstmädchen in Wohnhäuschen, die um einen kleinen Hof angelegt wurden. Sie verfügten über eine Schlafstube, Esszimmer, Küche etc. Diese Idylle täuscht aber schnell darüber hinweg, dass viele Novizinnen nicht aus eigener Entscheidung oder profunder

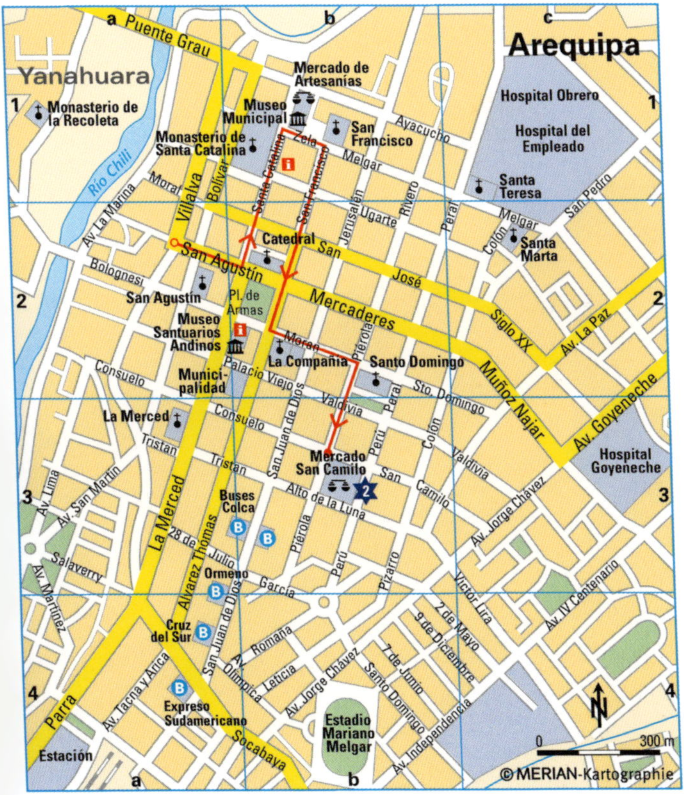

Überzeugung ins Kloster eintraten. Ihre Eltern bestimmten über ihren Lebensweg. Töchter wohlhabender Familien, die nicht mit einer standesgemäßen Heirat rechnen konnten, mussten oftmals ein Leben zwischen Klostermauern führen, wie z. B. hier im andalusisch anmutenden Santa-Catalina-Kloster. Der Eintritt ins Kloster erforderte eine hohe Mitgift. Der ehemalige Gemeinschaftsraum dient heute als Pinakothek und beherbergt unter anderem Gemälde der Cusco-Schule sowie Darstellungen aus dem Leben der Santa Catalina de Siena. Eine einstige Priorin des Klosters, Ana de los Angeles Monteagudo (ca. 1604–1686), wurde von Papst Johannes Paul II. 1985 selig gesprochen.

C. Santa Catalina 301; www.santacatalina.org.pe; tgl. 9–17 Uhr, Einlass bis 16 Uhr; 25 S/.

Yanahuara → S. 65, a 1

Yanahuara war ursprünglich ein kleiner, von Indianern bewohnter Vorort Arequipas – heute ist er ein beliebter Wohnort. Palmen säumen den Hauptplatz. Durch eine Bogengalerie bietet sich ein schöner Blick über die Stadt Arequipa und auf den Vulkan Misti. Die reich verzierte Fassade der Kolonialkirche am Hauptplatz von Yanahuara aus dem 18. Jh. ist ein meisterhaftes Beispiel der für Arequipa typischen »Steinschnitzereien« aus vulkanischem Tuffgestein. Einem gewebten Teppich ähnlich, überziehen die floralen Muster Säulen, Bögen und Portale.

Museen

Museo Santuarios Andinos

→ S. 65, b 2

Die Region Arequipa wurde schon immer von schweren Vulkanausbrüchen und Erdbeben heimgesucht. Um Gefahren von ihren Untertanen abzuwenden und die Berggötter wieder gütig zu stimmen, erbrachten Hohepriester der Inka auf exponierten, rituellen Plattformen auf über 6000 m Höhe ihren Göttern Menschenopfer. Der Tod bei diesen Capac-Cocha-Zeremonien galt als besondere Ehre.

Jesuiten-Missionare haben im 18. Jahrhundert die St.-Ignatius-Kapelle der Kirche La Compañía de Jesús (→ S. 64) mit farbenprächtigen Urwaldmotiven dekoriert.

Im Zeichen ihrer Reinheit wurden zumeist junge Töchter adeliger Familien zu diesem Zweck auserwählt. In Gipfelnähe des Eisriesen Ampato auf 6300 m Höhe wurde 1995 der gefrorene, vom Permafrost mumifizierte Leichnam eines jungen Mädchens entdeckt. Der amerikanische Wissenschaftler John Reinhard und sein peruanischer Kollege Miguel Zárate erkannten augenblicklich die Brisanz ihrer Entdeckung. In Windeseile gelang der Transport der Eismumie in einen Gefrierschrank nach Arequipa. So konnten an dem perfekt konservierten Leichnam aufschlussreiche medizinische Untersuchungen durchgeführt werden. Das Mädchen »Juanita«, benannt nach ihrem Entdecker, wurde ca. 1466 n. Chr. mit einem Gemisch aus vergorenem Maisbier und Kokablättern betäubt und durch einen Schlag auf die Schläfe getötet. Verschiedene Opfergaben wie Textilien, Keramiken, Gold- und Silberfiguren wurden zusammen mit weiteren Mumien später an dem Fundort geborgen und sind heute zusammen mit der »Eisprinzessin« ausgestellt.
C. La Merced 110; Mo–Sa 9–18, So 9–15 Uhr; Eintritt 15 S/.

Essen und Trinken

Viele Restaurants und Bars befinden sich in dem Viertel, wo die Straßen San Francisco und Zela zusammentreffen.

El Sambambaia ⇢ S. 65, a 3/4
Traditionelle und internationale Küche in einem eleganten Ambiente.
Luna Pizarro 304, Vallecito; Mo–Sa 12.30–15 und 19–22, So 13–16 Uhr ●●/●●● MASTER VISA

ZigZag ⇢ S. 65, b 1
Im Kolonialstil gehaltene Lokalität mit ausgezeichnetem Straußen-, Alpaka- oder Lammfleisch, das auf heißen Steinplatten serviert wird. Sehr gemütliche Atmosphäre.
C. Zela 210; Tel. 20 60 20; tgl. 18–24 Uhr ●●/●●● CREDIT

MERIAN-Tipp

2 San Camilo Mercado

Nach barocker Kirchenkunst ist ein Besuch des farbenprächtigen San-Camilo-Marktes eine willkommene Abwechslung. Hier erlebt der Besucher die komplette Palette landwirtschaftlicher Produkte Perus sowie ein reichhaltiges Angebot an Fisch, Fleisch, Geflügel und exotischen Raritäten. Die Medizinmann- und Zeremonienmeisterstände ermöglichen einen guten Einblick in andine religiöse Rituale. Das Angebot reicht von Kokablättern über getrocknete Lamaföten bis hin zu gebrauchsfertigen Opferpaketen für die Erdmutter Pachamama. Einen schönen Überblick über das Markttreiben verschafft man sich vom Balkon des ersten Stocks. Aber Achtung: Auch Trickdiebe gehören zu den Marktbesuchern!

C. San Camilo, tgl. 6–17 Uhr
⇢ S. 65, b 3

Grill ⇢ S. 65, b 1
Grandiose Sicht über die Dächer Arequipas. Die Karte bietet Fondue bis hin zu Novo-Andino-Gerichten.
San Francisco 317 (im Forum); Tel. 20 26 97; Mo–Sa 18–3 Uhr ●● MASTER VISA

Zingaro ⇢ S. 65, b 1
Koloniales Ambiente, sehr gute regionale peruanische Küche.
San Francisco 309; Tel. 21 76 62; tgl. 11–23 Uhr ●● AmEx VISA

Quintas (Gartenrestaurants)
Hier erlebt man südamerikanische Lebensfreude bei ausgezeichneter Küche. Mittags ist es wegen der vielen Einheimischen in den Quintas am schönsten.

Sol de Mayo ⇢ S. 65, nordwestl. a 1
Eine der besten Quintas in Arequipa, hier wird erstklassig gekocht, großzügig serviert und kräftig musiziert.

Jerusalén 207, Yanahuara; Tel. 25 41 48; Mo–Sa 11–22, So 11–18 Uhr ●●/●●● CREDIT

Tradición Arequipeña
→ S. 65, südl. c 4
Ausgezeichnete traditionelle Küche, sehr beliebt unter Arequipeños.
C. Dolores 111, José Luis Bustamente y Rivero (etwas außerhalb); Tel. 42 64 67; tgl. 12–18 Uhr ●● CREDIT

La Quinta → S. 65, b 1
Rustikale Quinta mit schönem Blick auf den Vulkan Misti und guter Küche.
C. Jerusalén 522; Tel. 23 71 49; tgl. 10–22 Uhr ●/●● VISA

Einkaufen

Im historischen Zentrum Arequipas bieten Läden und Verkaufsstände an fast jeder Ecke Kunsthandwerk feil. Die Fußgängerzone hinter der Kathedrale lohnt einen Abstecher sowie der Kreuzgang des einstigen Jesuitenklosters, in dem heute verschiedene Geschäfte untergebracht sind.

Patio del Ekeko → S. 65, b 2
Ungewöhnliche Mischung aus Ladengalerie, Bar, Cafe, Kulturzentrum und Textilmuseum. Zu kaufen gibt es Alpakaprodukte, Keramiken und Juwelierwaren sowie feine Schokolade.
C. Mercaderes 141

Am Abend

Forum → S. 65, b 1
Ein Mix aus Bar, Diskothek, Restaurant und Rockkonzerten auf drei Stockwerken unter einem Dach.
C. San Francisco 317; Tel. 20 42 94; Mo–Sa ab 19 Uhr

Service

Information
i perú → S. 65, b 1
C. Santa Catalina 210; Tel. 22 12 27; Mo–So 9–19.30 Uhr

Polizei
Policía de Turismo → S. 65, b 2
C. Jerusalén 315, Cercado; Tel. 20 12 58

Post
Serpost → S. 65, b 2
C. Moral 118; Mo–Sa 8–20, So 9–14 Uhr

Krankenhaus
Clinica Arequipa → S. 65, a 1
Ecke Puente Grau und Av. Bolognesi; **Notaufnahme** Tel. 25 34 16

Flughafen
Aeropuerto Alfredo Rodríguez Ballón
→ S. 181, D 15
Tgl. von/nach Cusco, Juliaca, Lima, Tacna.
Av. Aviación s/n, ca. 7 km vom Zentrum; Tel. 44 34 64

Busgesellschaften
Die meisten Überlandbusse nach Cusco, Lima, Puno, Tacna etc. fahren vom Terminal Terrestre oder vom Terrapuerto ab (Av. Andres Avelino C. im Parque Industrial, → S. 65, südl. b 4). **Cruz del Sur**, Tel. 21 66 25; **Ormeño**, Tel. 42 41 87. Seit die Straße von Arquipa nach Puno asphaltiert wurde (Fahrzeit sechs Stunden), verkehren auf der Strecke zum Titicacasee keine regelmäßigen Personenzüge mehr.

Autovermietung
Genesis Rent A Car → S. 65, a 1
Puente Grau 100; Tel. 20 20 33

Cañón del Colca

→ S. 181, D 14

Der Ausflug in den Cañón del Colca erfolgt zumeist von Arequipa, aber die Anreise ist ebenfalls von Cusco oder Puno aus möglich. Für den Trip in den Cañón sollte man auf jeden Fall zwei Tage einplanen, obwohl eher stressige Tagesausflüge von Arequipa aus auch vereinzelt angeboten werden. Zweitägige Ausflüge können bei zahlreichen örtlichen Reiseagenturen kurzfristig zu günstigen Preisen gebucht werden.

Bereits die Anreise ist ein einzigartiges Erlebnis (Achtung: Aufgrund

Wer am Namenstag der Schutzheiligen den Hafen der Ehe ansteuert, der ist für immer mit Fruchtbarkeit gesegnet, wie dieses Hochzeitspaar im Cañón del Colca hofft.

der großen Höhe hat man einen gesteigerten Flüssigkeitsbedarf). Kaum hat man die letzten Vororte Arequipas hinter sich gelassen, zeigen sich erste Kakteen in der Steinwüste. Plötzlich unterbrechen grüne, künstlich bewässerte Terrassen das trockene Wüstenpanorama. Am Horizont heben sich die Eisgipfel des Ampato (6288 m) sowie des aktiven Vulkans Sabancaya (5967 m) gegen den meist wolkenlosen blauen Himmel ab. Beständig klettert die asphaltierte Straße in einem Halbkreis um den Sechstausender Chachani herauf und quert die **Reserva Nacional de Salinas y Aguada Blanca**. In diesem Naturschutzgebiet sind die vier südamerikanischen Kleinkamelarten, die Lamas, Alpakas, Guanacos und Vicuñas, zu Hause (→ MERIAN-Spezial, S. 124). Bei Patawasi auf über 4000 m Höhe zweigt eine Schotterpiste in den Cañón del Colca ab. Die Hauptstraße führt weiter bis an den **Titicacasee**. Über die Schotterpiste erreicht man feuchte Sumpfgebiete, die Heimat von Ibisarten, Kiebitzen und Andengänsen. Reisende, denen hier oben in eisiger Höhe Andenflamingos begegnen, zweifeln schnell an ihrem gesunden Menschenverstand oder machen die Höhenkrankheit für die ungewöhnliche Beobachtung verantwortlich. Aber tatsächlich sind Flamingos noch auf 5000 m zu finden. Auf ca. 4900 m ist die Passhöhe Patapampa erreicht. In allen Himmelsrichtungen lassen sich Fünf- und Sechstausender am Horizont ausmachen. Nördlich, unterhalb des Gipfels des Mismis, entspringt der Río Apurimac, der längste Quellfluss des Amazonas. Kaum zu glauben, dass hier in dieser trockenen Hochgebirgsregion der wasserreichste und längs-

Im Cañón del Colca ist auf den Kondor noch Verlass. Jeden Morgen finden sich am Cruz del Condor schaulustige Touristen zu einer andinen Flugshow ein.

te Strom unseres Planeten seinen Ursprung hat. Die Piste schlängelt sich nun unermüdlich über 2000 Höhenmeter bergab, bis in die Provinzhauptstadt **Chivay** (3600 m). Schon bald prägen die für den Cañón del Colca typischen landwirtschaftlichen Terrassenanlagen das Bild. Auch extrem steile und ausgesetzte Berghänge wurden hier von den vorspanischen Völkern urbar gemacht.

Am Rand des Cañón del Colca reihen sich zahlreiche Fünftausender aneinander. Die Höhe der Andenwände von den Ufern des Río Colca bis zu den Berggipfeln beträgt über 3000 m, so gemessen wird der Cañón del Colca zum tiefsten Cañón der Erde. Das allein sagt aber noch nichts über die landschaftliche Schönheit der gesamten Region aus, die sich nicht in Tiefe oder Metern messen lässt.

Schon zu Zeiten der Collaguas und der Cabanas, regionalen Völkern der Vor-Inka-Epoche, aber auch unter dem Einfluss der Inka war der Cañón del Colca ein dicht besiedeltes und landwirtschaftlich intensiv genutztes Gebiet. Die Ernteüberschüsse wurden in »Qolcas« eingelagert. Diese Speicherräume waren wie Bienenwaben an steilen Felswänden konstruiert und oftmals schwer zugänglich. Von der Fülle dieser Vorratsspeicher wurde der Name Cañón del Colca abgeleitet.

Die ersten Franziskanermönche missionierten im 16. Jh. eifrig und ersetzten die Tempel der Andenbewohner durch Kirchen, Altäre und Kreuze. Doch diese Gotteshäuser haben die zahlreichen Erdbeben in dem vom Vulkanismus geplagten Cañón nicht überstanden. Die meisten Kirchen der 14 Colca-Dörfer stammen aus dem 18. und 19. Jh. Das Hauptportal der Kirche **La Inmaculada Concepción** in der Ortschaft Yanque erinnert durch seine reichhaltigen Ornamente an einen steinernen Wandteppich und gehört zu den schönsten kunsthistorischen Hinterlassenschaften im Colcatal. Nachdem die reichhaltigen Silberminen der Region ausgebeutet waren, fiel der Cañón del Colca zu Beginn der republikanischen Epoche im 19. Jh. in einen »Dornröschenschlaf«.

Die Bewässerungsprojekte, die das Wasser des Río Colca in die Majes-Ebene an der Küste leiten, sorgten ab 1970 dafür, dass das Gebiet Anschluss ans 20. Jh. fand. Neue Straßenverbindungen entstanden und ermöglichten dadurch auch die ersten touristischen Entwicklungsschritte. Auch wenn heute vielerorts die traditionellen Strohdächer von weithin glitzernden Wellblechdächern ersetzt worden sind, so ist der Ausflug in den Cañón del Colca nach wie vor eine Reise in die Vergangenheit. Trachten, Traditionen, althergebrachte Ochsengespanne und hölzerne Dreschflegel begegnen dem Besucher auf Schritt und Tritt. Die ansässigen Frauen zeigen sich in bunt bestickten Kleidern und prächtigen Hüten, die Männer hingegen scheinen kein so ausgeprägtes modisches Bewusstsein bewahrt zu haben.

Sehenswertes im Cañón del Colca

Chivay

→ S. 181, D 14

Chivay, die Hauptstadt der Provinz Caylloma, liegt ca. 165 Straßenkilometer nördlich von Arequipa und ist zugleich das touristische Zentrum des Cañón del Colca. In den letzten Jahren hat sich Chivay von einer vergessenen Provinzhauptstadt zu einem kleinen Touristenzentrum gemausert. Einige geschäftstüchtige Arequipeños gründeten Hotels, Restaurants und Kneipen. Viele Dorfbewohner wurden von der Entwicklung überrollt, sie wundern sich über den neuen Pub oder die Internetkabinen an ihrem Hauptplatz. Die **Markthalle** an der nordöstlichen Ecke der Plaza ist einen Besuch wert, hier kann man sich gut mit Obst versorgen. Das ca. 4 km entfernte, sehr schön gelegene Thermalbad **La Calera** ist modernisiert worden – der Besuch lohnt.

Hotels/andere Unterkünfte

Hotel im Cañón del Colca

Colca Lodge

Das herrlich in der Nähe der Ortschaft Yanque gelegene, im rustikalen Landstil erbaute komfortable Hotel gehört der Libertador-Kette an. Es verfügt unter anderem über ein eigenes Freiluft-Thermalbad.

Fundo Puye-Yanque; Tel./Fax 0 54/ 53 11 91; www.colca-lodge.com; 45 Zimmer ●●● AmEx MASTER VISA

Hotels in Chivay

Casa Andina Colca

Hübsche Hotelanlage mit Planetarium in Chivay.

C. Huayna Cápac; Tel. 0 54/53 10 20, Fax 53 10 98; www.casa-andina.com; 52 Zimmer ●● CREDIT

Hotel Pozo del Cielo

Die Anlage »schwebt« über alten Inka-Terrassen.

Am Ortsausgang Chivays, oberhalb der Puente del Inca; Tel./Fax 0 54/53 10 41; www.pozodelcielo.com.pe; 20 Zimmer ● MASTER VISA

Essen und Trinken

Die besseren Hotels verfügen über sehr gute Restaurants, ansonsten ist das kulinarische Angebot in Chivay einfach. Einige Restaurants bieten günstige Touristenmenüs mit verschiedenen Variationsmöglichkeiten an. Empfehlenswert sind: **Solar Rosario** (C. Arequipa 504), **El Balcón de Zacarías** (Plaza de Armas) sowie das **Urin Saya** (C. Francisco Bolognesi 1026). Das Restaurant **El Nido** ist bekannt für eine gute Auswahl an Alpakagerichten (Zarumilla 216).

La Cruz del Condor

→ S. 181, D 14

Das bekannteste Spektakel im Cañón del Colca findet täglich am Cruz del Condor, einem 1200 m oberhalb des Río Colca gelegenen Aussichtspunkts, statt. Ab 7.30 Uhr versammeln sich hier Schaulustige zu einer andinen Flugshow. Der Kondor, der größte Neuweltgeier und nach dem Albatross der Vogel mit der größten Flügelspannweite (3,2 m), zeigt sich in der morgendlichen Thermik von seiner schönsten oder zumindest majestätischsten Seite – denn von einem schönen Vogel kann nicht die Rede sein. Wenn die Aasfresser dann später überraschend dicht über den Köpfen der erwartungsvollen Gäste hinwegsegeln, duckt sich so mancher Besucher erschrocken. Auf der Suche nach günstigen Aufwinden segeln die Kondore vor den begeisterten Zuschauern immer wieder die Schlucht entlang, bis der richtige Thermikschlauch den riesigen Vogel auf über 6000 m emporhebt und ihn am stahlblauen Andenhimmel verschwinden lässt. Der ausgewachsene, brutfähige Vogel weist eine weiße Federhalskrause und weißen Federschmuck auf den oberen Flügeldecken auf. Der Jungvogel ist bräunlichgrau gefiedert. Offensichtlich lernen die Jungvögel hier oberhalb der Brutplätze die Kunst des energiesparenden Segelflugs. Dagegen kann man bei verschiedenen Kolibris, die hier auch heimisch sind, ein den Hummeln ähnliches, fast nervöses Flugverhalten beobachten. Die größten Vögel der Welt teilen sich im Cañón del Colca mit ihren kleinsten Artgenossen einen Lebensraum. Der Kondor, ein König der Anden, ist für die traditionellen Hochlandbewohner noch heute ein heiliger Vogel, dem Ehrfurcht gebührt.

Ca. 60 km westl. von Chivay

Cabanaconde ⟶ S. 181, D 14

Nach der Flugdemonstration der Kondore lohnt ein Abstecher in die 13 km entfernte Ortschaft Cabanaconde. Auf der Fahrt bieten weitere Aussichtspunkte (**Mirador de Tapay**) erneut spektakuläre Blicke in den Cañón sowie auf die umliegende Bergwelt. Cabanaconde ist von großen Maisfeldern umgeben und wird von den traditionellen Quechua-Bauern bewohnt. Es existieren einige Restaurants und Übernachtungsmöglichkeiten. Der Ort dient ebenfalls als Ausgangspunkt für Wanderungen entlang der Colca-Schlucht sowie für mehrtägige Trekkingtouren. Das Gros der Tourenveranstalter kehrt von hier aus auf gleicher Strecke über Chivay nach Arequipa zurück.

Ca. 65 km westl. von Chivay

Titicacasee ⟶ S. 181, E 14/F 15

Der Titicacasee ist mit 8280 qkm fast 13-mal so groß wie der Bodensee. Er befindet sich auf dem **Altiplano**, einer Hochebene, die bis ans Ende des Pleistozäns (vor ca. 12 000 Jahren) ein gigantisches Binnenmeer war, welches sich über Teile des heutigen Peru, Boliviens, Chiles und Argentiniens ausbreitete. Übrig geblieben ist von diesem Binnenmeer »Ballivían« lediglich der Titicacasee an der peruanisch-bolivianischen Grenze, der Poopó- und Coipasa-See sowie der Uyuni-Salzsee in Bolivien. Das Altiplano in Südostperu und Westbolivien misst ca. 170 000 qkm und ist die größte Hochebene der Erde außerhalb Tibets. Die traditionellen Bewohner des peruanischen Teils des Altiplano leben von der Lama-, Alpaka- und Schafzucht, vereinzelt halten sie auch Rinder. Landwirtschaft ist nur sehr eingeschränkt möglich und wird durch die Trockenheit, die Höhe (zwischen 3800 und 4300 m) und die eisigen Nächte erschwert. Die größte Stadt und Verkehrsknotenpunkt auf der Hochebene ist Juliaca.

Der Titicacasee liegt inmitten des Altiplano auf ca. 3820 m und gilt als der höchste schiffbare See der Welt mit internationalem Seeverkehr. Zwei Drittel des Sees liegen auf peruanischem Staatsgebiet, ein Drittel gehört zu Bolivien. Die tiefste Stelle misst über 280 m. Die Niederschläge der Regenzeit sowie fünf wichtige Zuflüsse speisen den Tititicacasee regelmäßig, aber nur ca. 10 % dieses Wassers verlassen ihn wieder über den einzigen Abfluss, den Río Desaguadero. Der verbleibende Teil verdunstet aufgrund der intensiven Sonneneinstrahlung oder versickert. Der Titicacasee ist ein gigantischer Süßwasser- und Wärmespeicher. Er beeinflusst das Klima der Region maßgeblich. Im Umkreis des Sees sind die Temperaturen gemäßigter als sonst auf dem Altiplano. Der See verhilft den Bauern in seiner Nachbarschaft zu deutlich besseren Ernteerträgen. Da der Wasserpegel aber von Jahr zu Jahr schwankt, kann es in Ufernähe immer wieder zu Überschwemmungen kommen.

Schon vor fast 2000 Jahren nutzte das Volk der Tiwanaku das Mikroklima des Sees zum Anbau von Kartoffeln, Bohnen und Getreide. Sie erkannten die wärmende Kraft des Titicacasees und schufen ähnliche Wärmespeicher auch weiter abseits der Seeufer. Bis heute funktionieren diese genialen Agrartechniken unverändert einfach: Man baut Hochfelder, zwischen denen breite Wasserkanäle verlaufen. Die Kanäle werden mit Fluss- oder Regenwasser gefüllt. Das Wasser dient einerseits zu Bewässerungszwecken, andererseits als Wärmespeicher. Ende Mai, Anfang Juni droht Frostgefahr auf dem Altiplano. Die tagsüber gespeicherte Sonnenwärme in den Wasserkanälen strahlt über Nacht ab und schützt so die Produkte bis zur Erntezeit. Gleichzeitig gedeihen in den Kanälen phosphathaltige Algen, die wiederum zum Düngen der Hochfelder verwendet werden. Die Produktivität der Hochfelder liegt um ein Mehrfaches über dem normaler Felder, deren Erzeugnisse häufig Frostschäden erleiden. Hochfelder sieht man z.B. auf der Fahrt zu den Grabtürmen in Sillustani.

Die »vitalen« Kräfte des Titicacasees trugen dazu bei, dass die Bewohner der Region den Titicacasee zu ihrer mythologischen Geburtsstätte erhoben. Auch eine der Inka-Legenden erzählt, dass der Sonnengott Inti seinen Sohn, den ersten Inka Manco Cápac, und seine Frau Mama Occlo auf der Sonneninsel zur Erde schickte und ihnen den Auftrag erteilte, nach einem geeigneten Flecken für das Reich der Sonnensöhne zu suchen.

Die zwei größten indigenen Kulturkreise Perus und Boliviens, die Quechua und die Aymara, treffen am Titicacasee zusammen. In Quechua bedeutet Titicaca »grauer Fels«, auf Aymara »Pumafels«.

Das erste Dampfschiff, das auf dem See verkehren sollte, wurde 1862 von England in Einzelteilen auf dem Seeweg nach Arica an die Pazifikküste Südamerikas geliefert. Anschließend wurden die Teile auf dem Rücken von Eseln mühsam von Chile herauf in die Anden geschleppt. In Puno wurde die »Yavari« zusammengebaut und lief, acht Jahre nachdem die Einzelteile England verlassen hatten, am Titicacasee wieder vom Stapel. Aus Mangel an Briketts wurde sie damals mit Lamadung befeuert. Noch heute liegt die »Yavari« als Museumsschiff an den Ufern des Sees (in der Bucht von Puno).

Juliaca

⟶ S. 181, E 14

200 000 Einwohner

Die 45 km nördlich von Puno gelegene Stadt ist ein wichtiger Verkehrsknotenpunkt im Süden Perus. Die Eisenbahnstrecken und Straßen von Arequipa, Cusco und Puno treffen hier zusammen. Der höchste Flughafen Perus liegt ebenfalls in Juliaca. Die Stadt gilt als Zentrum der peruanischen Produktpiraterie und ist ein Umschlagplatz für Schmuggelwaren aus dem nahen Bolivien. Juliaca ist keine schöne Stadt. Dies ist das

Ergebnis einer jahrzehntelangen Bevölkerungszuwanderung, verursacht durch eine extreme Landflucht im Süden Perus. Städteplaner, falls sie je zu Rate gezogen wurden, haben hier total versagt.

Puno

→ S. 181, E 15

100 000 Einwohner

Im Jahr 1688 wurde das heutige Puno vom Vizekönig Conde de Lemos gegründet. Heftige Auseinandersetzungen unter den Spaniern um die Kontrolle der ertragreichen Silberminen von Laykacota waren der Gründung vorausgegangen und hatten die Anreise des Vizekönigs erforderlich gemacht – und der kam hoch zu Ross. Auch heute noch bestimmen Fortbewegungsmittel, nämlich die Triciclos, die Dreirad-Rikschas, in Puno das Stadtbild. Sie werden zum Personen- und Lastentransport verwendet und erfreuen sich auf dem ganzen Altiplano großer Beliebtheit. Das klassische Bild prägt ein hagerer Fahrer, der mühsam eine korpulente Hochlandindianerin mit ihren schweren Lastenbündeln durch das Verkehrschaos kutschiert. Ihr kann es dabei nicht schnell genug gehen, ihm ist die Anstrengung ins Gesicht geschrieben.

Puno gilt als Hauptstadt peruanischer Folklore. Über 300 verschiedene Tanzgruppen erinnern bei Feierlichkeiten an mythologische, historische und religiöse Begebenheiten. Das wichtigste Fest wird zu Ehren der Virgen de la Candelaria, der Schutzpatronin der Stadt, abgehalten. Die »Diablada« – Teufelstänze – zählen zu den Höhepunkten (→ Feste und Events, S. 32). Die Stadt ist Ausgangspunkt für Bootsfahrten auf dem Titicacasee sowie für Ausflüge in die landschaftlich sehr reizvolle Umgebung.

Hotels/andere Unterkünfte

Punos beste Hotels liegen etwas außerhalb, an der Esteves-Bucht. Hier handelt es sich aber nicht um geschichtsträchtige Kolonialschmuckstücke, sondern um moderne Bauten mit durchweg guten Restaurants.

Hotels an der Esteves-Bucht

Libertador Lago Titicaca Puno
Der äußerlich etwas abschreckende Zementkasten beherbergt ein luxuriöses Hotel. Bequeme Zimmer mit sehr schönem Seeblick.
Isla Esteves s/n; Tel. 0 51/36 77 80, Fax 36 78 79; http://libertador.com.pe; 123 Zimmer ●●●● CREDIT

Sonesta Posada del Inca Lake Titicaca
Schöne Uferlage, geräumige, gemütliche Zimmer, Seeblick.
Sesquicentenario 610, Sector Huaje; Tel. 0 51/36 41 11, Fax 36 36 72; www.sonesta.com/peru; 62 Zimmer ●●● CREDIT

Casa Andina Private Collection Puno
Moderne und komfortable Anlage der Casa-Andina-Kette mit freundlichen hellen Zimmern, die teilweise Blick auf den See haben.
Av. Sesquicentenario 1970, Sector Huaje; Tel. 0 51/36 39 92, Fax 36 40 82; www.casa-andina.com; 32 Zimmer ●●● CREDIT ♿

Hotels in Puno

Qelqatani Hotel
Geschmackvoll eingerichtetes Mittelklassehotel mit gutem Preis-Leistungs-Verhältnis.
Jr. Tarapacá 355; Tel. 0 51/36 61 72, Fax 35 14 70; http://qelqatani.com; 28 Zimmer ● CREDIT

Hotel Colon Inn
Gemütliches Hotel im Kolonialstil.
Jr. Tacna 290; Tel. 0 51/35 14 32, Fax 35 70 90; www.coloninn.com; 23 Zimmer ● DINERS MASTER VISA

Plaza Mayor Hostal
Sehr zentral gelegenes, modernes Mittelklassehotel.

In Juliaca ist auch auf den Gleisen Markt: Wenn der Zug kommt, werden die Waren schnell von den Gleisen geräumt – dann geht es direkt weiter.

Jr. Deustua 342; Tel./Fax 0 51/36 60 89 oder 36 37 00; www.plazamayorhostal.com; 34 Zimmer ● MASTER VISA

Hotel auf der Insel Suasi
Casa Andina Private Collection Suasi Island
Das Anwesen liegt auf einer Insel, umgeben von einem privaten Naturschutzgebiet. Der ideale Ort für geruhsame Spaziergänge und Kajakfahrten – ein Paradies, umgeben vom Titicacasee. Sehr komfortable, geräumige Zimmer, gutes Restaurant, aber lange Anfahrt per Boot und Bus.
Tel. 0 51/9 62 27 09, Fax 2 13 97 10; www.casa-andina.com; 24 Zimmer ●●●● CREDIT

Essen und Trinken

In der Fußgängerzone Jr. Lima, die zur Plaza de Armas führt, befinden sich zahlreiche Restaurants.

Restaurant Museo la Casona
Antiquitäten prägen die Dekoration, sehr gute peruanische Küche bestimmt den Menüplan (Forellen aus dem Titicacasee).
Jr. Lima 517; Tel 0 51/35 11 08; tgl. 9–22 Uhr ●● AmEx VISA

IncaBar
Für Puno recht modernes und schickes Restaurant mit einer fantasievollen Novo-Andina- sowie internationalen Küche.
Jr. Lima 348; Tel. 0 51/36 80 31; tgl. 9–22 Uhr ●●

Restaurant Pizzeria Giorgio
Knusprige Pizza aus dem Holzofen und gute regionale Gerichte.
Jr. Lima 430; Tel. 0 51/36 77 71; tgl. 9–22 Uhr ●● AmEx VISA

El Plaza
Internationale Küche direkt an der Plaza de Armas.
Puno 425; Tel. 0 51/35 14 24; tgl. 10–22 Uhr ● MASTER VISA

Service

Information
i perú
Ecke Jr. Deustua und Jr. Lima; Tel. 0 51/36 50 88; tgl. 8.30-19.30 Uhr

Flughafen
Der nächste Flughafen befindet sich in **Juliaca**, 45 km von Puno (tgl. von/nach Lima, Arequipa, Cusco).

Auf 4300 Metern rattert die Andenbahn von Cusco über das Altiplano zum Titicacasee.

Busgesellschaften
Puno vefügt über ein modernes Busterminal: Terminal Terrestre auf der Jr. 1 de Mayo 703; **Cruz del Sur**, Tel. 0 51/36 85 24; **Ormeño**, Tel. 0 51/ 36 81 76.

Inkaexpress (www.inkaexpress.com) bietet einen Busservice für Touristen mit Besichtigungsstopps unterwegs. In Puno: Jr. Tacna 346; in Cusco: Av. Pardo 885.

Züge
Eine Zugfahrt mit der Andenbahn vom Titicacasee über das Altiplano nach Cusco (oder in umgekehrter Richtung) ist ein einmaliges Erlebnis. Der **Andean Explorer** bietet elegante Speisewaggons und einen Aussichtswagen mit Bar. Die Bahn zuckelt gemütlich über die riesigen, kargen Hochebenen. Neben den Gleisen weiden große Lama- und Alpakaherden. Schon aus der Ferne kündigen die Gletscher des Vilcanota-Knotens den Raya-Pass auf 4320 m an. Hier verläuft die Grenze zwischen den Regionen Puno und Cusco. Nach 385 km und ca. zehn Stunden ist die ehemalige Inka-Hauptstadt erreicht, und das Geschaukel – manche Gäste sprechen von einem »Andenritt« – hat ein Ende.

Zwischen Cusco und Puno verkehren die Züge von **Perurail** (www.perurail.com). Parallel zu der Zugstrecke verläuft auch eine asphaltierte Straße.

Ziele in der Umgebung

Capachica-Halbinsel

→ S. 181, E 14/15

Vom Tourismus noch weitgehend unentdeckt, bietet die Halbinsel Capachica an der Bucht von Puno nicht nur landschaftliche Schönheiten, sondern auch tiefe Einblicke in die traditionelle Lebensweise der Bewohner der Region.

In der Ortschaft **Llachón** besteht die Möglichkeit, bei indianischen Gastfamilien zu übernachten. Nach Llachón gelangt man auf einer Schotterpiste, die zwischen Puno und Juliaca, ungefähr auf der Höhe der Abzweigung zu den Grabtürmen nach Sillustani, aber in entgegengesetzter Richtung, abzweigt. Mit einem Privatboot kann man sich von Puno, inklusive eines Abstechers zu den Uros, nach Llachón fahren lassen. Allerdings sollte man zuvor in Puno für die Rückfahrt von Llachón ein Taxi organisieren.

Ca. 74 km nordöstl. von Puno

Chucuito, Juli und Pomata

⇢ S. 181, E 15

Der Ausflug von Puno über Chucuito und Juli nach Pomata ist Freunden der kolonialen Barockkirchen besonders zu empfehlen. Das Evangelisierungszentrum der Dominikaner lag in **Chucuito**, davon zeugt die Kirche Santo Domingo. In Chucuito kann ein inkaischer Tempel besucht werden, der als Fruchtbarkeitstempel gedient haben soll. Das Mauerwerk ist von beachtlicher Qualität.

Die Stadt **Juli** war dank der Missionierungsarbeit der Dominikaner und Jesuiten im 16. und 17. Jh. als »kleines indianisches Rom« bekannt. Ab 1573 gewannen die Jesuiten unter dem Vizekönig Toledo die Oberhand in der Region. Zu Beginn des 17. Jh. entstand in Juli auch die erste Druckerei, in der die Mönche Katechismen in Quechua und Aymara druckten. Durch die Gründung des bischöflichen Sitzes und den Bau der Kathedrale in Puno sowie die Vertreibung der Jesuiten 1767 aus Südamerika verlor Juli an Bedeutung. Geblieben sind drei Kirchen, die es zu besuchen lohnt: San Pedro, San Juan und La Asunción.

In der Ortschaft **Pomata** steht die am besten erhaltene Kirche der Region. Sie ist dem Heiligen Jakob geweiht und gilt als Juwel des kolonialzeitlichen Amerika. Die Fassade und die Seitenportale sind faszinierende Beispiele des Synkretismus, also der Verschmelzung indianischer und spanischer religiöser Symbole. Die Ornamentik enthält sogar Elemente des Sonnentors aus Tiwanaku. Pumaköpfe gehören zum Portalschmuck, dienen aber auch als Wasserspeier am Rand des Dachs.

Puno–Pomata ca. 104 km in südöstl. Richtung

Ein Abstecher nach Bolivien – La Paz

⇢ S. 181, F 15

Von Pomata sind es bis zum Grenzübergang nach Bolivien in Yunguyo nur noch 25 km. Nach Erledigung der peruanischen und bolivianischen Grenzformalitäten fahren Sammeltaxis und Busse in den nahe gelegenen berühmten Wallfahrtsort **Copacabana.** Von hier aus bietet sich ein Besuch der **Sonneninsel** oder die Weiterfahrt nach **La Paz** an. Wer nach dem Besuch der höchsten Hauptstadt der Welt (ca. 3600 m) wieder nach Peru zurückkehren möchte, der kann von La Paz eine alternative Route über die archäologische Stätte **Tiwanaku** wählen, die bei dem Grenzübergang Desaguadero wieder nach Peru bzw. weiter nach Puno führt. Für die komplette Runde mit Tagesausflug auf die Sonneninsel sollte man von Puno bis Puno fünf Tage einplanen.

Ca. 300 km südlöstl. von Puno

Sillustani-Grabtürme

⇢ S. 181, E 14

Die zwölf großen Chullpas-Grabtürme oberhalb des Umayo-Sees stammen aus der Zeit der Colla und der Inka. Eine Vielzahl kleinerer Türme befindet sich im Umkreis mehrerer Kilometer, oftmals sind nur noch die Fundamente zu erkennen. Auch hier haben Grabräuber ganze Arbeit geleistet. Die Ruhestätten waren von ganz unterschiedlicher Qualität und Größe. Manche Felsblöcke wiegen mehrere Tonnen und mussten über Rampen in die höheren Etagen der Türme transportiert werden. Je Turm wurden bis zu zwölf Mumienbündel gefunden, alle in Hockstellung fest verschnürt.

Der Platz, den die alten Peruaner für ihre Toten ausgewählt hatten, war derer würdig. Nachmittags, wenn die Sonne langsam hinter den Bergrücken verschwindet, liegt eine einzigartige Stimmung über der Nekropole. Alle Chullpas weisen einen kleinen Ausgang auf, der nach Osten zum Sonnenaufgang zeigt. Die Türme erwecken aufgrund ihrer phallischen Form den Eindruck, als würden sie sich zum Kosmos hin öffnen.

Eintritt 5,50 S/.
30 km nördl. von Puno

Taquile

→ S. 181, E 15

Die Insel Taquile liegt im großen Teil des Titicacasees. Ausgedehnte landwirtschaftliche Terrassen bestimmen das Bild der Insel. Zahlreiche Ruinen zeugen davon, dass sie schon lange vor der Zeit der Inka bewohnt gewesen ist. Auf Taquile sollte man übernachten, denn ein Tagesausflug lässt nicht genug Zeit, alles zu entdecken. Die Taquileños vermitteln rustikale, saubere Gästezimmer, die mit Bettwäsche und Wolldecken ausgestattet sind (einfache Toilette im Hof). Meist bucht man Vollpension und wird von der Gastfamilie liebevoll versorgt, aber es gibt auch Restaurants auf Taquile. Nützliche Gastgeschenke wie z. B. Schulmaterial oder Obst sind gerne gesehen.

Die Insel ist eine Oase der Ruhe. Der Blick reicht über den kompletten Titicacasee bis zu den Sechstausendern der Königskordillere Boliviens. Hier erlebt der Besucher die wirkliche Größe und Einzigartigkeit des Titicacasees. Das frühe Morgenlicht sowie die Nachmittagssonne verleihen der Landschaft eine fast mystische Erscheinung, die man am besten von einem der kleinen Gipfel der Insel genießen sollte. Taquile ist auch als die Insel »der strickenden Männer« bekannt, denen aber die Frauen mit ihren Webkünsten nicht nachstehen. Die traditionelle Textilproduktion ist auf Taquile Ausdruck höchster Volkskunst und wurde 2006 von der UNESCO in den Stand des immateriellen Kulturerbes erhoben. Der Verkauf des Kunsthandwerks funktioniert über eine Art Genossenschaft, die auch andere Aspekte des Gemeinwohles der Inselbewohner regelt.

Die Nachbarinsel **Amantani** bietet vergleichbare Attraktionen wie Taquile, die Übernachtung und Verpflegung bei Gastfamilien in Homestays hat auch hier lange Tradition.

Abfahrt in der Bucht von Puno, auch nach Taquile, ab 7.30 Uhr.

Ca. 35 km östlich von Puno

Uros

→ S. 181, E 14/15

Ursprünglich lebten die Bewohner der schwimmenden Inseln vom Fischfang, von der Jagd auf Wasservögel und vom Tauschhandel. Überschüssige Fische tauschten sie gegen landwirtschaftliche Produkte des Festlands ein. Heute leben die meisten Uros vom Tourismus. Sie verkaufen Handarbeiten an die Besucher, die täglich auf ihre Inseln strömen.

Die Totora, eine Binsenart, hat für die Uros große Bedeutung. Ihre Inseln bestehen aus schwimmenden Totorapolstern. Am Rand der Inseln wächst die Binse weiter, in der Mitte muss die Insel ständig mit Binsenstängeln neu aufgeschüttet werden. Auf einer leicht erhöhten Plattform steht eine Hütte aus einem Totorageflecht. Das Dach besteht traditionell aus zwei übereinandergelegten Matten. Heute vertraut man zusätzlich gerne auch auf Wellblech. Selbst die Balsas, die Boote der Uros, sind aus Totora. Einzelne Bündel der Binse werden zu Rollen verschnürt, die dann wiederum zu einem kajakförmigen Boot verarbeitet werden. Die Größe der Balsas variiert, die kleinsten dienen zur Jagd auf Wasservögel und sind besonders wendig. Die größten bieten bis zu 15 Personen Platz. Die Boote müssen nach ca. acht Monaten ausgetauscht werden, da sie sich mit Wasser vollsaugen. Als ob man der Totora nicht schon genug Verwendungszwecke abgerungen hätte, steht sie sogar auf dem traditionellen Speiseplan: Junge Totorastängel gelten als Delikatesse.

Die Uros waren einst ein sehr stolzes, unabhängiges Volk. Sie konnten sich mit ihren schwimmenden Inseln bei Bedarf weiter auf den See hinausflüchten und entzogen sich so den Tributforderungen der Inka und später auch immer wieder spanischen Zwangsmaßnahmen. Heute wird viel darüber diskutiert, ob es sich bei den Inselbewohnern des 21. Jh. wirklich noch um Nachfahren der ursprünglichen Uros handelt oder ob diese längst ausgestorben sind. Solange sich die Inselbewohner aber selbst als Uros verstehen, ist die Diskussion überflüssig. Natürlich haben sie ihre Chance erkannt, am Geschäft mit den Touristen teilzuhaben, wer möchte ihnen das verübeln. Heute existieren sogar zwei schwimmende Grundschulen. Trotzdem ist es nicht verwunderlich, dass viele junge Uros versuchen, auf dem Festland Fuß zu fassen.

Abfahrt in der Bucht von Puno ab 7.30 Uhr.

Die Totora, eine Binsenart, ist aus dem Leben der Uros nicht wegzudenken. Nicht nur die Häuser und Boote werden aus Totora gefertigt, sie steht auch auf dem Speiseplan.

Im Zentrum des Reichs der Inka

Das tonnenschwere Inka-Erbe in Cusco und Machu Picchu zählt zu den Höhepunkten jeder Perureise.

Ob die Agrarterrassen von Machu Picchu (→ S. 99) einfachen landwirtschaftlichen Zwecken dienten oder ob hier Heilpflanzen angebaut wurden, kann bis heute von der Wissenschaft nicht mit Sicherheit gesagt werden.

Die Inka gründeten ihre Hauptstadt Qosco in einem fruchtbaren Hochtal, das über den Río Huatanay mit dem Río Vilcanota verbunden ist. Nördlich verläuft das Valle Sagrado, das heilige Tal der Inka, zugleich die Kornkammer Cuscos. Große Mais- und Getreideanbauflächen liegen zwischen Pisaq, Urubamba, Ollantaytambo und Chilca. Der Fluss, der diese Landschaft einschneidend geprägt hat, heißt am oberen Flusslauf Vilcanota, weiter flussabwärts nennt man ihn Urubamba. Er umrundet das Bergmassiv, auf dem Machu Picchu thront, und speist nach langem Weg durch Berg- und Regenwälder den Amazonas.

Cusco

→ S. 181, D 13

350 000 Einwohner
Stadtplan → S. 83
Vorwahl: 084

Den Überlieferungen nach war Cusco unter der Herrschaft der Inka der »Nabel der Welt«. Der Grundriss der Stadt soll die Form eines liegenden Pumas besessen haben. Die Fundamente und Mauern der Paläste der zwölf Inka, die hier residiert haben sollen, stehen heute noch. Nur wenige Besucher wissen allerdings, was sich im historischen Zentrum Cuscos tatsächlich zugetragen hat. Pizarro gründete das spanische Cusco im November 1533, aber der Aufstand des Manco Inca drohte 1536 der spanischen Eroberung Perus ein Ende zu setzen. Das Zentrum Cuscos war heiß umkämpft. Die Spanier verteidigten, unterstützt von einheimischen Anhängern, vehement das Ziel, das Land für die spanische Krone endgültig in Besitz zu nehmen. Hier wurde also nicht nur ein Kampf zwischen spanischen Konquistadoren und Inka-Kriegern ausgefochten, bei dem es um unermessliche Goldschätze ging, sondern hier sollte sich auch ein für alle Mal die europäisch-katholische Herrschaft über die indigene Urbevölkerung entscheiden. Auf Quechua, der Amtssprache der Inka, trug der Hauptplatz Cuscos den klangvollen Namen Haucaypata – Platz der Feste. Die Inka feierten hier in Gegenwart ihrer mumifizierten Vorfahren, die zu wichtigen Anlässen feierlich herausgeputzt wurden, wie für das Inti Raymi, das Sonnenwendfest im Juni (→ Feste und Events, S. 33). Bei dem Gedanken, eine festliche Tafel mit den mumifizierten Vorfahren des Inka-Adels teilen zu müssen, lief es dem spanischen Klerus kalt den Rücken herunter. Eiligst wurden ehrgeizige Pläne für den Bau einer Kathedrale geschmiedet. Auf den Grundmauern der Tempel und Paläste des entmachteten Inka-Volkes entstanden Kirchen und Klöster. Der Herrschaftsanspruch der Spanier wurde also nicht unter-, sondern übermauert. Für die indigenen Bewohner Cuscos gab es auf ihrem Hauptplatz keine Anlässe mehr zum Feiern. Die heidnischen Bräuche wurden verboten. Fortan wehte ein christlicher Wind durch das Stadtzentrum, denn Zweifel an der spanischen Dominanz sollten gar nicht erst aufkommen. 1572 wurde Túpac Amaru I., ein legitimer Thronfolger der Inka-Dynastie, der gegen die spanischen Machthaber aufbegehrt hatte, auf der Plaza de Armas, dem einstigen Platz der Feste, hingerichtet. 1781 ereilte José Gabriel Condorcanqui, Túpac Amaru II., das gleiche Schicksal, nachdem die Spanier einen Aufstand unter seiner Führung niedergeschlagen hatten.

Erst die Naturgewalten verwiesen die Spanier wieder in ihre Schranken. Gegen die verheerenden Erdbeben im Andenraum vermochte selbst der Vizekönig nichts auszurichten. So kam es, dass zahlreiche Gebäude kolonialen Ursprungs immer wieder Opfer von Erdbeben wurden, wohingegen die gewaltigen, erdbebensicheren Grundmauern der Inka-Gebäude den Kräften der Natur standhielten. Sie sind bis heute stumme Zeitzeugen einer vergangenen Epoche.

Die für die Inka-Mauern klassischen trapezförmigen Nischen, die zum Abstellen der religiösen Kultgegenstände und Goldidole gedient hatten, werden mittlerweile zweckentfremdet. So bauten Diskothekenbesitzer im Zentrum Cuscos kurzerhand Lautsprecher in die Kult-Nischen, und in Supermärkten stehen darin Sardinenbüchsen anstelle der Goldidole. Einerseits sind die Cusqueños stolz auf ihre Inka-Vorfahren, andererseits aber sind die indianischen Nachkommen der Inka einer ständigen Diskriminierung ausgesetzt. Sie fühlen sich heute als Fremde in der Hauptstadt ihrer Vorfahren. Dem aufmerksamen Beobachter werden diese Widersprüche nicht entgehen.

Heute ist der Tourismus der wichtigste Wirtschaftsfaktor, industrielle Arbeitsplätze sind rar. Der Handel, das Handwerk und die Landwirtschaft bieten weitere Einnahmequellen.

Auch Cusco ist in den letzten Jahrzehnten durch die Landflucht enorm gewachsen, gilt aber trotz mancher Probleme als die attraktivste, kosmopolitischste Stadt Perus. Die Andenmetropole Cusco zieht Kulturreisende, Abenteurer, Trekkingfreunde und eine wachsende Schar esoterischer Jünger, die auf der Suche nach energieträchtigen Orten und kosmischen Strahlungen sind, in ihren Bann. Dazu gesellen sich Freunde des New Age und zahllose Traveller, die einfach nur das Ambiente Cuscos und das ausgeprägte Nachtleben genießen wollen. Wenn morgens die ersten Touristen gerade zu einem Tagesausflug nach Machu Picchu aufbrechen, versuchen die Türsteher der Diskotheken die letzten hartnäckigen Tänzer davon zu überzeugen, dass die Sonne bereits aufgegangen ist.

Die Stadt liegt auf 3400 m, die Äquatornähe beschert ihr trotz der Höhe ein mildes Klima. In den Monaten Juni und Juli kann es zu leichtem Nachtfrost kommen, aber mit dem Aufgang der Sonne steigen die Temperaturen wieder zügig auf 18 bis 20° C. Die meisten Niederschläge fallen zwischen Dezember und März, für Schneefälle ist es dann aber zu warm.

Hotels/andere Unterkünfte

Libertador Palacio del Inka

···› S. 83, b/c 2

Die alten Inka-Mauern und die Kolonialarchitektur der »Casona de los Cuatro Bustos« sind gekonnt mit moderner Architektur verknüpft. Das Luxushotel steht gegenüber dem Sonnentempel der Inka.

Pl. Santo Domingo 259; Tel. 23 19 61, Fax 23 31 52; www.libertador.com.pe; 254 Zimmer ●●●● CREDIT ♿

Monasterio

···› S. 83, b 1

Eines der schönsten Hotels Südamerikas. 1598 als Seminar San Antonio Abad gegründet, bildet der Kreuzgang mit einer über 300 Jahre alten tropischen Zeder im Zentrum das Herz des Hotels. Die luxuriösen Zimmer im Kolonialstil können mit Sauerstoff angereichert werden.

C. Palacios 136, Pl. Nazarenas; Tel. 24 17 77, Fax 24 69 83; www.monasterio.orient-express.com; 126 Zimmer ●●●● CREDIT ♿

José Antonio Cusco

···› S. 83, südl. c 3

Modernes Hotel mit funktionellem Charme, geräumigen Zimmern und gutem Service.

Av. Pardo 1080; Tel./Fax 23 90 30; www.hotelesjoseantonio.com; 126 Zimmer ●●● CREDIT

Novotel Cusco

···› S. 83, b 2

Sehr zentral gelegenes Hotel. Die Zimmer sind an den Kolonialstil angelehnt gestaltet und modern ausgestattet.

San Agustin 239; Tel. 58 10 30, Fax 58 10 44; http://novotel.com/novotel/; 99 Zimmer ●●● CREDIT ♿

Casa Andina Cusco

Die vier Mittelklasse-Casa-Andina-Hotels (●●) und eines der Casa-Andi-

na-Private-Collection-Kette (●●●) liegen günstig im Zentrum und verfügen über komfortable, moderne Zimmer.
www.casa-andina.com CREDIT

Boutique Hotel Casa San Blas
→ S. 83, c 1
Direkt im Kunsthandwerker-Stadtteil San Blas gelegenes, gemütliches Hotel mit herrlicher Sicht über die Dächer Cuscos.
Tocuyeros 566; Tel. 25 15 63, Fax 23 79 00; www.casasanblas.com; 18 Zimmer ●●/●●● AmEx VISA

El Balcón
→ S. 83, a 1
Behagliches, gepflegtes Hostel in zentraler Lage mit schönem Hof/Garten und Sicht auf Cusco.
Tambo de Montero 222; Tel. 23 67 38, Fax 22 53 52; 16 Zimmer ● AmEx VISA MASTER

Niños Hotel
→ S. 83, a 1
Das ganz Besondere an diesem schönen Hotel ist, dass der komplette Erlös Straßenkinderprojekten zugute kommt (Details sind der Webpage www.ninoshotel.com zu entnehmen). Im Zentrum des Kolonialgebäudes liegt ein hübscher Patio, die Zimmer sind praktisch, aber nicht luxuriös eingerichtet.
C. Meloc 442, Tel./Fax 23 14 24; www.ninoshotel.com; 20 Zimmer ●

Pensión Alemana
→ S. 83, c 1
Hier erwartet den Gast eine familiär geführte Pension in idyllischer Lage mit gemütlichen Zimmern und einer grünen Gartenoase. Der Blick auf das Zentrum der Inka-Hauptstadt ist nur noch das i-Tüpfelchen.
Tandapata 260; Tel./Fax. 22 68 61; www.cuzco-stay.de; 12 Zimmer ●

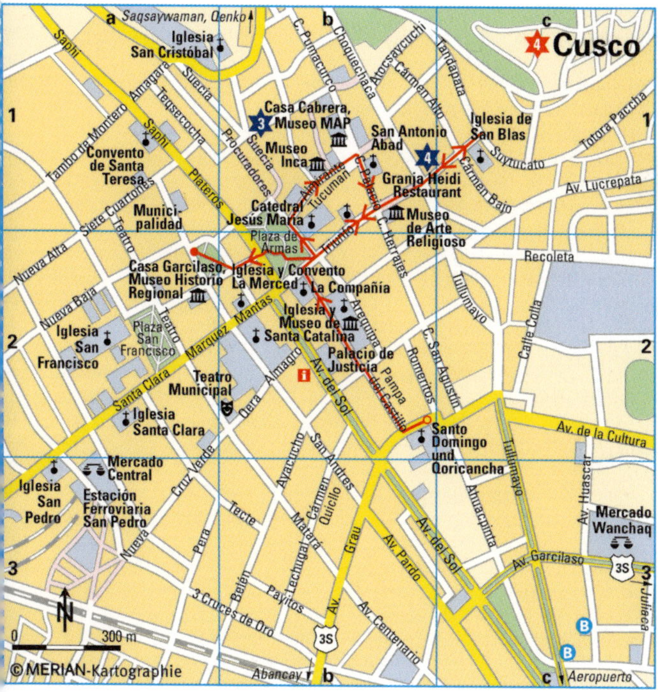

Spiegel wurden zur Blütezeit des so genannten Mestizenbarock im späten 17. Jahrhundert mit Vorliebe zum Schmuck von Altären verwendet.

SPAZIERGANG

4

Das historische Zentrum Cuscos ist sehr übersichtlich. Es hat sich einen kleinstädtischen, im positiven Sinne beinahe dörflichen Charakter bewahrt. Der Rundgang beginnt mit dem Besuch des **Qoricancha** im **Convento de Santo Domingo**. Auf den Grundmauern des wichtigsten Inka-Heiligtums errichteten die Dominikaner ihre Kirche und das dazugehörige Kloster. Über die Pampa del Castillo gelangt man zu der **Loreto-Fußgängerzone.** Perfekt erhaltene Inka-Mauern säumen die Gasse, bis man den Hauptplatz, die Plaza de Armas, erreicht. Linker Hand steht die Kirche **La Compañía de Jesús,** schräg gegenüber sieht man die riesige **Kathedrale.** Beide Kirchen besitzen herrliche Beispiele des Mestizenbarock (geschnitzte, reichhaltig mit Blattgold verzierte Holzaltäre) sowie Gemälde der Cusco-Schule. Links von der Kathedrale gelangt man über die Cuesta del Almirante zum **Museo Inca** und weiter auf die Pl. Nazarenas. An diesem Platz befinden sich das sehenswerte **Museo de Arte Precolombiano** sowie das **Hotel Monasterio,** das schönste Hotel Perus. Das historische Gebäude wurde als Priesterseminar San Antonio Abad gegründet. Die gleichnamige, aufwendig restaurierte Kapelle befindet sich auf der anderen Seite des zentralen Innenhofs des Hotels. Folgt man der Calle Palacio, steht man an der nächsten Ecke vor dem **Palacio Arzobispal,** dem Palast des Erzbischofs, der ein religiöses Kunstmuseum beherbergt. Die Fußgängerzone Hatunrumiyoc leitet in die bergauf verlaufende Cuesta San Blas über. Oben angekommen, erreicht man die **Iglesia San Blas.** Die Kanzel dieser Kirche gilt als die am schönsten geschnitzte des amerikanischen Kontinents. Der **Stadtteil San Blas** bietet eine gute Auswahl an verschiedenem Kunsthandwerk. Hier kann in Innenhöfen und kleinen Läden nach Lust und Laune dem Shopping gefrönt werden. Es ist ein Leichtes, von hier den Weg zurück zur Plaza de Armas zu finden. Überquert man den Platz, gelangt man zu dem kleineren gemütlichen Rathausplatz, der Plaza del Cabildo, auch Cusipata genannt. Schattige Parkbänke laden zum Verweilen ein. Für den Spaziergang sollten – ohne Besichtigungen – 2 Stunden veranschlagt werden.

Sehenswertes

Für die Kathedrale, die Kirche San Blas, das Museo Arzobispal und La Compañía ist ein All-in-one-Ticket erhältlich (35 S/.). In den Kirchen und Klöstern ist Filmen und Fotografieren generell verboten.

Iglesia y Convento de La Merced

⇢ S. 83, b 2

Die Kirche La Merced zählt zu den Meisterwerken des Cusco-Barock. Die Altäre, die Kanzel und das Chorgestühl sind von einzigartiger Machart. In der Krypta sind die Konquistadoren Diego de Almagro (Vater und Sohn) sowie Gonzalo Pizarro beigesetzt. Das Kloster, in dem prachtvolle Steinsäulen, Holzvertäfelungen, ein Gemälde des Stammbaums der Mercedarier sowie der zentrale Brunnen sofort ins Auge fallen, ist von beeindruckender Schönheit. In einem Kunstsaal sind Gemälde von Künstlern wie Bernardo Bitti, Diego Quispe Tito sowie Zurbarán ausgestellt und außerdem eine Monstranz, die mit mehr als 1500 Diamanten besetzt ist. Die Wandgemälde der Zelle des Padre Salamanca beeindrucken durch furchterregende Darstellungen der Hölle, die andine Elemente wie z. B. einen Puma enthalten.

C. Mantas; Mo–Sa 8.30–12 und 14–17 Uhr; Eintritt 3 S/.

La Catedral

⇢ S. 83, b 1

Der Grundstein zum Bau der gewaltigen Kathedrale wurde 1559 an der Stelle gelegt, wo einst der Palast des achten Inka Wiracocha stand. Die spanischen Baumeister verwendeten Steine aus inkaischen Heiligtümern, Palästen und sogar aus Saqsaywaman (→ S. 93). Doch erst 1654 konnte die Kathedrale fertiggestellt werden, finanzielle Engpässe und ein schweres Erdbeben hatten zu Bauverzögerungen geführt.

Zwei Seitenkapellen flankieren die Kathedrale und sind über riesige Türen direkt mit ihr verbunden. Zur Linken steht die Kirche der Heiligen Familie, auf der rechten Seite steht die Kirche El Triunfo, die an den Triumph der Spanier über den Aufständischen Manco Inca 1536 erinnert.

Die Kathedrale besteht aus einem Haupt- und zwei Seitenschiffen. Die Gewölbe im spanischen Renaissancestil weisen gotische Elemente auf. Die meisten Altäre lassen unterschiedliche Spielarten des Barock erkennen. Die geschnitzten Zedernholzaltäre sind mit Blattgold überzogen und häufig mit Spiegelstücken aus dem Mestizenbarock, einer indianisch beeinflussten Stilvariante, besetzt.

Über 350 Gemälde, ein Großteil aus der Cusco-Schule, in der europäische Werke als Vorbilder dienten, schmücken die Kathedrale. Gerade die flämische, spanische und italienische Malerei (Rubens, Francisco Zurbarán, Murillo, El Greco) nahmen großen Einfluss auf die indianischen Künstler. Lehrmeister aus der Alten Welt reisten nach Südamerika, wie z. B. der italienische Jesuit Bernardo Bitti, der in Cusco Ende des 16. Jh. den Manierismus einführte. Die einheimischen Künstler vermischten die europäischen Vorbilder mit Elementen aus ihrer Heimat, den Anden. Sie brachten bunte Vögel und eine fremdartige Vegetation auf die Leinwand. Dabei floss ihre komplizierte Vision des Kosmos mit in die Werke ein. Zu den bekanntesten indianischen Künstlern Cuscos aus dem 17. Jh. gehören Diego Quispe Tito, Basilio Santa Cruz Pumacallo, Antonio Sinchi Roca und aus dem 18. Jh. der berühmte Marcos Zapata. Letzterer ist für die Abendmahldarstellung verantwortlich, bei der Christus und seine Jünger mit gegrilltem Meerschweinchen versorgt werden.

Der wuchtige Hauptaltar verschlang insgesamt über zwei Tonnen Silber, passt aber nicht zu den feingliedrigen Schnitzarbeiten, die sonst das Bild der Kathedrale prägen. Das geschnitzte Chorgestühl, die hölzerne Kanzel sowie das Kruzifix des Señor de los Temblores, des Herrn der Erdbeben, sind weitere eindrucksvolle Kunstschätze.

Pl. de Armas; Mo–So 10–18 Uhr; Eintritt 16 S/.

La Compañía de Jesús → S. 83, b 2

Auch wenn die Jesuiten als letzter großer Orden nach Cusco kamen, gelangten sie aufgrund der Intervention des Vizekönigs Toledo doch noch in den Besitz eines sehr privilegierten Grundstücks an der Plaza. Dort, wo sich einst der Amarucancha, der Palast des elften Inka Huayna Cápac, erhob, begannen die Jesuiten 1576 mit dem Bau ihrer Kirche. Kaum war sie fertiggestellt, fiel sie 1650 einem Erdbeben zum Opfer. Die Jesuiten nutzten die Chance zu einem pompöseren Wiederaufbau mit dem erklärten Ziel, die Kathedrale an Schönheit zu übertreffen. Schon 1768 war der Beweis erbracht, und auch heute gilt die Fassade der Compañía als das schönste barocke Glanzstück der Stadt.

Eine Kuppel, versehen mit Fenstern aus Alabaster, krönt das große Kirchenschiff und rückt so den prächtigen Hauptaltar ins rechte Licht. Dieser ist aus Zedernholz geschnitzt und mit Blattgold überzogen (21 x 12 m). Gleich am Eingang auf der linken Seite der Kirche ist die Vermählung eines Neffen (Don Martin de Loyola) des Begründers des Jesuitenordens (San Ignacio de Loyola) mit der Inka-Prinzessin Doña Beatriz (Enkelin des Inka Huayna Cápac) zu sehen. Das Bild symbolisiert zugleich den Beginn zahlreicher Mestizengenerationen.

Pl. de Armas; Mo–Sa 9–11.30 und 13–17.30, So 13–17.30 Uhr; Eintritt 10 S/.

Mercado Central → S. 83, a 3

Der Hauptmarkt bietet ein faszinierendes Angebot an Obst, Gemüse, Kartoffeln, Fleisch, Innereien, Käse und allerlei unbekannten Raritäten. Der Markt ist in Sektionen aufgeteilt. Wer sich Kutteln und Schafsköpfe ersparen möchte, umgeht den Bereich der Innereien. Die Schafsköpfe gelten allerdings als Delikatesse und werden in einem Suppengericht serviert: »Caldo de Cabeza«. Wem der Sinn nach einem kulinarischen Experiment steht, kann bei den Essständen gleich eine Kostprobe ordern. Für empfindliche Nasen bietet der Blumensektor eine Verschnaufpause. Bei den Blumenständen steht auch der Stand für Zeremonienmeister, Heiler und Medizinmänner. Neben Zubehör für »Zahlungen« an die Erdmutter findet man hier unzählige Wunder- und Potenzmittel. An nahezu jeder Ecke erwarten den neugierigen Marktbesucher getrocknete Algen, gefriergetrocknete Kartoffeln sowie verschiedenfarbige Maissorten.

Vorsicht ist allerdings vor Langfingern geboten, denn der Markt ist bekannt für geschickte Taschendiebe. Wertgegenstände sollten also besser im Hotel bleiben.

C. Ccascaparo, gegenüber des San-Pedro-Bahnhofs; Mo–Sa 7–17, So 7–16 Uhr

Qoricancha-Sonnentempel/ Santo Domingo → S. 83, b 2

Auf den Grundmauern des wichtigsten Inka-Tempels errichteten die Dominikaner im 16./17. Jh. ihre Kirche und das Kloster Santo Domingo. Der Hauptaltar der Kirche wurde genau

Auf den Grundmauern des Qoricanchas errichteten die Dominikaner ihre Kirche und ihr Kloster. Die Feinheit der Inka-Mauern stellt das koloniale Mauerwerk in den Schatten.

an der Stelle errichtet, wo einst der Sonnentempel stand. Das Christentum sollte an Ort und Stelle die dämonischen Bräuche der Heiden ersetzen. 1950 zerstörte ein schweres Erdbeben Teile der Kirche und des Klosters, dabei kamen mehrere komplette Tempel der Inka wieder zum Vorschein. Heute erkennt man sehr schön das Über- und Nebeneinander der unterschiedlichen Baustile. Die Arbeiten der Inka-Steinmetze bleiben unübertroffen, obwohl sie kein Eisen kannten und somit nicht über harte Metallwerkzeuge verfügten. Das Baumaterial für den Qoricancha-Sonnentempel gewannen die Inka in einem 30 km entfernten Steinbruch namens Rumicolca – der Andesit dort ist hart wie Granit. Die Passgenauigkeit der Bausteine ist von überwältigender Perfektion. Anhand der Beschreibungen der Chronisten wurden ein Sonnen-, Mond- und Regenbogentempel identifiziert sowie ein Tempel der Gestirne und ein Saal des Blitz- und Donnergottes. Die atemberaubenden Goldschätze der Tempel sind ausnahmslos in den Schmelzpfannen der Konquistadoren gelandet. In einem großen Tempelgarten sollen die Flora und Fauna des Inka-Reiches in Lebensgröße aus Gold nachgebildet gewesen sein. Auch wenn diese Beschreibung übertrieben klingen mag, so lässt sie erahnen, in welche Verzückung die spanischen Zeitzeugen gerieten, die diese Schätze noch mit eigenen Augen erleben durften.

Pl. Santo Domingo; Mo–Sa 8.30–17.30, So 14–17 Uhr; Eintritt 6 S/.

San Blas ⇢ S. 83, c 1

Die 1563 gegründete Pfarrgemeinde San Blas zählt zu den ältesten Cuscos. Die erste Kirche wurde bei dem

Erdbeben 1650 komplett zerstört. Die heutige Kirche des Heiligen Blasius ist zu großen Teilen aus luftgetrockneten Lehmziegeln gebaut. Lediglich ein niedriger Glockenturm schmückt die Fassade.

Dafür ist die Innenausstattung umso überwältigender. Die aus Zedernholz geschnitzte barocke Kanzel gilt als die schönste Kanzel des amerikanischen Kontinents und steht im Zeichen der Gegenreformation. Im Unterbau, der auch als Darstellung des Infernos gedeutet wird, sind so berühmte Persönlichkeiten der Kirchengeschichte abgebildet wie Luther, Zwingli, Calvin, Heinrich der VIII. und seine Tochter Elizabeth. Die Reformisten müssen hier symbolisch für ihre Sünden büßen. Der Erschaffer der Kanzel soll der indigene Künstler Juan Tomás Tuyru Tupaq gewesen sein. Ein weiteres Schmuckstück der Kirche ist der komplett mit Blattgold verzierte Hochaltar im Stil des spanischen Barock sowie der Altar der Virgen del Buen Suceso.

Pl. San Blas; Mo–Sa 8–18, So 10–18 Uhr; Eintritt 10 S/.

Ob die im MAP (Museum für präkolumbische Kunst) befindliche Figur eines Chimú-Würdenträgers ein rituelles Trinkgefäß hält oder Panflöte spielt, ist ungeklärt.

San Cristobal → S. 83, a/b 1

Der Aufstieg zur Kirche San Christobal lohnt wegen der schönen Aussicht auf das koloniale Stadtzentrum Cuscos vor allem am Nachmittag. Angeblich gab Manco Cápac, der erste Inka, die gewaltigen Mauern des Colcampata-Palastes, der sich neben der Kirche befindet, in Auftrag.

An der Straße nach Saqsaywaman

Museen

Museo del Palacio Arzobispal de Arte Religioso → S. 83, b 1

Der sechste Inka Roca residierte hier, bevor spanische Bischöfe und Erzbischöfe sich seines Palastes bemächtigten. Die wuchtigen Grundmauern des Inka-Gebäudes sind an drei Seiten noch beinahe perfekt erhalten. An diesem wahren Meisterwerk der Inka-Steinmetze befindet sich der berühmte zwölfeckige Monolith.

Im Inneren spiegelt das ehemalige erzbischöfliche Palais die ganze Pracht der kolonialen Baukunst wider. Der zentrale Innenhof ist mit Azulejos-Kacheln aus Sevilla verziert. Und Liebhaber der Cusco-Schule finden in diesem Museum wichtige Gemälde von Diego Tito Quispe sowie u. a. Gemälde von Marcos Zapata.

Hatun Rumiyoc/C. Palacio; Mo–Sa 8–18, So 10–18 Uhr; Eintritt 10 S/.

Museo Inca → S. 83, b 1

Das Inka-Museum im Palast des Admirals Maldonado spannt einen historisch-archäologischen Bogen von der Vor-Inka- über die Inka-Zeit bis hinein ins 20. Jh. Ausgestellt sind Keramiken, Textilien, Steinmetz-, Silber- und Goldschmiedearbeiten sowie zeremonielle Holzbecher. Welche alten Traditionen bis ins 21. Jh. überlebt haben, darüber informiert der letzte, eher zeitgenössisch geprägte Teil des Museums.

Cuesta del Almirante 103; Mo–Fr 8–18, Sa 9–17 Uhr, die Kasse schließt 1 Std. früher; Eintritt 10 S/.

Essen und Trinken

Cusco lebt vom Tourismus. Es gibt kein Restaurant im Zentrum der Stadt, das sich nicht darauf eingestellt hätte. Dadurch ist das kulinarische Angebot über die Jahre immer besser geworden. Die Suche nach einem Restaurant, das nicht von Touristen besucht wird, kann man sich allerdings sparen.

Cicciolina → S. 83, b 1

Sehr gemütliches und dennoch elegantes Restaurant mit einer ausgezeichneten Novo-Andina-Küche und guten Tapas.

C. Triunfo 393; Tel. 23 95 10; tgl. 8–23 Uhr ●●● CREDIT

Incanto → S. 83, b 2

Das Angebot reicht von Pasta über Pizza bis zu gegrillten Meerschweinchen und Novo-Andina-Küche. Hier wird vor prächtigen Original-Inka-Mauern gekocht und gespeist.

C. Santa Catalina Angosta 135; Tel. 25 47 53; tgl. 10–23 Uhr ●●● CREDIT

Inka Grill → S. 83, b 1

Schmackhafte Gerichte und ein Blick auf die Plaza de Armas.

Portal de Panes 115; Tel. 26 29 92; tgl. 11–23 Uhr ●●● CREDIT

La Retama Restaurant → S. 83, b 1

Die Balkone bieten schöne Sicht auf die Plaza de Armas, die peruanische und internationale Küche (Büfett) ist sehr gut und die Folkloreshow unterhaltsam.

Portal de Panes 123, erster Stock; Tel./Fax 22 63 72; tgl. 11–24 Uhr ●●● DINERS MASTER VISA

MERIAN-Tipp

3 MAP – Museo de Arte Precolombiano

Im MAP, dem Museum für präkolumbische Kunst, sind ausgewählte Stücke der Sammlung des Museo Arqueologico Rafael Larco Herrera (→ Lima, S. 49) zu sehen, die aufgrund ihrer künstlerischen, individuellen Gestaltung auffallen. Die ca. 450 Exponate der frühen formativen Periode sowie der Nasca-, Mochica-, Huari-, Chimú-, Chancay- und Inka-Kulturen sind von herausragender Qualität. Nicht der Fundort, die Fundortanalyse oder das Alter der einzelnen Ausstellungsstücke stehen hier im Vordergrund, sondern vielmehr die Ausdruckskraft, die der Künstler seinem Werk verliehen hat. Lassen Sie sich von einzelnen Stücken verzaubern, und nehmen Sie sich Zeit, um ausgewählte Exponate zu genießen. Das Museum befindet sich in einem Anwesen aus der Kolonialzeit, der Casa Cabrera, die einen würdigen Rahmen für die elf Ausstellungsräume bietet. Im zentralen Innenhof des Hauses lädt das MAP Café den Besucher zu einer Erfrischung ein.

Casa Cabrera, Pl. Nazarenas; tgl. 9–22 Uhr; Eintritt 20 S/.

→ S. 83, b 1

Tunúpa → S. 83, b 2

Am üppigen Büfett erwarten den Gast andine Spezialitäten, abends wird begleitend eine sehenswerte Folkloreshow aufgeführt.

Portal Confituria 233, erster Stock; Tel. 25 29 36; tgl. 12–23 Uhr ●●● CREDIT

Al Grano → S. 83, b 2

Vor Original-Inka-Mauern versprechen hier würzige asiatische Gerichte eine kulinarische Abwechslung. Gutes Mittagsmenü, und zum Abschluss gibt's sehr guten Kaffee.

MERIAN-Tipp

4 Granja Heidi

Sonniges Ambiente schafft der überdachte Patio im Erdgeschoss, der Speiseraum im ersten Stock strahlt in seiner Einfachheit Ruhe aus. Hier lenkt nichts vom gemütlichen Beisammensitzen und dem hervorragenden Essen ab. Ob internationale Gerichte oder sonnengetrocknete Karapulkra-Kartoffeln, beim Bestellen kann hier nichts falsch gemacht werden. Das preisgünstige Mittagsmenü ist mit Abstand das beste der Stadt, die Kuchen sind nicht mehr zu übertreffen. Zum Frühstück gibt es hauseigene Milchprodukte.

Cuesta San Blas 525; Tel. 23 83 83;
Mo–Sa 8.30–21.30 Uhr ●●

→ S. 83, b/c 1

C. Santa Catalina Ancha 398;
Tel. 22 80 32; Mo–Sa 10–21 Uhr ●●

Sabor de Casa → S. 83, b 2
Gute Anden-Küche nach Art des Hauses. Zu empfehlen ist das »Lomo saltado«, das klassisch peruanische Geschnetzelte, aber auch die Forelle vom Grill.
C. Espinar 159; Tel. 24 69 64;
tgl. 9–22 Uhr ●● CREDIT

El Perol → S. 83, östl. c 3
Hier wird deftige Hausmannskost serviert, z. B. »Adobo« (Schweinefleisch), das in »Chicha« (Maisbier) eingelegt wurde. Nicht gemütlich, aber sehr gute Küche. Wird nur von Einheimischen besucht.
Av. Micaela Bastidas 345;
Tel. 24 44 01; tgl. 8–17 Uhr ●

Quinta Zárate → S. 83, c 1
Ein typisches Gartenrestaurant mit traditioneller Küche. Schöner Blick über Cusco.
C. Tothora Paccha 763; Tel. 24 51 14;
tgl. 9–17 Uhr ●

EINKAUFEN

Alpaca 111 → S. 83, a 2
Die weltbekannte, luxuriöse Marke vertreibt die absolut feinsten Alpaka-Wollprodukte in modernem und klassischem Design.
Pl. Regocijo 202 sowie Niederlassungen in diversen Hotels; www.alpaca111.com

Apacheta Kunstgalerie → S. 83, b 2
Sehr sehenswertes – und natürlich auch käufliches – traditionelles und modernes Kunsthandwerk.
C. Santa Catalina Ancha 313

Carlos Chaquiras Jewelry → S. 83, b 1
Ausgefallener Schmuck aus Silber und Gold sowie Skulpturen, die nach historischen Vorlagen gefertigt werden.
Triunfo 375; Filiale in Urubamba, Av. Berriozábal s/n

Centro de Textiles Traditionales del Cusco → S. 83, b/c 3
Bis vor einigen Jahren ging der Trend bei Webarbeiten hin zu grellen Farben und synthetischer Wolle. Komplizierte Muster drohten in Vergessenheit zu geraten. Die engagierten Mitarbeiter dieses Web-Projektes trugen im Raum Cusco erheblich zu einer Rückbesinnung auf alte Techniken, Naturfarben und Muster bei. Heute entstehen wieder Textilien aus Lama-, Alpaka- oder Schafswolle auf traditionellen Webstühlen, dabei finden komplizierte Muster Anwendung, die so schon vor Jahrhunderten existierten. Ein sehr interessantes Museum erläutert die Tradition der Textilherstellung in den Anden. Weberinnen unterschiedlicher Regionen demonstrieren Besuchern ihre Künste. Gute Auswahl an hochwertigen Textilien.
Av. del Sol 603; Tel. 22 81 17; www.textilescusco.org; tgl. 8–20 Uhr

Galería Latina → S. 83, b 2
Ausgewähltes, hochwertiges und teures Kunsthandwerk aus ganz Peru.
C. Mantas 118

Seminario Ceramicas → S. 83, b 1
Keramikkunst auf höchstem Niveau, aber auch praktische Mitbringsel.
Portal de Carnes 244, Pl. de Armas; interessante Werkstatt in Urubamba, C. Berriozábal 111

Märkte → S. 83, südl. c 3
Auf der **Av. del Sol** sowie schräg gegenüber des Hotels José Antonio am Ende der **C. Tullumayo** befinden sich Souvenirmärkte mit einem großen Angebot an Mitbringseln.

Am Abend

Das Nachtleben spielt sich im Zentrum Cuscos ab, man kann es gar nicht verpassen. Einladungen zu »Free Pisco Sour« werden an jeder Ecke verteilt, man kann sich von »happy hour« zu »happy hour« hangeln.

Cross Keys → S. 83, b 1/2
Der englische Pub war lange Zeit die Nummer eins unter den In-Kneipen, hat aber inzwischen harte Konkurrenz bekommen; ein Besuch lohnt trotzdem. Gute Drinks bei großer Auswahl.
Pl. de Armas, gegenüber der Kathedrale, im ersten Stock, direkt neben dem Tunúpa Restaurant; tgl. 10–1 Uhr

Ukuku's → S. 83, a 1
Livemusik, sehr populär, vornehmlich junges Publikum. Hier herrscht bis in die frühen Morgenstunden gute Stimmung auf der Tanzfläche.
C. Plateros 316; tgl. 20–4 Uhr

Service

BTC → S. 83, b 2
Das BTC – Boleto-Turistico – Cusco für 70 S/. ermöglicht innerhalb von zehn Tagen den Besuch verschiedener Sehenswürdigkeiten in/um Cusco und im Urubambatal (z. B. Zona Arqueologica Saqsaywaman, Chinchero, Ollantaytambo, Pisaq, Tipon, Piqillacta). Verkauf in Cusco: OFEC, Av. El Sol 103, Galerias Turisticas, OF. 102; Mo–Fr 8–

Die farbenfrohen Webarbeiten sind nicht nur Ausdruck einer alten peruanischen Tradition, sondern sie sichern auch heute noch zahlreichen Familien das Einkommen.

Die gigantischen Steinmauern in Saqsaywaman geben bis heute Rätsel auf. Der große Vorplatz eignet sich ausgezeichnet zum Fußballspielen!

17.30, Sa 8.30–12.30 Uhr oder bei den Sehenswürdigkeiten. Der Kauf eines Sammeltickets lohnt, denn der Eintritt für die Zona Arqueologica Saqsaywaman allein kostet bspw. 40 S/.

Information

i perú S. 83, b 2
Av. del Sol 103; Tel. 23 44 98, Fax 25 29 74; tgl. 8.30–19.30 Uhr

Polizei

Policía de Turismo S. 83, a 1
Saphi 510; Tel. 24 96 54

Post

Serpost S. 83, c 3
Av. del Sol 800; Mo–Sa 7.30–19.30, So 7.30–14 Uhr

Flughafen

Aeropuerto Internacional Alejandro Velasco Astete S. 181, D 13
Tgl. von/nach Arequipa, Juliaca, Lima, P. Maldonado, La Paz/Bolivien.

- **Lan Perú** S. 83, c 3
  Av. del Sol 627; Tel. 25 55 53
- **Aerocondor** S. 83, b 2
  C. Sta. Catalina Ancha 315; Tel. 24 63 49

Busgesellschaften

Cusco besitzt einen Busterminal, der aber nicht von allen Busgesellschaften angefahren wird.

- **Cruz del Sur** S. 83, c 3
  Av. Pachacútec 510; Tel. 22 19 09
- **Ormeño** S. 83, südöstl. c 3
  Terminal Terrestre C-9; Tel. 22 75 01

Autovermietung

Hertz S. 83, c 3
Av. del Sol 808; Tel. 24 88 00

Züge S. 83, a 3

Bahnhof Estación de San Pedro, C. Cascaparao s/n: nach Machu Picchu; Bahnhof Estación de Wanchaq, Av. Pachacútec s/n: nach Puno.
www.perurail.com; rechtzeitig reservieren!

Ziele in der Umgebung

Zona Arqueologica Saqsaywaman

→ S. 151, c 2/3

Der archäologische Park Saqsaywaman kann erwandert werden, dennoch empfiehlt sich eine geführte Bustour oder die Fahrt im Taxi, wenn man auch die Stätten Qenko, Puca Pucara und Tambomachay (die weiteste Entfernung von Cusco ist 8 km) aufsuchen will (Eintritt 40 S/. oder → BTC, Service, S. 91).

Saqsaywaman

Die archäologische Stätte liegt in ca. 2 km Entfernung oberhalb von Cusco. Falls die Stadt in der Inka-Zeit tatsächlich die Form eines liegenden Pumas aufwies, so lag hier oben der Kopf der Raubkatze. Zu Beginn betrachtet man sprachlos, zugleich aber auch ratlos das gigantische Mauerwerk in Saqsaywaman. Auf einer Länge von ca. 400 m stehen drei übereinander angeordnete Mauern, die einer Zickzack-Linie folgen zu scheinen. Die Steine der unteren Mauer sind am größten, nach oben hin werden sie kleiner. Sprachlosigkeit entsteht, da der schwerste Stein, der zum Bau hierher transportiert wurde, 155 Tonnen gewogen haben soll. Ratlosigkeit gesellt sich dazu, weil nicht klar ist, ob dies eine Festung, ein Heiligtum oder einen Versammlungsplatz darstellte. Sicher ist, dass der aufständische Manco Inca 1536 bei der Belagerung Cuscos hier oben sein Hauptquartier errichtet hatte. Die entscheidende Schlacht fand ebenfalls in Saqsaywaman statt und endete mit dem spanischen Triumph. Im Zentrum dieser Schlacht stand ein Turm namens Muyu Marca, von dem heute nur noch Fundamente erhalten sind. Neuere Ausgrabungen weisen darauf hin, dass es sich bei dem Turm um eine Art Zisterne, ein heiliges Wasserreservoir, handelte. Über verzweigte Kanalsysteme wurden zahlreiche Wasserheiligtümer gespeist. Zugleich hatten die Inka von hier oben direkten Sichtkontakt zu wichtigen Berggöttern (Apus), wie z. B. dem 6372 m hohen Auzangate südöstlich von Cusco. Die Apus waren von großer Bedeutung für den Wasserhaushalt der Anden und die Fruchtbarkeit der Erdmutter. Chronisten beschreiben, dass in Saqsaywaman das königliche Haus des Sonnengottes gestanden habe. Vermutlich handelt es sich bei Saqsaywaman um eines der wichtigsten religiösen Zentren der Inka. Es spiegelte die komplizierte Kosmovision der Andenbewohner wider und stellte das Miteinander der verschiedenen Naturgottheiten dar. Womöglich repräsentierten die wuchtigen Zickzack-Mauern den Blitz- und Donnergott Illapa – lediglich eine Festung war die Anlage wohl nicht.

Die tonnenschweren Steine wurden nicht nur über mehrere Kilometer transportiert, sondern auch sagenhaft passgenau zugearbeitet. Da aber kein Stein die gleiche Form und Größe eines anderen aufweist, war das Zusammensetzen der Mauern extrem aufwendig. Ein Heer von Arbeitern muss hier über Jahrzehnte gewirkt haben. Eine genaue Planung, präzise Abwicklung und exzellente Logistik waren unentbehrliche Voraussetzungen für den Bau Saqsaywamans.

Jedes Jahr am 24. Juni wird das Inti Raymi, das Sonnenwendfest, in Saqsaywaman abgehalten. Der Inka und sein Hofstaat werden für einige Stunden wieder zum Leben erweckt. Die alten Traditionen, inklusive Lamaopfer, werden in Anlehnung an die Überlieferungen des Chronisten Inca Garcilaso de la Vega als gewaltiges Spektakel inszeniert. Große Teile der Bevölkerung Cuscos versammeln sich zu diesem Anlass an der historischen Stätte. Für Touristen stehen Sitzplätze auf einer Tribüne bereit (70 US$).

Qenko

Die Inka teilten den Kosmos in drei Pachas, zu Deutsch Welten, auf: das Ukupacha, die Unterwelt, das Kaypacha, die irdische Welt, und das Hanaqpacha, eine göttliche Überwelt. Qenko besteht aus einem gewaltigen Kalkfelsen mit einer Höhle und einem zeremoniellen Vorplatz. Höhlen wurden als Verbindung zur Unterwelt gesehen. Man vermutet daher, dass Qenko einem Totenkult diente oder aber für Opferzeremonien genutzt wurde. Die Oberfläche des Felsens weist zahlreiche Bearbeitungen auf, die wahrscheinlich zur Ablage von Gaben dienten, um die Götter des Hanaqpacha gütig zu stimmen. Eine markante Rinne, die sich in Zickzack-Form den gesamten Fels herunterwindet, könnte dazu gedient haben, Maisbier zu opfern. Dies war bei fast allen Zeremonien der Inka üblich. Im Umkreis von Cusco sollen ca. 360 Huacas (Heiligtümer) existiert haben, die von verschiedenen Panacas (Sippen) gepflegt wurden.

MERIAN-Tipp

5 Sonntagsmarkt in Chinchero

Dieser indianische Markt gilt als der authentischste im Großraum Cusco. Die vergletscherten Gipfel der umliegenden Kordilleren bilden eine atemberaubende Kulisse. Die indigenen Marktbesucher tragen mit Stolz ihre farbenprächtigen Trachten und tauschen untereinander ihre Produkte aus. Dieser Handel, Trueque genannt, lässt sich gut beobachten: Kleine Häufchen Mais, Bohnen oder Kartoffeln wechseln ohne großes Marktgeschrei den Besitzer – kein Vergleich zu orientalischen Märkten. Neben den landwirtschaftlichen Produkten gibt es auch ein reichhaltiges Angebot an Kunsthandwerk und sehr schönen Webarbeiten. Die Kirche sowie Teile des Ortes stehen auf alten Inka-Mauern. Einst standen hier ein Palast des Inka Tupac Yupanqui und ein Regenbogentempel. Hinter der Kirche befinden sich große Terrassenanlagen. Hier lohnt ein Spaziergang.

Hauptmarkt So, Kunsthandwerksmarkt auch Di und Do; 30 km von Cusco; Eintritt BTC (→ Service, S. 91)

⇢ S. 151, c 2

Puca Pucara

Die Stätte Puca Pucara war vermutlich ein Tambo, eine Verpflegungs-, Rast- und Kontrollstelle, wie man sie in regelmäßigen Abständen an den Inka-Straßen vorfindet. In den Tambos wurden große Lebensmittel- und Waffenlager angelegt, sodass die Truppen der Inka auf Feldzügen versorgt werden konnten. Ein Tambo musste auch für den Besuch hoher Würdenträger der Inka-Elite gerüstet sein. Außerdem waren Chaski, die Postläufer, hier stationiert. Ein Läufer übermittelte eine Nachricht über ca. 3–5 km von einem Tambo zum nächsten, bei dem die Nachricht von einem weiteren Chaski übernommen wurde und so fort.

Tambomachay

Aus diesem Wasserheiligtum sprudelt frisches Quellwasser, das einst Fruchtbarkeitsritualen diente. Das Wasser tritt über einen Kanal aus einer perfekt gearbeiteten Steinmauer hervor, fließt über eine Terrasse und gelangt in ein zeremonielles Becken. Die stattlichen Mauern im Hintergrund des Beckens weisen mannshohe trapezförmige Nischen auf, in denen wahrscheinlich Würdenträger Stellung bezogen.

Regen- und Trockenzeiten prägen das Klima der Anden. Erst durch zusätzliche künstliche Bewässerung waren die Inka in der Lage, große Ernteüberschüsse zu produzieren. Wurde das Wasser knapp, standen Missernten und Katastrophen ins Haus. Kein Wunder also, dass Wasser als heilig verehrt wurde.

Andahuaylillas S. 151, D 3

→ MERIAN-Tipp, S. 95

Tipon und Picillacta

S. 151, d 3

Der Besuch der »Sixtinischen Kapelle« in Andahuaylillas (→ MERIAN-Tipp, S. 95) lässt sich gut mit einem Abstecher nach Tipon und Picillacta verbinden. Nur wenige Touristen besuchen diese sehenswerten archäologischen Stätten. **Tipon** diente mit großer Wahrscheinlichkeit Fruchtbarkeitsritualen. Noch heute leiten die kunstvoll angelegten Kanäle Wasser über landwirtschaftliche Terrassen zu zeremoniellen Becken.

Picillacta war die am südlichsten gelegene Stadt des kriegerischen Wari-Imperiums. Hohe Mauern sowie Straßen und Plätze lassen einen kompletten Stadtplan erahnen. Die Ausgrabungen an der riesigen Anlage sind noch nicht abgeschlossen.

Eintritt BTC (→ Service, S. 91)
27 km (Tipon) bzw. 30 km (Picillata) südöstl. von Cusco

MERIAN-Tipp

6 Andahuaylillas

Auf Anweisung des Vizekönigs Toledo wurde ab 1572 die weit verstreut lebende indigene Bevölkerung in »reducciones« zusammengezogen. In den Pfarrkirchen dieser Siedlungen sollten den ungläubigen Indios ihre »Dämonengötter« ausgetrieben werden und die Christianisierung voranschreiten. Eine der schönsten dieser Landkirchen wird heute als »Sixtinische Kapelle Amerikas« bezeichnet, und steht in Andahuaylillas. Die Kirche ist aus luftgetrockneten Lehmziegeln errichtet und besitzt lediglich ein Kirchenschiff. Die Innendekoration besticht durch ihre farbenprächtigen Wandmalereien, Stuckarbeiten und einen vergoldeten barocken Hauptaltar. Die Gemälde der Cusco-Schule hängen in prachtvoll geschnitzten Holzrahmen – die ganze Kirche gleicht einem Feuerwerk aus Farben. Der Maler Luis de Riaño war maßgeblich an ihrer Ausschmückung beteiligt. Er hinterließ in der Taufkapelle den Taufspruch gleich fünfsprachig: auf Latein, Spanisch, Quechua, Aymara und Puquina.

Tgl. 8–12 und 14–16 Uhr; Eintritt 3 S/.
37 km südöstl. von Cusco

S. 151, d 3

El Valle Sagrado – Urubambatal S. 181, D 13

Das Heilige Tal der Inka ist weit über die Grenzen Perus hinaus bekannt, 5 sowohl aufgrund seiner einzigartigen Landschaft als auch wegen der reichen Kulturgeschichte, die in einigen Orten des Tales noch in unseren Tagen anschaulich gelebt wird. Bis heute ist es zudem die wichtigste Kornkammer Cuscos. Kaum ein Quadratmeter wird hier nicht landwirtschaftlich genutzt. Steilhänge wurden einst von den Inka terrassiert, und der Mais darauf gedeiht bis heute prächtig. Das Tal zieht sich nördlich von Cusco entlang des Vilcanota, des zweitlängsten Amazonaszuflusses. Hier lohnt ein Besuch der Ortschaften Pisaq und Ollantaytambo. Überall in Cusco werden Tagesausflüge in das Tal angeboten. Aber erst eine Übernachtung in einem der rustikal-luxuriösen Hotels macht den Aufenthalt zu einem richtigen Erlebnis.

Vom Bahnhof in Ollantaytambo kann man mit dem Zug nach Machu Picchu fahren oder auf der Rückfahrt von Machu Picchu die Fahrt hier beenden. Zahlreiche Quintas, Gartenrestaurants, locken im Urubambatal mit einheimischen Spezialitäten und wunderschönen Aussichten.

Hotels/andere Unterkünfte

Eine Reihe guter Hotels liegt zwischen den Ortschaften Yucay, Urubamba und Yanahuara.

Sol & Luna Lodge & Spa
⇢ S. 151, b 2
Sehr komfortable, gepflegte, von Gärten umgebene Hotelanlage mit Reitstall. Gourmet-Küche. Top-Service und Spa-Bereich.
Urubamba; Tel. 0 84/20 16 20, Fax 20 11 84; www.hotelsolyluna.com; 28 Bungalows ●●●/●●●● CREDIT

Casa Andina Private Collection Valle Sagrado
⇢ S. 151, b 2
Diese exklusive Variante der Casa-Andina-Kette verteilt sich über Terrassen und Gärten in herrlicher Lage inmitten des Urubambatals.
5to. Paradero Yanahuara, Tel. 0 84/ 9 76 55 01, Fax 23 16 82; www.casa-andina.com; 85 Zimmer ●●● CREDIT

Sonesta Posada Sacred Valley-Yucay
⇢ S. 151, c 2
Der Wandel vom Kloster zur Hazienda und weiter zum Hotel vollzog sich über drei Jahrhunderte. Romantisch rustikaler Flair, große Gärten, geräumige Zimmer.
Pl. Manco II, Yucay 123; Tel. 0 84/ 20 11 07, Fax 20 13 45; www.sonesta.com/peru; 84 Zimmer ●●● CREDIT

MERIAN-Tipp

7 El Albergue in Ollantaytambo

Hier zählt nicht Luxus, sondern Charme und Einzigartigkeit in familiärer Atmosphäre. Die Übernachtung in dem alten Bahnhofsgebäude in Ollantaytambo ist ein Erlebnis. Der paradiesische Garten, die künstlerisch, rustikal und sehr individuell gestalteten acht Zimmer sowie eine urige Holzofensauna versprechen Entspannung. Der Zug nach Machu Picchu fährt vor der Haustür ab, die Ruinen Ollantaytambos sind nur einen Steinwurf entfernt.

Bahnhof Ollantaytambo; Tel./Fax 0 84/ 20 40 14; www.elalbergue.com ●● VISA
⇢ S. 151, b 2

Essen und Trinken

Alhambra Hacienda Restaurant
⇢ S. 151, b 2
Gutes Mittagsbüfett in gemütlichem Ambiente mit schönem Blick auf die umliegende Bergwelt.
An der Straße nach Ollantaytambo Km 74; Tel. 0 84/20 12 00; tgl. 12–15 Uhr ●●● AmEx DINERS VISA

El Maizal
⇢ S. 151, b 2
Beliebtes touristisches Restaurant mit gutem Büfett (einheimische Spezialitäten) und flottem Service.
Av. Cabo Conchatupa, Urubamba; Tel. 0 84/20 10 54; tgl. 12–17 Uhr ●●/●●● VISA

Quinta los Geranios
⇢ S. 151, b 2
Ein traditionelles Gartenrestaurant, in dem deftige Hausmannskost serviert wird, wie z. B. »Chicharrones«, knuspriges Schweinefleisch, und »Chairo«, ein traditionelles Eintopfgericht.
Av. Cabo Conchatupa, Urubamba; Tel. 0 84/20 10 93; tgl. 12–17 Uhr ●

Ziele im Valle Sagrado (Urubambatal)

Ollantaytambo
⇢ S. 151, b 2

Wer für eine Weile die Hochlandindianer in ihren roten Ponchos in Ollantaytambo dabei beobachtet, wie sie mit ihren schweren Lastbündeln in Tippelschritten in den engen, von Inka-Mauern flankierten Gassen entlangeilen, der bekommt unweigerlich den Eindruck, sich in ein bewohntes Freilichtmuseum verirrt zu haben. Überall an den steilen Berghängen, die den Ort umgeben, sind

Bis zu 60 Tonnen schwere Porphyr-Quader haben die Bauherren in Ollantaytambo über große Entfernungen in Bewegung versetzen lassen.

archäologische Reste zu erkennen. Die große Inka-Festung Ollantaytambo ist schon von weitem sichtbar. Strategisch geschickt wurde sie auf einem Felssporn errichtet, der sowohl das Urubambatal als auch das benachbarte Patachanchatal überragt. Aber schon vor den Inka existierte hier ein wichtiges rituelles Zentrum. Gigantische, bis zu 60 Tonnen schwere Porphyr-Blöcke wurden einst aus dem 5 km entfernten Steinbruch auf der gegenüberliegenden Talseite zur Baustelle transportiert. Dabei ging es 500 Höhenmeter bergab, der Fluss musste überquert werden, und dann galt es erneut 150 Höhenmeter zu erklimmen – und das mit 60 Tonnen schwerem Gepäck! Hier wurde ein unvorstellbarer Kraftakt realisiert. Die Qualität der Steinbearbeitung ist fantastisch und gleicht der Oberfläche eines Parkettfußbodens. Beinahe scheint es, als hätten sich die Bauherren zu viel vorgenommen, da der Tempel, der hier entstehen sollte, nie fertiggestellt wurde. Ob es schon vor der Zeit der Inka zu Machtwechseln kam oder ob die Fertigstellung am Eintreffen der Konquistadoren scheiterte, ist mit letzter Gewissheit nicht zu sagen. Der aufständische Manco Inca nutzte Ollantaytambo auf jeden Fall mehrfach als Bastion gegen die Spanier.

Eintritt 40 S/. inkl. archäologische Stätte von Pisaq (1 Tag) oder BTC (→ Service, S. 91)

Hotels/andere Unterkünfte

Pakariatampu
Hübsche Gärten mit exotischen Blüten und Kolibris umgeben die Anlage. Die Zimmer sind rustikal-gemütlich. Holz dominiert die Ausstattung.

Der Tempelbezirk um den Intihuatana gilt der indigenen Bevölkerung in Pisaq noch heute als heilig, wurde aber lange Zeit als Steinbruch missbraucht.

Av. Ferrocarril s/n; Ollantaytambo; Tel. 0 84/20 40 20, 20 41 04; www. pakaritampu.com; 34 Zimmer ●●●
AmEx VISA

Essen und Trinken

Mayupata
Gemütliches Restaurant mit Kamin, gute Pizza sowie Forellen- und Fleischgerichte.
Gegenüber der kleinen Brücke auf dem Weg zu den Ruinen; Tel. 0 84/20 40 09; tgl. 12–22 Uhr ●●

Pisaq

→ S. 151, C 2

In Pisaq (2972 m) ist nicht nur am Sonntag, sondern auch Dienstag und Donnerstag Markttag. Der Markt ist touristischer als der in Chinchero, bietet dafür aber ein äußerst umfangreiches Angebot an Kunsthandwerk, Keramiken, Webarbeiten, Pullovern, Nippes und Kitsch.

Eine Straße führt in die weitläufige archäologische Stätte Pisaq, ca. 400 Höhenmeter oberhalb des Ortes. Die Besichtigung erfolgt zu Fuß, kurze Wanderungen sind aufgrund der Größe unvermeidlich (1–1,5 Stunden), führen aber zum Ausgleich durch eine herrliche Landschaft. Der Tempelbezirk um das Sonnenheiligtum Intihuatana weist die charakteristische Bauweise des Imperialstils auf. Hier wurden beim Bau äußerst regelmäßig behauene, handliche Steinblöcke verwendet. Eine Vielzahl trapezförmiger Nischen schmückt die Mauern. Original Inka-Straßen führen durch Wohngebiete, Speicheranlagen sowie entlang der Bewässerungskanäle über die großflächigen Terrassenanlagen. Pisaq existierte schon vor der Zeit der Inka als eigenständiger Kulturkreis (Eintritt 40 S/. inkl. Ollantaytambo (1 Tag) oder → BTC, Service, S. 91).

Auf der Rückfahrt von Pisaq nach Cusco (23 km) ist ein Stopp im **Awana-Cancha-Zentrum** lohnenswert (tgl. geöffnet). Der Shop bietet nicht nur sehr schöne Textilien an, sondern vermittelt zudem einen Überblick über die Arbeitsschritte, vom Färben über das Spinnen der Wolle bis hin zur fertigen Webarbeit. Auf dem Gelände weiden die vier Kamelarten Südamerikas.

Machu Picchu ⇢ S. 151, a 1

Ob per Eisenbahn von Cusco (110 km) oder zu Fuß über den berühmten 6 Inka-Trail (3–4 Tage Wanderung, → MERIAN-Spezial, S. 145), die Anreise nach Machu Picchu ist spektakulär. Es führt keine Straße in den entlegenen Teil des Bergurwalds, der Machu Picchu auch vor den Spaniern erfolgreich versteckte. Auf den letzten 20 km, bevor der Zug Aguas Calientes, die Ortschaft unterhalb Machu Picchus, erreicht, verändert sich die Vegetation drastisch. Das grüne Dickicht wird immer undurchdringlicher, die Temperaturen steigen, und es wird schwüler. Auf ausladenden Korallenbäumen wachsen zahlreiche Epiphyten. Die Blütenstände der großen Bromelien, Helikonien und verschiedener Orchideen leuchten farbenfroh. Der heimische Brillenbär zeigt sich zwar nur selten, dafür kann man Kolibris beobachten.

Machu Picchu, zu Deutsch »der alte Berg«, war bei der offiziellen Wiederentdeckung 1911 durch den Amerikaner Hiram Bingham stark vom Urwald überwuchert. Lediglich einige Terrassenfelder wurden von einer Bauernfamilie, die hier sehr abgeschieden lebte, zum Maisanbau genutzt. Bingham hatte von der Existenz Machu Picchus gehört, rüstete eine Expedition aus und erntete die Lorbeeren für die Entdeckung. Peruanische Abenteurer und Reisende hatten schon vor ihm die Anlage betreten, waren sich aber der Tragweite ihrer Entdeckung nicht bewusst. Das UNECSO-Weltkulturerbe liegt wie ein Adlerhorst auf einem Felsplateau, 400 m oberhalb des Río Urubamba. Die üppige, tropische Vegetation, die es umgibt, wäre alleine schon den Besuch dieser Region wert.

Und welche Funktion erfüllte Machu Picchu? War es ein militärischer Vorposten im Bergurwald? Ein Kloster für Sonnenjungfrauen? Eine Fluchtburg? Seit der Wiederentdeckung sind zahlreiche oft haarsträubende Theorien aufgestellt worden. Nach dem heutigen Stand der Forschung kam Machu Picchu erst unter dem neunten Inka Pachacútec Yupanqui (1438–1471) zu seiner Größe und Bedeutung. Es handelte sich vermutlich um ein religiöses Zentrum in einer besonderen, spirituell einzigartigen geografischen Lage. Einerseits umfließt der für die Inka heilige Río Urubamba an drei Seiten den Bergsporn, auf dem Machu Picchu thront, andererseits besteht vom Gipfel des Machu sowie von dem des Wayna Picchu eine direkte Sichtverbindung zu den wichtigen Berggöttern der Region, wie z. B. dem 6271 m hohen Apu Salcantay.

Früh übt sich in Pisaq, wer einmal ein großer Tänzer werden möchte. Für die Mamacha Carmen zu tanzen ist eine große Ehre.

Am Tag des Inti-Raymi-Festes (→ Feste und Events, S. 33) erleuchten die ersten Sonnenstrahlen bei Sonnenaufgang ein Fenster des hufeisenförmigen Sonnenturms. Unterhalb des Turmes verläuft ein ritueller Wasserweg, der offenbar im Mittelpunkt einer Fruchtbarkeitszeremonie stand. Es scheint, als ob die Inka-Architekten mit dem Bau Machu Picchus ein Modell der andinen Weltordnung zu schaffen versuchten.

Reisende, die in **Aguas Calientes** übernachten, können am nächsten Morgen Machu Picchu noch vor dem Eintreffen der Besucherströme erleben. Von Aguas Calientes aus fahren Busse ab 6 Uhr die ca. 10 km (400 Höhenmeter) nach Machu Picchu (Hin- und Rückfahrt 12 US$, Ticketverkauf an der Bushaltestelle Consettur). Der Ort erinnert sehr an eine Wildwestsiedlung im Bergurwald. Die Gleise sind zugleich die Hauptstraße. Kneipen reihen sich an Pizzerias, zahllose Hotels sprießen aus dem Boden, die Architektur ist haarsträubend. Nichtsdestotrotz fasziniert das Gemisch aus Palmen, Stahlbeton und Bambus viele Besucher. Vor dem Bahnhof befindet sich ein großer Souvenirmarkt.

Hotels/andere Unterkünfte

Hotels in Aguas Calientes

Machu Picchu Pueblo Hotel

Ein wunderschönes Hotel, das sich versteckt im tropischen Bergurwald befindet. Ein herrlicher Anblick sind die Kolibris an den Orchideenblüten auf der Suche nach Nektar. Sehr komfortable, geschmackvoll eingerichtete Zimmer. Ein grünes Paradies.

Tel. 0 84/21 10 32; www.inkaterra.com; 84 Zimmer ●●●● CREDIT

Inti Inn Machu Picchu Hotel

Komfortables Hotel mitten in Aguas Calientes.

Av. Pachacútec s/n; Tel. 0 84/21 11 37, Fax 24 20 37; www.grupointi.com; 30 Zimmer ●●● AmEx MASTER VISA

Machu Picchu Inn

Klotzige, nicht sonderlich schöne Anlage mit bequemen Zimmern.

Av. Pachacútec 109; Tel. 0 84/21 10 11; 48 Zimmer ●●● AmEx MASTER VISA

Hotel La Cabaña

Gemütliches, rustikales Hotel.

Av. Pachacútec M-20 L3; Tel. 0 84/ 21 10 48, Fax 21 12 69; www.cabanahostal.com; 19 Zimmer ●● VISA

Hotel bei Machu Picchu

Machupichu Santuary Lodge

Die einzige Übernachtungsmöglichkeit direkt neben Machu Picchu, daher extrem überteuert. Lange im Voraus reservieren ist ratsam, weil das Hotel fast immer ausgebucht ist.

Tel. 0 84/21 10 38; http://machupicchu.orient-express.com; 31 Zimmer ●●●●

Essen und Trinken

Die Anzahl der Restaurants in Aguas Calientes ist erstaunlich! Besonders empfehlenswert sind:

Indio Feliz

Die französisch-peruanische Küche zählt zu den besten im Ort. Gute Menüs, aber auch à la carte.

Lloque Yupanqui 4-12; Tel. 0 84/21 10 90; tgl. 12–16 und 18–22 Uhr ●●● MASTER VISA

Pueblo Viejo

Der mächtige Grill steht mitten im Restaurant. Fleisch, ob Lamm oder Rind, aber auch Forelle und Pizza sind hier angesagt. Gute Stimmung, am Abend gibt's Livemusik.

Av. Pachacútec; Tel. 0 84/ 21 11 93; tgl. 9.30–23 Uhr ●●/●●● CREDIT

Service

Thermalbäder Aguas Calientes

Die Freiluft-Thermalbäder liegen ca. 10 Fußminuten oberhalb des Zentrums an der Hauptstraße Pachacútec. Die Wassertrübung ist natürlichen Ursprungs, sie nimmt allerdings gegen Abend zu.

Tgl. 5–20.30 Uhr; Eintritt 10 S/.

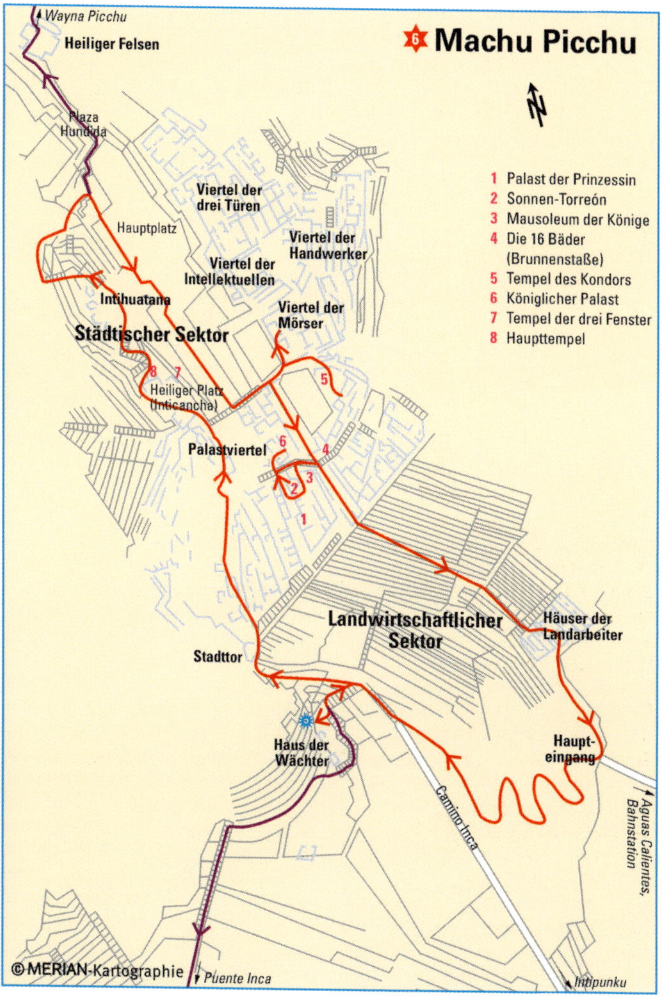

Spaziergang

Den besten Ausblick auf Machu Picchu gewinnt man von einer der landwirtschaftlichen Terrassen oberhalb der Anlage. Kurz nachdem man das Kontrollhäuschen am Eingang passiert hat, zweigt auf der linken Seite ein schmaler, gut begehbarer Fußweg ab, der sich in Serpentinen den Hang hinaufwindet, für einige Minuten im Bergurwald verschwindet und direkt zu einer ersten Aussichtsterrasse führt. Folgt man dem Weg über die Terrasse und hält sich wieder links, kommt man unterhalb eines exponiert gelegenen Steingebäudes mit Strohdach auf weitere Terrassen. Die Sicht auf Machu Picchu ist überwältigend, der markante Berg Wayna Picchu (Junger Berg) im Hintergrund

Die Gleise der Eisenbahnstrecke nach Machu Picchu führen zu dem Ort Aguas Calientes (→ S. 100), der an eine Wildweststadt im Bergurwald erinnert.

vollendet das beeindruckende Bild. Gerade frühmorgens ist die Stimmung hier oben einmalig. Oftmals verhüllen Nebelschwaden das Weltkulturerbe, es scheint, als stünden die umliegenden Bergspitzen über einem Wolkenteppich. Plötzlich gibt das warme Sonnenlicht den Blick auf Machu Picchu frei, das Schauspiel erreicht seinen Höhepunkt.

Die Orientierung von hier oben fällt leicht: Unterhalb der Terrassen liegt das obere Stadtgebiet, in dem sich der Sonnenturm, die Unterkünfte für Würdenträger, der Hauptplatz sowie der Intihuatana, das wichtigste Sonnenheiligtum, befinden. Große Grünflächen, die als zeremonielle Versammlungsplätze gedient haben könnten, trennen den oberen vom unteren Stadtteil. Im Letztgenannten sollte man den Mörsersaal und das Kondorheiligtum aufsuchen. Im Hintergrund der Anlage steht der Berg Wayna Picchu. An seiner Spitze, ca. 300 m oberhalb der archäologischen Stätte, erkennt man Terrassen und Gebäudereste. Trittsichere, schwindelfreie Besucher, die über stabiles Schuhwerk und Bergerfahrung verfügen, können den Wayna Picchu in etwa 1 Stunde besteigen.

Begibt man sich von dem Aussichtspunkt oberhalb Machu Picchus in Richtung der Hauptanlage, so gelangt man über die letzten 150 m des berühmten Inka-Trails bis zu einem auffälligen Stadttor. Hier betritt man das obere Stadtgebiet. Entlang der Überreste einiger recht grob gebauter Lagerhäuser gelangt man, vorbei an riesigen Granitsteinblöcken (eventuell ein Steinbruch), zu einem zentralen Platz mit dem **Tempel der drei Fenster** sowie dem **Haupttempel**.

Hoch oberhalb des Haupttempels befindet sich das **Sonnenheiligtum Intihuatana**. Mithilfe eines aus dem Naturfels modellierten Steinkolbens, der als Schattenwerfer funktionierte, konnte eine erlesene Priesterkaste hier ihre Berechnungen über das Datum anstellen.

Es folgt ein Abstieg. Entlang der Grünflächen, wieder Richtung Ausgang, erreicht man eine Abzweigung, die nach links in den unteren Stadtteil führt. Im **Mörsersaal** erinnern zwei kreisförmige Vertiefungen im Steinboden an den stetigen Gebrauch von Mörsern. Allerdings hätte man die Löcher auch mit Wasser füllen können, um so, wie in einem Spiegel, nachts den Sternenhimmel zu betrachten. Vermutungen über Vermutungen! Da über Machu Picchu aber weder mündliche noch schriftliche Überlieferungen aus der Zeit der Inka existieren, kann man nur wenig mit Gewissheit sagen. Der **Kondorsaal** liegt in unmittelbarer Nähe des Mörsersaals und wird über ein Labyrinth von Gängen erreicht. Der Kopf eines Vogels ist deutlich auf einer Felsplatte zu erkennen, der Körper ist nur mit etwas Fantasie auszumachen. Im andinen Kosmos war der Kondor ein Mittler zwischen verschiedenen Welten, vielleicht diente der Saal für Bestattungsrituale oder einen Totenkult.

Auf dem Weg zum Ausgang quert man die **Brunnenstraße**, die von 16 Wasserbecken gesäumt wird – das oberste Becken ist von beeindruckender Schönheit. In direkter Nachbarschaft befindet sich der hufeisenförmige **Sonnenturm**. Ein großer Naturfels ist zugleich Dach einer Höhle und Fundament des Turmes. Die Höhle weist passgenaue Mauern mit Nischen auf. Bingham vermutete hier ein Mausoleum, aber er fand keine Mumien. Der Sonnenturm gehört zu den perfektesten Konstruktionen in Machu Picchu, die zwei Fenster des Turmes sind nach den Aufgangspunkten der Sonne an den Sonnenwenden ausgerichtet. Hier dominieren architektonische Präzision und astronomisches Wissen. Gegenüber dem Turm, auf der anderen Seite der Brunnenstraße, gelangt man durch einen schmalen Gang in einen Innenhof, an dessen beiden Seiten sich stattliche Räume befinden. Dieser in sich geschlossene Bereich gilt als **Palast hoher Würdenträger** oder Priester.

Lassen Sie sich nun Zeit, den Charme Machu Picchus auch abseits der Hauptrouten zu entdecken. Besonders die dem Río Urubamba zugewandte Seite der Unterstadt bietet dazu beste Gelegenheiten.

Tgl. 6–17.30 Uhr; Eintritt 118,50 S/.

Wer in Machu Picchu einen Spaziergang in den Bergurwald unternimmt, wird mit einer Vielzahl an Bromelien und Orchideen belohnt.

Die Cordillera Blanca

Die höchsten Eisgipfel Perus sind nicht nur für Bergsteiger ein unvergessliches Erlebnis.

Bizarre Eisgipfel, türkisfarbene Hochgebirgsseen und fruchtbare Täler folgen in atemberaubender Geschwindigkeit im Parque Nacional de Huascarán (→ S. 107) aufeinander.

Schon die Anreise in die Weiße Kordillere ist spektakulär. In wenigen Stunden gelangt man von den Sanddünen der Küstenwüste zu den Sechstausendern der Hochanden, in das Bergsteigerzentrum Perus.

Von der Panamericana Norte an der Pazifikküste führen drei Straßen nach Huaraz. Von Lima kommend, zweigt nach 209 km bei Pativilca die asphaltierte, gut befahrbare Standardroute ab, auf der regelmäßig Busse verkehren. 169 km weiter nördlich biegt bei Casma eine Piste ab, die mit spektakulärer Aussicht durch die Cordillera Negra, die Schwarze Kordillere, führt. Die gegenüberliegende vergletscherte Weiße Kordillere zeigt sich besonders im Nachmittagslicht von ihrer schönsten Seite, bevor die Straße tief ins Santatal abtaucht. Eine Abzweigung hinter Chimbote bei Santa führt auf eine abenteuerliche, schlecht ausgebaute und wenig befahrene Piste bis zur Entenschlucht. Hier rücken die Kordilleren so dicht zusammen, dass die steilen Wände nur wenige Meter voneinander getrennt sind. Eine asphaltierte Straße führt durch die Entenschlucht (35 Tunnels) und weiter über Caraz nach Huaraz.

Huaraz

⇢ S. 178, A 10

160 000 Einwohner

Im Jahr 1574 wurde Huaraz (3090 m) im Callejón de Huaylas (Gasse von Huaylas) gegründet. Zahlreiche Naturkatastrophen haben die architektonischen Zeugnisse dieser Epoche ausradiert. 1970 kosteten die verheerenden Auswirkungen eines Erdbebens in der Region mindestens 70 000 Menschen das Leben, und Huaraz lag erneut in Trümmern. Funktioneller Stahlbeton und breite Straßen ersetzten daraufhin kolonialen Charme. Geblieben ist eine traumhafte Berglandschaft der Weißen und Schwarzen Kordillere, die Huaraz und das Santatal einschließen.

An der Hauptgeschäftsstraße der Stadt, der Luzuriaga, reiht sich Café an Restaurant an Reisebüro an Souvenirgeschäft. Von Huaraz starten fast alle Touren in die Cordillera Blanca.

Hotels/andere Unterkünfte

Hotels in Huaraz

Andino Club Hotel

Das erste Haus am Platz liegt etwas oberhalb des Zentrums mit herrlichem Blick auf die Eisgipfel der Kordilleren. Moderne, komfortable Zimmer und das beste Restaurant der Stadt.

Jr. Pedro Cochachin 357; Tel. 0 43/ 42 16 62, Fax 42 28 30; www.hotelandino.com; 54 Zimmer ●●● CREDIT

Hotel San Sebastian

Modernes Hotel, sehr gepflegt, schöne Aussicht.

Jr. Italia 1124; Tel. 0 43/42 69 60, Fax 42 23 06; www.hotelhuaraz.com; 32 Zimmer ●●

Hotel außerhalb von Huaraz

El Patio de Monterrey

Ca. 6 km nördl. von Huaraz gelegenes, gemütlich rustikales Hazienda-Hotel.

In der Nähe der Thermalbäder von Monterrey; Tel. 0 43/42 49 65; www.elpatio.com.pe; 28 Zimmer ● CREDIT

Museen

Museo Arqueológico de Ancash

Das Museum wartet mit einer stattlichen Sammlung an Steinskulpturen und Reliefs der Chavín- und Recuay-Kultur auf. Keramiken und Textilexponate der Küstenvölker sowie der Huari und der Inka runden das Bild ab.

Av. Luzuriaga 762, an der Plaza; Mo–Fr 8.15–19, Sa, So 8.15–17 Uhr; Eintritt 5,50 S/.

Essen und Trinken

Chalet Suisse

Das beste Restaurant findet man im **Andino Club Hotel** (→ Hotels, S. 105). Das Chalet-Design ist etwas nüchtern, dafür ist das Essen fantastisch.

Tel. 0 43/42 16 62 ●●● CREDIT

Bistro de los Andes
Gute internationale, peruanische und vegetarische Gerichte. Beliebter Treff.
Zwei Restaurants: Julián de Morales 823; Mo–Sa 17.30–23 Uhr; und Pl. de Armas; tgl. 7.30–23 Uhr ●●

Crêperie Patrick
Die besten Crêpes, aber auch hausgemachtes Sauerkraut sowie Fleisch- und Schokoladenfondue. Gute Küche!
Av. Luzuriaga 422; Tel. 0 43/42 60 37; tgl. 8–14.30 und 17.30–23 Uhr ●●

Pizza Bruno
Ausgezeichnete Pizza und Pasta von einem französischen Koch zubereitet. Wer mehr Lust auf Forelle oder Filet verspürt, ist hier aber auch richtig.
Luzuriaga 834; Tel. 0 43/42 56 89; tgl. 15–23 Uhr ●● VISA

SERVICE

Information
i perú
Pasaje Atusparia of. 1, Pl. de Armas; Tel./Fax 0 43/42 88 12; Mo–Sa 8–18.30, So 8.30–14 Uhr

Allrad-Fahrzeuge
Allrad-Fahrzeuge mit Fahrer vermittelt **Pizza Bruno** (→ Essen und Trinken, S. 106).

Bergführer-Informationen
Casa de Guias
Parque Ginebra 28-G; Tel. 0 43/42 18 11; Mo–Sa 8–13 und 16–20 Uhr

Busgesellschaften
Movil Tour
Simón Bolívar 452; Tel. 0 43/42 25 55

Ziele in der Umgebung

Carhuaz, Yungay und Caraz

→ S. 178, A 10

Auf der Fahrt durch den Callejon de Huayllas, zwischen Huaraz und Caraz, bieten sich zahlreiche spektakuläre Blicke auf die Eisriesen der Cordillera Blanca. Die beste Aussicht auf den Huascarán hat man zwischen **Carhuaz** (31 km nördlich von Huaraz, sonntags landwirtschaftlicher Markt) und Yungay (58 km nördlich). Die ursprüngliche Ortschaft **Yungay** wurde bei einem Erdbeben 1970 von einer Eis-, Schlamm- und Geröllawine komplett begraben. In Yungay zweigt eine Straße (26 km) zu den Llanganuco-Seen ab. Die letzte größere Ortschaft im Tal ist das gemütliche Kolonialstädtchen **Caraz** (2250 m), zugleich Ausgangspunkt für die Fahrt zur Lagune Parón (23 km, schlechte Straße). Die Hauptstraße führt von Caraz weiter in die spektakuläre Entenschlucht.

Chavín de Huántar

→ S. 178, A 10

Finstere unterirdische Gänge, Raubtierfratzen mit langen scharfen Reißzähnen, Steinköpfe, die mit aufgerissenen Augen aus den Wänden hervor blicken – ein wahrhaft furchterregendes Szenario, das eine Priesterkaste vor ca. 3000 Jahren in dem fruchtbaren Mosnatal erschaffen ließ. Die Anlage besteht aus einem alten Tempel, der u-förmig einen Hof mit einem tiefer liegenden, runden Zeremonialplatz umschließt. Der später entstandene, neuere Tempel befindet sich südlich.

Ein heute wieder zugängliches Netz von Treppen, Korridoren, Kammern, Kanälen und Belüftungssystemen durchzieht den alten Tempel. Das gespenstisch anmutende Labyrinth führt zu einer Krypta, in der der 4,5 m hohe »Lanzón«, eine steinerne Lanze mit Raubtierfratze, steht. Zusammen mit der Raimondi-Stele und dem Tello-Obelisk – beide aus Chavín, heute Hauptattraktionen des Museo Nacional de Arqueología, Antropología e Historia (→ MERIAN-Tipp, S. 48) – geben diese Meisterwerke der Reliefkunst aus Granit den Gelehrten noch heute Rätsel auf. Warum steht ein Fabelwesen, eine Verschmelzung aus Jaguar und Kaiman – beides Bewohner des Amazonasregenwalds –, im Mittelpunkt eines religiösen Kultes in den Hochanden? Kamen die Bewohner der Anden womöglich aus dem Regenwald oder hatten sie Handelsverbindungen in diese Region? Welche Völker aus dem Urwald könnten aber vor 3000 Jahren diese Handelspartner gewesen sein? Mehr Fragen als Antworten. Fest steht: Chavín de Huántar hat einer Kultur den Namen gegeben, deren Kosmologie sowie künstlerische und architektonische Ausdrucksform zahlreiche nachfolgende Kulturen bis hin zu den Inka beeinflussen sollte. Die Chavín-Kultur bewirkte einen ersten »flächendeckenden kulturellen Horizont« im Andenraum. Von Huaraz werden günstige Tagesausflüge nach Chavín angeboten.

Tgl. 8–16 Uhr; Eintritt 11 S/.
110 km östl. von Huaraz

Parque Nacional de Huascarán

⇢ S. 178, A 10

Bei einer Länge von 158 km von Norden nach Süden und ca. 20 km Breite umfasst der Nationalpark beinahe die gesamte Cordillera Blanca. 26 Gipfel sind über 6000 m hoch, fast 300 Gebirgsseen liegen innerhalb des Parks. Aber Zahlen können die berauschende landschaftliche Schönheit des nach dem höchsten peruanischen Berg, dem Huascarán (6768 m), benannten Nationalparks nicht beschreiben. Eisgipfel, hohe Passübergänge, tiefe Täler und Schluchten sowie eine faszinierende Flora und Fauna bestimmen das Bild. Hier wächst die *Phuya Raimondi*, eine Bromelie, die bis zu 12 m Höhe erreichen und 20 000 Blüten entwickeln kann. Polylepis-Wälder, große andine Krüppelhölzer der Familie der Rosengewächse, dienen zahlreichen endemischen Kolibriarten als Lebensraum. Der Kondor bevorzugt größere Höhen und ausgesetzte Felsschluchten. Auch Pumas und Brillenbären sowie Füchse, wilde Kleinkamele und scheue Andenrehe lassen sich hier vereinzelt blicken. Zahlreiche Wanderwege und auch einige Schotterpisten erschließen den Park. Selbst »Wanderverweigerer« können hier – motorisiert – Montblanc-Höhen erreichen und Aussichten genießen, die sonst nur Höhenbergsteigern vergönnt sind (→ Routen und Touren, S. 142). Die Llanganuco-Seen sollte man nicht verpassen. Für Freunde abenteuerlicher Pisten ist der Besuch des Hochgebirgssees Parón mit seiner eisigen Gletscherkulisse ein Muss. Sehr intensiv erlebt man die Hochanden bei Wanderungen oder mehrtägigen Trekkings. Die gängigen Programme können kurzfristig in Huaraz bei zahlreichen Veranstaltern gebucht werden (→ Sport und Freizeit, S. 38).

Tageseintritt 5 S/., Trekking/Campgenehmigung für 30 Tage 65 S/.

Willcawaín

⇢ S. 178, A 10

Der dreistöckige Tempelbau entstand vermutlich 800 n. Chr. unter der Herrschaft der Huari-Kultur. Zahlreiche Kammern und Galerien unterteilen das Innere des Heiligtums, in dem bis zu 8 m lange Steinplatten die Last der oberen Stockwerke tragen. Eine raffinierte Mischung aus unterschiedlich großen Bausteinen scheint eine hohe Elastizität und, daraus resultierend, Erdbebensicherheit bewirkt zu haben. Während ganz Huaraz mehrfach einstürzte, hat in Willcawaín sogar das ungewöhnliche Satteldach unbeschadet standgehalten.

Ein kleinerer zweiter Tempel und weitere Mauerreste verweisen darauf, dass hier einst ein urbanes Zentrum existierte. Willcawaín erreicht man nach einer ca. zweistündigen Wanderung von Huaraz aus oder per Taxi.

Tgl. 8–16 Uhr; Eintritt 4,50 S/.
7 km nördl. von Huaraz

Der Norden

Strände und Bergland, Goldschätze und Kolonialkunst, der Norden ist äußerst abwechslungsreich.

Die Ausgrabungsstätte Chan Chan (→ S. 113), einstige Hauptstadt des Chimú-Reiches, befindet sich nahe der Stadt Trujillo. Die aufwendigen Verzierungen an den Gebäuden sind teilweise restauriert und für Besucher zugänglich gemacht worden.

Die Goldschätze und archäologischen Stätten der Mochica- und Chimú-Kultur haben dem Norden Perus zu einem hohen Bekanntheitsgrad verholfen. Die Kolonialstadt Trujillo ist unbedingt einen Besuch wert. Zwischen Cabo Blanco und Tumbes liegen die schönsten, ganzjährig sonnigen Strände Perus, der Badeort Máncora bietet die beste Infrastruktur.

In der nördlichen Sierra (Bergland) lohnt ein Abstecher in das Kolonialstädtchen Cajamarca: Der letzte Inka Atahualpa wurde hier von den Spaniern in einen Hinterhalt gelockt, gefangen genommen und ermordet.

Wenige Perubesucher nehmen die beschwerliche Anreise von Chiclayo über die Anden bis in den Bergurwald nach Chachapoyas auf sich. Hier lebten die »Wolkenkrieger« in ihrer Bergfestung Kuélap. Selbst die Inka konnten sie nur mit Mühe unterwerfen. Die touristische Infrastruktur steckt in Chachapoyas noch in den Kinderschuhen, dafür erlebt der Individualreisende abseits der ausgetretenen Pfade ein anderes Peru.

Caral

⇢ S. 178, A 11

Die Überreste der ältesten städtischen Zivilisation des amerikanischen Kontinents werden seit 1994 im Supetal, 184 km nördlich von Lima, ausgegraben. Unter den 18 Siedlungen, die bisher ausgemacht werden konnten, wurde Caral eindeutig als »Hauptstadt« identifiziert, die Ursprünge gehen 5000 Jahre zurück. Damit steht Caral anderen ersten Hochkulturen der Menschheit in Mesopotamien, der »Ägäischen Welt«, Ägypten und China zeitlich nahe. Verschiedene Stufenpyramiden, ein tiefer liegender Rundplatz, große Versammlungsplätze sowie Wohn- und Speicherräume stehen für eine ausgeprägte Hierarchie und Aufgabenteilung. Caral zählte ca. 3000 Bewohner. Fortschritte in der Landwirtschaft, den Bewässerungstechniken und beim Fischfang ermöglichten eine wachsende Produktion, die über den Eigenbedarf der Bewohner hinausging. Die Überschüsse führten zu einem regen Tauschhandel. Baumwolle spielte bei der Textilherstellung und insbesondere bei der Herstellung großer Netze für den Fischfang eine entscheidende Rolle. Eine Priesterkaste kontrollierte und beherrschte das junge gesellschaftliche Leben. Es gibt keine Anzeichen von Waffenbesitz in Caral.

Die Anfahrt erfolgt auf der Panamericana Norte bis Km 184, Abzweigung Supe-Ambár, ca. 23 km auf einer Schotterpiste. Geeignete Restaurants und Übernachtungsmöglichkeiten findet man in Barranca, 5 km nördlich von Supe.

www.caralperu.gob.pe; Mo–So 9–17 Uhr; Eintritt 11 S/.

Cerro Sechín

⇢ S. 177, D 8

Der erste Blick auf den Tempel könnte auf den Magen schlagen: abgetrennte Köpfe, Gliedmaßen, Blutströme und eine eigenartige Priesterkaste, die ein Massaker oder vielleicht auch Schöpfungsritual zelebriert. Die Szenen wurden vor ca. 3500 Jahren von Steinmetzen erschaffen, die nicht einmal über geeignete Metallwerkzeuge verfügten, um die 400 Granitplatten von Sechín zu bearbeiten. So fertigten sie die Ritzzeichnungen lediglich mit steinernen Werkzeugen. Die makabere Figurenprozession nähert sich von zwei Seiten dem zentralen Eingangsportal des Sechín-Tempels. Ob es sich bei den Reliefdarstellungen um Priester mit ihren Opfergaben handelt oder ob siegreiche Krieger und ihre unterlegenen Gegner dargestellt sind, wird wohl nie mit letzter Sicherheit geklärt werden. Die Blutströme standen aber sicherlich mit Fruchtbarkeitsritualen und einem dringenden Aufruf an die Götter, die Erde mit Wasser zu segnen, in Zusam-

Die heißen Küstentäler der nördlichen Andenausläufer Perus sind ideale Trockenöfen für Mais und Aji-Schoten. Diese sonnengetrockneten Produkte sind fast unbegrenzt haltbar.

menhang. Das steinerne Mauerwerk umgibt einen älteren, aus Lehmziegeln erbauten und nur schlecht erhaltenen Tempel, der nicht mehr zugänglich ist. Freskenspuren und Halbreliefs zeugen noch von der ursprünglichen Pracht dieses Gebäudes. Julio C. Tello, der »Vater« der peruanischen Archäologie, wurde 1937 auf die fast gänzlich vom Wüstensand begrabene Tempelstätte aufmerksam gemacht. Ein kleines Museum zeigt Fundstücke der Grabungen (tgl. 9–17 Uhr; Eintritt 5 S/.).

Übernachtungsmöglichkeiten in Casma oder in dem 22 km entfernt gelegenen Badeort Tortugas (Hotel El Farol; 19 Zimmer ●).

Trujillo

→ S. 177, D 8

800 000 Einwohner

Die ältesten menschlichen Knochenfunde der Region beweisen, dass schon vor über 10 000 Jahren nomadisierende steinzeitliche Jäger den späteren Hochkulturen der Mochica und Chimú vorausgingen. Die Zentren dieser Kulturen lagen in der Nähe des heutigen Trujillo.

Nach Lima und Arequipa ist Trujillo die drittgrößte Stadt Perus und die schönste Kolonialstadt im Norden des Landes. Prachtvolle Innenhöfe, verzierte Holzbalkone und schmiedeeiserne Fenstergitter unterstreichen den kolonialen Charme. 1820 proklamierte die Stadt als erste in Peru ihre Unabhängigkeit von Spanien. Ende des 19. Jh. boomte der Zuckerrohranbau. Die riesigen Anwesen sowie der Zuckerhandel befanden sich in den Händen weniger Zuckerbarone wie der Familie Gildemeister, deren Hazienda Casa Grande die größte des nördlichen Peru war. 1970 erfolgte die Landreform zur Beendigung dieses oligarchischen Systems. Zuckerrohr bleibt weiterhin ein wichtiger Wirtschaftsfaktor.

Víctor Raúl Haya de la Torre war im 20. Jh. der bekannteste Sohn der Stadt Trujillo. Im mexikanischen Asyl gründete er die Partei APRA – Alianza Popular Revolucionaria Americana – und sorgte damit für revolutionäres Gedankengut und politische Unruhe in seiner Heimat Peru. Er kandidierte 1931 bei den Präsidentschaftswahlen, wurde inhaftiert, seine Partei verboten, es folgten erneut Exilaufenthalte. Der Einsatz für Arbeiterrechte, Landreformen und eine sozialistische, an lateinamerikanischen Problemen orientierte Wirtschaftspolitik bescherte ihm eine Jahrzehnte anhaltende politische Verfolgung. Alan García, der 2006 gewählte Präsident Perus, gehört der APRA an, die heute gemäßigte Ziele verfolgt.

Hotels/andere Unterkünfte

Gran Hotel El Golf
Ruhige Lage, etwa 5 km außerhalb des Stadtzentrums. Große Grünanlagen, Pool sowie Zugang zu einem 9-Loch-Golfplatz.
Los Cocoteros 500, Urb. El Golf; Tel. 0 44/28 25 15, Fax 28 22 31; http://granhotelgolf.com; 120 Zimmer ●●● CREDIT

Libertador Plaza Mayor-Trujillo
Das erste Haus Trujillos, direkt an der Plaza de Armas gelegen, mit sehr stilvollem kolonialen Ambiente. Das Hotel ist mit Pool, Sauna, einem ausgezeichneten Restaurant sowie der besten Bar der Stadt ausgestattet.
Jr. Independencia 485, Pl. de Armas; Tel. 0 44/23 27 41, Fax 23 56 41; http://libertador.com.pe; 79 Zimmer ●●● CREDIT

El Gran Marques Hotel & Spa
Modernes, in einem Residenz-Viertel ruhig gelegenes, komfortables Hotel mit Schwimmbad, Sauna und Spa.
C. Diaz de Cienfuegos 145-151, Urb. La Merced; Tel. 0 44/24 93 66, Fax 24 91 61; www.elgranmarques.com; 50 Zimmer ●● CREDIT

Gran Bolívar Hotel
Kolonialcharme, moderner Anbau.
Jr. Bolívar 957; Tel. 0 44/22 20 90, Fax 26 22 00; http://granbolivarhotel.net; 30 Zimmer ●● CREDIT

Los Conquistadores Hotel
Gepflegtes, zentrales Hotel.
Jr. Diego De Almagro 586; Tel. 0 44/20 33 50, 24 45 05, Fax 23 59 17; www.losconquistadoreshotel.com; 54 Zimmer ●● CREDIT

Spaziergang

Die sehenswerten Kolonialgebäude und Kirchen Trujillos verteilen sich um den Hauptplatz, die Plaza de Armas und die östlich der Plaza verlaufenden Straßen Independencia, Pizarro und Bolívar bis auf die Höhe der Querstraße Estete.

Sehenswertes

Casa Orbegoso
Das Gebäude im traditionellen Stil des Vizekönigreichs aus dem 18./19. Jh. vereint ländliche und urbane Bauelemente. Den Patio umgeben einfache Räume und eine Galerie, die in Salons mit Mobiliar aus dem 19. Jh. führt. Ein zweiter Patio im hinteren Teil der Residenz beherbergte Pferdestallungen und Vorratsräume.
C. Orbegoso 503; Mo–Sa 9–13 und 16–20 Uhr

Casa Urquiaga
Das ursprüngliche Herrschaftshaus, in dem 1824 vorübergehend der Freiheitskämpfer Simón Bolívar wohnte, ist heute Sitz der Banco Central de Reservas del Perú. Schwere Erdbeben brachten das Gebäude 1619 zum Einsturz, seither wurde es mehrfach rekonstruiert. Aus der Zeit der Befreiungskämpfe ist Bolívars Schreibtisch erhalten, an dem er Dekrete verfasste, die die Geschichte Perus maßgeblich beeinflussten.
C. Pizarro 446, Pl. de Armas; Mo–Fr 9–15, Sa, So 10–13.30 Uhr; kostenlose Führung

El Carmen

Die Karmeliterkirche gilt als die schönste Kirche Trujillos. Ein Rokoko-Altar sowie vier barocke Prachtexemplare strahlen in Blattgold, selbst die Kanzel ist vergoldet. Zu den wertvollsten Gemälden gehören 16 Beispiele der Cusco-Schule, die Szenen aus dem Leben Marias darstellen. Das Kloster besitzt eine Pinakothek mit sehenswerten Exponaten.

Jr. Bolívar/Jr. Colón; tgl. 7–20 Uhr

La Catedral

Die zierliche Kathedrale wurde 1666 fertiggestellt. Den barocken Hauptaltar schmückt ein Blattgoldüberzug, fast alle anderen Altäre haben ihre ursprüngliche Form bei Erdbeben und durch bautechnische Veränderungen eingebüßt (tgl. 8–12 und 17–20 Uhr).

Der Kathedrale ist ein Museum angeschlossen, in dem religiöse Objekte, Messgewänder, Gemälde und Skulpturen ausgestellt sind. Wer das Museum besucht, kann auch die Katakomben, die zur Zeit der Vizekönige als Friedhof dienten, aufsuchen.

Pl. de Armas; Mo–Fr 9–13 und 16–19, Sa 9–13 Uhr; Eintritt 5 S/.

La Merced

Die Kirche besitzt eine schöne, reichhaltig verzierte Kuppel mit Szenen aus dem Leben des Ordensgründers San Pedro Nolasco.

Jr. Pizarro; tgl. 8–12 und 16–20 Uhr

San Francisco

Gut erhaltene Schnitzarbeiten und ein barocker vergoldeter Hauptaltar sind einen Besuch wert.

C. Independencia/Jr. Gamarra; 16–20 Uhr

Museen

Museo de Arqueología, Antropología e Historia

Das archäologische Museum der Universität von Trujillo dokumentiert die kulturelle Entwicklung der Region von der frühen Steinzeit bis hin zu den Inka. Besonders umfangreich ist die Sammlung an Mochica- und Chimú-Ausgrabungsgegenständen. Da die Grabungsarbeiten an der Mondpyramide (→ Ziele in der Umgebung, S. 115) der Universität unterstellt sind, landen die interessanten Funde im hauseigenen Museum, dazu gehören einzigartige Holzfiguren aus einem Chimú-Grab der Pyramide.

Jr. Junin 682; Mo–Fr 9–14.45, Sa 9–13 Uhr; Eintritt 5 S/.

Essen und Trinken

Libertador

Die internationale Küche des **Hotels Libertador** (→ Hotels, S. 111) gehört zu den besten der Stadt.

Jr. Independencia 485; Tel. 0 44/23 27 41; tgl. 6–23 Uhr ●●● CREDIT

DeMarco Restaurant

Auch wenn es nach einem Café aussieht, kann man hier gut essen. Von Frühstück über Pizza bis zu »Lomo saltado« (Rindergeschnetzeltes) findet sich für jede Tageszeit das Richtige.

Pizarro 725; Tel. 0 44/23 42 51; tgl. 7–24 Uhr ●● CREDIT

Pizzeria Il Valentino

Wer Lust auf Pizza und Pasta verspürt, ist hier genau richtig.

C. Orbegoso 224; Tel. 0 44/29 53 39; tgl. 17–1 Uhr ●● CREDIT

El Mochica

Das Restaurant legt nicht unbedingt Wert auf eine stillvolle Einrichtung dafür aber auf eine gute lokale Küche An Wochenenden Livemusik.

Jr. Bolívar 462; Tel. 0 44/22 44 01; Mo–Sa 12–23 und So 12–18 Uhr ● CREDIT

Museo Café Bar

Stilvolles Café im französischen Stil gute Sandwiches. Im 2. Stock gibt es interessantes »Spielzeug« der Mochica und Chimú zu sehen (Museum Eintritt 5/.).

Jr. Independencia 701; Tel. 0 44/29 72 00; Mo–Sa 9–24 Uhr

Farbige Fassaden und hölzerne Balkone prägen das koloniale Stadtbild Trujillos.

AM ABEND

Tributo Bar
Die Fassade der Bar schmücken koloniale Balkone mit Blick über die Plaza de Armas.
Pizarro 383; Mo–Sa ab 20 Uhr

SERVICE

Information
i perú
Jr. Pizarro 402, Pl. Mayor; Tel./Fax 0 44/29 45 61; Mo–Sa 8–19, So 8–14 Uhr

Polizei
Policía de Turismo
Jr. Independencia 630; Tel. 0 44/29 17 05; tgl. 24 Std.

Krankenhaus
Clínica Peruano-Americana
Av. Mansiche 810; Tel. 0 44/23 12 61

Autovermietung
C.M. Rent a Car
Prolong. Bolivia 293, Buenos Aires Norte; Tel. 0 44/42 00 59

Flughafen → S. 177, D 8
Aeropuerto Carlos Martinez Pinillos
Tgl. von/nach Lima.
Tel. 0 44/46 40 13

Busgesellschaften
– Cruz del Sur
Jr. Amazonas 437; Tel. 0 44/26 18 01;
– Ormeño
Av. Ejército 233; Tel. 0 44/25 97 82
– Movil Tours
Av. América Sur 3959; Tel. 0 44/22 42 48

Ziele in der Umgebung

Chan Chan → S. 177, D 8

Riesige, bis zu 12 m hohe, verwitterte Mauern aus Adobe-Ziegeln (Adobe = Lehm-Sand-Ziegel) ragen bizarr aus dem Wüstensand hervor. Auf dieser Fläche von ca. 20 qkm sollen bis zu 100 000 Bewohner gelebt haben. Gegründet wurde die Stadt vermutlich

Huaca del Sol y Huaca de la Luna

→ S. 177, D 8

Sonnen- und Mondpyramide sind willkürliche spanische Namensgebungen für zwei riesige Konstruktionen aus Adobe-Ziegeln. Ihre Erbauer, die Mochica, herrschten an der Nordküste Perus von ca. 200 v. Chr. bis 800 n. Chr. Die Sonnenpyramide maß ursprünglich 345 x 160 m und war 48 m hoch. Ca. 140 Mio. Ziegel wurden für den Bau verwendet. Tributpflichtige Dorfgemeinden lieferten die Ziegel, die zur Kontrolle mit Erzeugersiegeln markiert waren. Da die Spanier Goldschätze im Inneren der Sonnenpyramide vermuteten, leiteten sie den Río Mochica gegen die Anlage, um etwaige Schätze auszuschwemmen. Aber auch Grabräuber sowie der Zahn der Zeit haben beständig dazu beigetragen, dass heute nur ungefähr ein Drittel des Originalvolumens der gigantischen Pyramide erhalten geblieben ist. Schon zu Zeiten der Mochica kam es in regelmäßigen größeren Abständen zu katastrophalen sintflutartigen Niederschlägen und alles verwüstenden Überschwemmungen – jenes Wetterphänomen ist heute unter dem Namen El Niño bekannt. Für die Bewohner der Küste waren diese Überschwemmungen genauso lebensbedrohlich wie lang anhaltende Dürreperioden. Um solches Unheil abzuwenden, versuchte man mithilfe von Menschenopfern die Götter milde zu stimmen. 1995 entdeckte man in der Nähe der Mondpyramide Dutzende Skelette von Männern, die Spuren von Opferhandlungen aufwiesen. Vermutlich waren es Kriegsgefangene, deren Schicksal hier zu Ehren der Götter besiegelt wurde. Darstellungen dieser Opferzeremonien wurden nicht nur auf kunstvollen Keramiken gefunden, sondern dekorieren auch die farbigen Wandreliefs der Mondpyramide. Aia-Paec, der furchteinflößende Enthaupter, der zugleich aber auch als Regenmacher galt, war ein beliebtes Motiv. In der einen Hand hält er ein Messer, in der anderen einen abgetrennten Kopf. Die Mondpyramide war ein Ritualkomplex und wurde mindestens sechsmal überbaut und vergrößert. Dabei wurde einfach die Tempelanlage, die aus zahlreichen Gräbern, Räumen, Gängen und Plätzen bestand, zugeschüttet und darauf eine neue errichtet. Die Lehmfriese und Mauergemälde waren so über Jahrhunderte geschützt und sind in ihrer vollen Farbenpracht erhalten geblieben. Ein Ende der Ausgrabungen ist noch lange nicht abzusehen, die Archäologen öffnen, als handele es sich um ein gigantisches Bilderbuch, immer neue »Mauerseiten«.

Während man die Sonnenpyramide aus der Entfernung betrachten kann, sollte man sich für den Besuch des Mondheiligtums Zeit lassen, um die vielen Details erfassen zu können.

MERIAN-Tipp

8 Huaca El Brujo

Die Ausgrabungsstätte El Brujo befindet sich im Chicamatal. Zu dem archäologischen Komplex gehören die Huaca Cao Viejo, die Huaca Prieta und die Huaca El Brujo. Die sensationellen Ausgrabungsergebnisse der letzten Jahre zeigen, dass es sich hier um die schönsten bemalten Reliefs der Mochica-Kultur handelt, die bisher entdeckt wurden. Der bekannteste Fund, ein großes Flachrelief, stellt einen lebensgroßen Krieger mit seinen nackten Gefangenen dar. Aber auch Tiere, Fabelwesen, Priester, Menschenopfer und der berühmte Aia-Paec erscheinen sowie typische geometrische Muster der Mochica-Ikonografie.

Mo–Sa 8–15 Uhr; Eintritt 11 S/.
60 km nördl. von Trujillo

→ S. 177, D 7

Auch der Nachwuchs Cajamarcas ist stolz auf die riesigen traditionellen Strohhüte.

Zwischen den beiden Komplexen befanden sich ein großes Siedlungsgebiet sowie eine von Grabräubern geplünderte Nekropolis.

Tgl. 9–16 Uhr; 10 S/. inkl. Führung durch die Mondpyramide

8 km südöstl. von Trujillo

Huanchaco-Strand

···> S. 177, D 8

Nach sandig-staubigen Ruinenexkursionen ist ein Besuch des Badeortes Huanchaco eine willkommene und erfrischende Abwechslung. Die einheimischen Fischer nutzen noch heute Schilfboote, die an ein vorsintflutliches Kajak erinnern, um damit zum Fischfang auszufahren. Auf dem Rückweg manövrieren sie die »Caballitos de Totora«, die Binsenpferdchen, geschickt durch die Brandung. Darstellungen dieser Boote finden sich schon auf den Keramiken der Mochica und Chimú. Erstklassige Fischrestaurants sowie einige gemütliche Hotels laden zum Verweilen ein und bieten eine Alternative zu der geschäftigen Stadt Trujillo.

14 km nördl. von Trujillo

Hotels/andere Unterkünfte

Las Palmeras

Hübsches, modernes Hotel mit Garten und Pool.

Av. Larco 1150; Tel./Fax 0 44/46 11 99; www.laspalmerasdehuanchaco.com

● VISA

Essen und Trinken

Big Ben

Hervorragendes »Cebiche« sowie Fisch und Meeresfrüchte.

Av. Larco 836; Tel. 0 44/46 13 78; www.bigbenhuanchaco.com; tgl. 11.30–17.30 Uhr ●● CREDIT

Club Colonial

Sehr gute belgisch-französische Küche in einem kolonialen Ambiente. Leckere Crêpes und Fischgerichte.

La Rivera 171; Tel. 0 44/46 10 15; tgl. 12–23 Uhr ●● CREDIT

Die nördliche Sierra – Cajamarca → S. 177, D 7

160 000 Einwohner

Die vom Tourismus relativ unberührte, aber wichtigste Stadt der nördlichen Sierra Perus liegt auf 2720 m inmitten einer von Landwirtschaft geprägten Region. Cajamarca strahlt einen kolonialen und dörflichen Charme aus. Hochlandbewohner, die riesige Strohhüte tragen, offerieren ihre schmackhaften Käseprodukte auf der zentralen Plaza. Genau an dieser Stelle, die heute einen verschlafenen Eindruck macht, lockten 168 spanische Konquistadoren unter Führung von Francisco Pizarro am 16. November 1532 den Inka Atahualpa in einen Hinterhalt (→ MERIAN-Spezial, S. 162). Trotz Erfüllung einer unglaublichen, in der Geschichte bis dato nie gesehenen Lösegeldzahlung in Form von Gold und Silber ermordeten die Spanier den inkaischen Staatsmann im August des Jahres 1533. Oberhalb Cajamarcas liegt eine **Goldmine (Yanacocha)**, die heute noch zu den ertragreichsten der Welt gehört, diese blieb den Spaniern aber verborgen.

Die Anfahrt erfolgt über Km 696 der Panamericana Norte. Dort zweigt eine asphaltierte Straße in das nördliche Andenbergland nach Cajamarca ab (176 km). Achtung: Eine schlechte und nur für geländegängige Fahrzeuge geeignete, aber sehr interessante Straße führt durch die Schlucht des Río Marañón nach Chachapoyas. Von dort aus kann man auf besserer, großteils asphaltierter Straße an die Küste nach Chiclayo zurückkehren.

Hotels/andere Unterkünfte

Posada Del Puruay

Eines der schönsten Haziendahotels der peruanischen Anden. Kolonialer Flair, Antiquitäten, sehr geschmackvolle Zimmer und ein exquisites Restaurant sorgen für ein unvergessliches Urlaubserlebnis.

Carretera Porcón Km 4,5; Tel. 0 76/81 60 58, Fax 36 70 28; www.posadapuruay.com.pe; 14 Zimmer ●●● CREDIT

Laguna Seca

Erholungsuchende, die ein Thermalbad auf dem eigenen Zimmer genießen möchten oder Entspannung in einem modernen Spa-Bereich suchen, werden sich hier mit Sicherheit wohlfühlen.

Av. Manco Cápac 1098, Baños del Inca; Tel. 0 76/59 46 00, Fax 59 46 46; www.lagunaseca.com.pe; 41 Zimmer ●●● CREDIT

El Portal Del Marques

Angenehmes, vom Kolonialstil geprägtes Hotel im Zentrum Cajamarcas. Gutes Restaurant.

Jr. del Comercio 644; Tel. 0 76/34 33 39, Fax 36 84 64; www.portaldelmarques.com; 33 Zimmer ● CREDIT

Der Inka Atahualpa begegnet dem spanischen Konquistador Francisco Pizarro, dargestellt vom Chronisten Guaman Poma de Ayala, Anfang des 17. Jahrhunderts.

Hacienda San Vicente

Das ungewöhnliche Hotel mit toller Aussicht liegt oberhalb Cajamarcas. Ein Zimmer erinnert an eine Felsgrotte, ein anderes wiederum gibt über ein riesiges Dachfenster den Blick auf die Sterne frei.

Jr. Revolucíon, oberhalb der Santa Apolonia; Tel./Fax 0 76/36 26 44; www.haciendasanvicente.com; 7 Zimmer ●

Sehenswertes

Das koloniale Zentrum

Die reichhaltig verzierte barocke Fassade der **Kathedrale** an der Plaza de Armas entstand im 18. Jh. unter Verwendung von Steinblöcken, die aus Inka-Mauern entwendet wurden. Die Türme der Kathedrale blieben unvollendet, die Innenausstattung ist nicht sehr beeindruckend. Dafür weist die ursprünglich für die indianische Bevölkerung bestimmte Kirche **San Francisco** eine prachtvolle, von zwei stattlichen Türmen gekrönte steinerne Fassade auf. An die rechte Seite der Kirche grenzt die Kapelle der Virgen de los Dolores. Die Arbeiten der kolonialen Steinmetze enthalten biblische Darstellungen, die an feinste hölzerne Schnitzarbeiten erinnern. Das Kloster San Francisco beherbergt ein religiöses Kunstmuseum mit einer stattlichen Gemäldesammlung, die sowohl von der Cusco-Schule als auch von Malern der Quito-Schule geprägt sind. Auch die **Iglesia de Belén** der Bethlehemiten in der C. Belén mit ihrer sehr beeindruckenden barocken Fassade ist einen Besuch wert. Mitte des 18. Jh. entstanden hier ein Frauen- und ein Männerspital.

Von der Anhöhe **Santa Apolonia**, oberhalb des Ortszentrums, bietet sich ein schöner Blick über das koloniale Cajamarca.

Cuarto de Rescate – Das Lösegeldzimmer

Ob das Lösegeldzimmer als Gefängnis des letzten Inka Atahualpa diente oder ob es tatsächlich auch bis zu einer Höhe, die der Inka mit ausgestrecktem Arm erreichen konnte, mit Goldgegenständen aufgefüllt wurde, ist umstritten. Fest steht, dass in Cajamarca 1533 über Monate hinweg unglaubliche Edelmetallschätze als Lösegeldzahlung für den gefangenen Inka aus verschiedenen Landesteilen eintrafen. Die fantastischen Schmuckstücke wurden in den spanischen Schmelzpfannen zu handlichen Barren umgeschmolzen. Die Spanier befürchteten aber, dass der Inka ihnen nach seiner Freilassung erneut gefährlich werden würde, und so machten sie ihm trotz des bezahlten Lösegelds kurzerhand den Prozess. Gotteslästerung und Verrat mussten als Anschuldigungen herhalten. Nach eiliger Taufe wurde er dann als »frischer« Christ lediglich mit dem Würgeeisen hingerichtet und nicht bei lebendigem Leib verbrannt. Nach indianischer Weltanschauung wäre der Feuertod das schlimmste Schicksal gewesen. Ohne einen Leichnam, den man hätte mumifizieren können, wäre dem Inka ein Weiterleben in einer anderen Welt auf immer und ewig verwehrt geblieben.

Jr. Amalia Puga 750; Mo–Sa 9–13 und 15–18 Uhr; Eintritt 4,50 S/.

Essen und Trinken

El Batán

Geschmackvoll restauriertes Kolonialhaus mit überdachtem Patio. Sehr gute peruanische und internationale Küche, verschiedene Menüs, aber auch à la carte.

Jr. Bátan 369; Tel. 0 76/36 60 25; Mo–Sa 10–23, So 10–18 Uhr ● CREDIT

El Cajamarqués

Gemütliches Restaurant mit feiner peruanischer und internationaler Küche.

C. Amazonas 770; Tel. 0 76/36 21 28; tgl. 12–22 Uhr ● CREDIT

El Querubino

Sehr gutes, auch unter Einheimischen äußerst beliebtes Restaurant

mit traditionellen andinen und internationalen Gerichten.
Jr. Amalia Puga 589; Tel. 0 76/34 09 00; tgl. 12.30–23 Uhr • CREDIT

Salas
Einheimische Küche.
Jr. Amalia Puga 637; Tel. 0 76/36 28 67; tgl. 7–22 Uhr • CREDIT

SERVICE

Information
Información Turística
Jr. Belén; Tel. 0 76/36 29 97

Flughafen Armando Revoredo Iglesias ⇢ S. 177, D 7
Tgl. von/nach Lima.

Busgesellschaften
- **Cruz del Sur**
  Av. Atahualpa 600; Tel. 0 76/36 17 37
- **Ormeño**
  Av. Independencia 304, Barrio San Sebastián; Tel. 0 76/36 98 85

Der Kanal von Cumbemayo ist ein Meisterwerk der frühen andinen Bewässerungsingenieure. Er wurde direkt in den Naturfels geschlagen.

Ziele in der Umgebung

Baños del Inca ⇢ S. 177, D 7

Die Thermalbäder werden heute noch von alten Kanälen aus der Zeit der Inka gespeist. Auch der Inka Atahualpa hatte vermutlich diesen Aufenthaltsort aufgrund der Heilkraft der schwefelhaltigen Quellen gewählt. Ein großes Schwimmbecken sowie individuelle Baderäume stehen tgl. von 5–20 Uhr zur Verfügung.
Eintritt ab 5 S/.
6 km südwestl. von Cajamarca

Canal de Cumbemayo ⇢ S. 177, D 7

Die archäologische Stätte besteht aus verschiedenen Felsheiligtümern und einem Bewässerungskanal, der ein hydraulisches Meisterwerk der frühen Andeningenieure aus der Zeit vor Christus ist. Der ca. 9 km lange Kanal verläuft an der pazifisch-atlantischen Wasserscheide. Auf der Länge von 1 km ist der harte Naturstein mit unglaublicher Präzision bearbeitet worden, er weist hier ein minimales Gefälle von nur einem Promille auf. In den Fels gemeißelte Fisch-, Schlangen- und Kreuzzeichen begleiten das Wasser auf seinem Weg durch diese Sakrallandschaft.
Eintritt 5 S/.
Ca. 20 km südwestl. von Cajamarca

Ventanillas de Otuzco ⇢ S. 177, D 7

Zahlreiche Grabnischen, die an Fenster erinnern, findet man überall in der

Gran Hotel Chiclayo
Das luxuriöseste Hotel der Stadt verfügt über komfortable Zimmer, einen Pool, Bar, Restaurant und Kasino.
Av. Federico Villarreal 115; Tel. 0 74/ 23 49 11, 27 43 74, Fax 22 39 61; www.granhotelchiclayo.com.pe; 129 Zimmer ●● CREDIT

Las Musas Hotel & Casino
Komfortables Hotel mit geräumigen Zimmern. Außer dem hoteleigenen Kasino gibt es zur abendlichen Unterhaltung noch eine Disco nebst einer Karaoke-Bar.
Los Faiques 101, Urb. Santa Victoria; Tel. 0 74/23 98 84, 27 34 45, Fax 27 34 50; www.lasmusashotel.com.pe; 42 Zimmer ● CREDIT

Paraíso Hotel
Einfaches, aber mit allen Standards ausgestattetes Hotel.
Av. Pedro Ruiz 1064; Tel. 0 74/22 81 61, Fax 22 20 70; www.hotelesparaiso.com; 70 Zimmer ● AmEx MASTER VISA

Essen und Trinken

Chiclayo ist nicht mit Gourmettempeln gesegnet. Traditionelle Gerichte werden jedoch gerade in den populären Restaurants sehr schmackhaft zubereitet.

Fiesta Gourmet
Der Besuch dieses Restaurants ist ein außergewöhnliches Erlebnis, da man meinen könnte, man sei zu Gast bei einer Familie aus Chiclayo. Das Essen ist ausgezeichnet, und die Ober empfehlen sehr hilfsbereit die einheimischen Spezialitäten, z. B. »Seco de Cabrito« (Ziegenbraten), aber auch Rinderfilet und Fisch.
Av. Salverry 1820; Tel. 0 74/20 19 70; Mo–Sa 10–22 Uhr ●●● CREDIT

El Huaralino
Sehr gute Fisch- und Fleischgerichte.
La Libertad 155, Urb. Santa Victoria; Tel. 0 74/27 03 30; Mo–Sa 12–17 und 19–22.30, So 12–17 Uhr ●● CREDIT

La Parra
Typisches, populäres Grillrestaurant. Gute Fleischgerichte mit etwas einfallslosen Beilagen.
Manuel María Izaga 752; Tel. 0 74/ 22 74 71; tgl. 12.30–0.30 Uhr ●● CREDIT

Sehenswertes

Mercado Modelo
Das Angebot auf dem großen Versorgungsmarkt reicht von Gemüse über Obst bis hin zu Nylonstrümpfen – nichts, was es hier nicht gäbe. Was diesen Markt so einzigartig macht, ist allerdings die Fülle der Zubehörstände für Hexer und Medizinmänner. Der Norden Perus ist bekannt für seine Schamanen. Alles, was bei einer »Zahlung« an die Erdmutter, einer spiritistischen Sitzung oder zu einer Heilungszeremonie benötigt wird, kann man hier erstehen und gleich auch einen passenden Heiler unter Vertrag nehmen. Eine Vielzahl an Heilpflanzen, Kräutern und wie Brennholz aufgestapelte San-Pedro-Stücke (ein meskalinhaltiger Kaktus, dessen Verzehr zu halluzinatorischen Wahrnehmungen führt) lassen den Besucher nur erahnen, was ihn bei einem Schamanenbesuch erwarten könnte.

Vorsicht ist bei dem dichten Gedränge vor Taschendieben geboten: Wertgegenstände sollten daher besser im Hotel bleiben!
C. Arica; tgl. 7–17 Uhr

Service

Information
Información Turística
Av. Sáenz Peña 838; Tel. 0 74/22 20 26; Mo–Fr 7.30–13 und 14–16.30 Uhr

Flughafen
Aeropuerto José Abelardo Quiñones Gonzales
Tgl. von/nach Lima.
Tel. 0 74/23 31 92

Busgesellschaften
Cruz del Sur
Av. Bolognesi 888; Tel. 0 74/23 79 65

Ziele in der Umgebung

Museo Arqueológico Nacional Brüning

⟶ S. 176, C 7

Ein klassisches archäologisches Museum, das eine umfassende Keramik-, Textil- und Werkzeugsammlung der Regionalkulturen aus dem Norden Perus zeigt. Das Edelmetallkunsthandwerk wird in einem begehbaren Panzerschrank aufbewahrt. Die private Sammlung des deutschstämmigen Ingenieurs und Kaufmanns Heinrich Brüning, der von 1875 bis 1925 im Norden Perus lebte, diente als Grundstock für das Museum.

Av. Huamachuco Cuadra 7, Lambayeque (in der Nähe des Museums Tumbas Reales de Sipán); tgl. 9–17 Uhr; Eintritt 8 S/.
12 km nördl. von Chiclayo

Museo Nacional de Sicán

⟶ S. 176, C 7

Die wichtigsten Funde der Sicán-Kultur (750–1350 n. Chr.), die auch unter dem Namen Lambayeque-Kultur bekannt ist, befinden sich in diesem ausgezeichneten Museum. 1991 legte der japanische Archäologe Izumi Shimada an der Huaca Loro in Batan Grande das Grab des Señor de Sicán frei. Die Sicán waren Experten in der Metallverarbeitung. 18 Karat Gold, Silber, unterschiedliche Legierungen und Bronzeartikel, die schon als Massenware existierten, gehörten zu ihrem Repertoire. Eine Goldmaske, die aus einem Stück Blech gefertigt wurde und Augen aus Smaragden und Bernsteinen aufweist, gehört zu den herausragenden Ausstellungsstücken. In der Sala de Exposiciones Temporales finden ständig wechselnde Ausstellungen statt.

Ferreñafe, Av. Batan Grande Cuadra 9; Di–So 9–17 Uhr; Eintritt 8 S/.
28 km nördl. von Chiclayo

Museo Tumbas Reales de Sipán

⟶ S. 176, C 7

9

Dieses spektakuläre, in Form einer Mochica-Pyramide erbaute Museum wird höchsten Ansprüchen gerecht. Anhand der Ausgrabungsergebnisse von zwölf unterschiedlichen Gräbern aus Sipán wird dem Besucher ein hervorragender Einblick in das Leben und die Kosmovision der Mochica sowie über ihre unglaubliche Kunstfertigkeit geboten. Der Fürst von Sipán lebte vor ca. 1700 Jahren, aber auch die Gräber seiner Vorgänger und solche von Priestern sowie hochrangigen Militärs sind hier dokumentiert. Diverse Stadien der Ausgrabungsarbeiten werden durch Fotos und Grafiken erläutert. Einzelne Fundstücke sind restauriert, andere wurden im Originalzustand belassen. Schmuckstücke, die sich aus Hunderten von Einzelteilen zusammensetzen, wurden so zerlegt, dass sich der Besucher über den arbeitsaufwendigen Herstellungsprozess anhand von nun sichtbaren Lötstellen oder den unterschiedlichen Materialien ein genaues Bild machen kann. Zu den Meisterwerken der Mochica-Goldschmiede gehören ein Paar Ohrpflöcke, auf denen ein hochrangiger Mochica-Würdenträger en miniature dargestellt ist. Einen weiteren Ohrschmuck ziert ein kleiner, naturgetreu dargestellter Hirsch aus Gold und Türkisen.

Lambayeque, Av. Juan P. Vizcardo, (in der Nähe des Museums Brüning); Di–So 9–17 Uhr; Eintritt 8 S/.
12 km nördl. von Chiclayo

Sipán – Huaca Rajada

⟶ S. 176, C 7

Besonders auffällig sehen die Erdhügel zwischen den Zuckerrohrfeldern nicht aus. Wären nicht Hinweisschilder angebracht, man könnte glatt an ihnen vorbeifahren. Umso erstaunli-

Die motorisierten Dreiräder brauchen auch bei Hitze keine Klimaanlage. Während die Kollegen auf dem Altiplano noch selber »strampeln«, reicht hier ein Dreh am Gashebel.

cher ist es, dass hier der bedeutendste archäologische Fund des 20. Jh. auf dem amerikanischen Kontinent ans Tageslicht befördert wurde. Wie fast immer in der Geschichte waren es Grabräuber, die die Archäologen 1987 auf die Spur des heute so berühmten Mochica-Fürstengrabs brachten. Zwölf Gräber konnten wissenschaftlich ausgegraben werden, ein weiteres war bereits geplündert worden. Die fantastischen Grabbeigaben haben erheblich dazu beigetragen, dass heute über die Mochica-Kultur ein sehr fundiertes Wissen existiert. Da die Gräber aus unterschiedlichen Epochen stammen, war es anhand der Funde möglich, auch gesellschaftliche, kulturelle und religiöse Veränderungen innerhalb der Mochica-Gesellschaft zu erforschen. Die wertvollen Grabschätze und Mumien wurden am Fundort durch Kopien ersetzt. Die Originale sind im Museo Tumbas Reales de Sipán (→ S. 122) ausgestellt.

Tgl. 8–17 Uhr; Eintritt 8 S/.
28 km östl. von Chiclayo

Túcume

→ S. 176, C 7

Archäologische Details sollte der Besucher Túcumes nicht erwarten, sondern vielmehr ein landschaftliches Erlebnis. Die Reste der 26 Adobe-Pyramiden verteilen sich auf 220 ha und sind kaum mehr von der natürlichen Umgebung zu unterscheiden. Erst auf den zweiten Blick erkennt man die riesigen, total erodierten Hügel als Gebäudereste. Einst stand hier der größte Monumentalkomplex des alten Peru. Der beste Überblick bietet sich von dem Aussichtspunkt am Cerro Purgatorio, dem Fegefeuerberg.

Die Huaca Larga misst stolze 450 x 120 m und ist 32 m hoch, durch Aufschütten einzelner Räume wurde sie immer wieder vergrößert. Hier herrschten nacheinander von ca. 1000 bis 1532 n. Chr. die Sicán, die Chimú und die Inka. Auf der obersten Plattform der Huaca Larga entdeckten Archäologen die Mumie eines Inka-Würdenträgers (Fortsetzung auf Seite 126).

Langhalsschafe in der Neuen Welt

Damals wie heute sind Lamas für das Leben vieler Andenbewohner von existenzieller Bedeutung.

Es mag erstaunlich klingen, aber durch die Domestizierung der ersten Lamas und Alpakas vor ca. 5000 Jahren legten die frühen Andenbewohner einen entscheidenden Grundstein für die spätere Entstehung verschiedener Hochkulturen.

Kamele – nützlich und heilig

Die genetischen Vorfahren der Lamas und Alpakas sind die Vicuñas und Guanakos, die heute noch wild in den Anden leben. Alle vier Arten gehören zu den Kleinkamelen. Lamas und Alpakas waren für die frühen Andenbewohner die wichtigsten und einzigen Haustiere, sieht man von Meerschweinchen und Federvieh ab. Sie lieferten die Wolle für Kleidung (Ponchos), Transportsäcke, Seile sowie für zeremonielle Textilien, die bei wichtigen Ritualen Verwendung fanden. Lamaleder für Sandalen und Riemen war aus dem Alltag der Andenbewohner nicht wegzudenken. Da man bis zum Eintreffen der Spanier kein Eisen kannte, wurde z. B. das Dachgebälk von Häusern nicht verschraubt oder genagelt, sondern mit Lederriemen gebunden. Auch Werkzeuge, die nicht aus einem Stück gefertigt werden konnten, kamen nicht ohne diese Riemen aus. Lamafelle polsterten die Schlafstätten. Das Fleisch war wichtiger Eiweißlieferant und wurde in gepökelter Form als »Charqui« zu einem unverderblichen Produkt beim Tauschhandel. Aus den Knochen der Kleinkamele wurden zahlreiche Werkzeuge erstellt sowie kunstvoll verzierte Flöten. Der Mist der Haustiere war nicht nur als Dünger für den Kartoffelanbau unentbehrlich, sondern diente auch als Brennstoff in den Hochanden. Reiten kann man die Lamas und Alpakas zwar nicht, aber als Lasttiere leisteten und leisten sie unverzichtbare Dienste. Es ist kaum zu glauben, aber all diese Qualitäten der

Kamele werden ausnahmslos heute noch genutzt, selbst Knochenwerkzeuge finden bei traditionellen Webtechniken weiterhin Verwendung. Da die Bewohner der Anden sehr schnell erkannten, dass ihre Existenz ohne die Kleinkamele viel armseliger gewesen wäre, wurden sie verehrt und bekamen eine zusätzliche, wichtige religiöse Dimension. Immer wieder stolpern Archäologen bei Grabungen über kunstvoll gearbeitete Stein-, Gold- und Silberlama- und Alpakafiguren, die symbolisch zur Vermehrung der Herden beitragen sollten.

Auch heute stehen die Kamele im Mittelpunkt verschiedener Fruchtbarkeitsrituale. Bei Zahlungen an die Erdmutter Pachamama werden Lamaföten als Opfergabe verbrannt. Dabei schmilzt zusätzlich Lamatalg, der in flüssiger Form in die Erde übergeht und als Träger der Opfergaben und der damit verbundenen Wünsche gilt.

Obwohl an der Küste Perus schon vor 5000 Jahren Baumwolle kultiviert und verarbeitet wurde, galt auch hier die Wolle der Kleinkamele aus dem Hochland als etwas Besonderes. Die kunstvollen Textilien der Paracas, Nasca und später auch der Inka waren von höchster Qualität und dienten als Statussymbole, die Macht und Privilegien ausdrückten. So kam es, dass die weltweit feinste Wolle, die Vicuña-Wolle, nur dem Inka und den ranghöchsten Gefolgsleuten vorbehalten war. Normalsterblichen war der Besitz unter Androhung der Todesstrafe untersagt.

Schnittstelle zum Alten Peru

Nach wie vor erstellen die Bewohner der abgeschiedenen südlichen Anden Perus beeindruckende Kunstwerke auf ihren einfachen, transportablen Webstühlen. Diese Volkskunst ist zugleich vermutlich eines der letzten intakten kulturellen Verbindungsglieder der heutigen Bewohner der Anden mit den Hochkulturen ihrer Vorfahren. Es ist beeindruckend zu erleben, wie die oftmals groben, von der harten Feldarbeit gezeichneten Hände der Weberinnen und Weber in Windeseile und mit ungeheurem Geschick kunstvolle Muster entstehen lassen. Zwar entsprechen diese Muster einer langen Tradition, zeugen aber doch von einer individuellen Fantasie und Schaffenskraft der Künstler (→ Centro de Textiles Traditionales del Cusco, S. 90).

Zwei Vertreter der wichtigsten Haustiere der Andenbewohner, ein Lama und ein Alpaka, stehen Modell (links das Lama, rechts das Alpaka).

Im nördlichen Bergland auf dem Weg von Chiclayo nach Chachapoyas gedeihen Reis und Palmenplantagen prächtig und sichern so das Überleben der Menschen dieser Region.

Daneben befand sich die seines Begleiters, der zu seinen Diensten die Reise ins Jenseits antreten musste. Ein ähnliches Schicksal ereilte vermutlich auch die über 20 jungen Weberinnen, deren Skelette zusammen mit ihren Arbeitsgeräten in direkter Nachbarschaft freigelegt wurden.

Der norwegische Abenteurer Thor Heyerdahl war maßgeblich an den Ausgrabungen zwischen 1989 und 1994 beteiligt. Das Museum vor Ort informiert über den Stand der Forschung in Túcume.

Tgl. 8–16.30; Eintritt 8 S/.
35 km nördl. von Chiclayo

Der nordöstliche Bergurwald – Chachapoyas

⇢ S. 177, D 7

35 000 Einwohner

Der kleine Ort auf 2335 m Höhe, oberhalb des Utcubambatals gelegen, dient als Ausgangspunkt für Exkursionen zu den kulturellen Hinterlassenschaften der Wolkenkrieger der Chachapoyas-Kultur. Wer sich in diesem abgeschiedenen Teil der nördlichen Zentralkordillere Perus auf archäologische Spurensuche begibt oder auf alten Pfaden durch den Bergurwald wandern möchte, der sollte sich auf eine einfache touristische Infrastruktur einstellen. Noch sind nur wenige Reisegruppen auf den Spuren des kriegerischen Volkes der Chachapoayas unterwegs, die sich im 15. Jh. hartnäckig der Unterwerfung durch die Inka widersetzten.

Die reizvolle Landschaft und die archäologischen Stätten Chachapoyas sind für Individualisten, die dem Rummel um die touristischen Highlights Perus entfliehen wollen und Lust auf ursprünglichere Begegnungen verspüren, eine sehr empfehlenswerte Abwechslung. Die Ausflüge in die berühmte Bergfeste Kuélap (Tagesausflug schon ab 35 S/. zuzüglich Eintritt) und nach Karajía und Revash können günstig bei Agenturen in Chachapoyas gebucht werden. Wer über einen Privattransport verfügt, kann auch ein Hotel in oder um Tingo als Stützpunkt wählen. Beste Reisezeit ist von April bis Oktober.

Die Anreise nach Chachapoyas erfolgt per Bus in ca. 10 Stunden von Chiclayo (Móvil Tours). Eine andere abenteuerliche Route, die nur für geländegängige Fahrzeuge geeignet ist, führt von Cajamarca durch die Schlucht des Río Marañón über Leymebamba nach Chachapoyas (335 km, mind. 12 Stunden).

Hotels/andere Unterkünfte

Hotels in Chachapoyas

Casa Vieja Hostal

Gemütliches Hotel im Kolonialstil mit Liebe fürs Detail.

Jr. Chincha Alta 569; Tel./Fax 0 41/47 73 53; www.casaviejaperu.com; 14 Zimmer ●

Gran Hotel Vilaya

Modernes, sauberes und funktionales Hotel.

Jr. Ayacucho 755; Tel. 0 41/47 76 64, Fax 47 81 54; 24 Zimmer ● VISA

Hostal La Casona Monsante

Rustikale Zimmer um einen kolonialzeitlichen Patio mit Orchideengarten.

Jr. Amazonas 746; Tel. 0 41/47 77 02; www.lacasonamonsante.com; 9 Zimmer ●

Hotel außerhalb von Chachapoyas

Hostal Estancia Chillo

Originelles, gemütliches Hotel im Hazienda-Stil nahe der Abzweigung Tingo-Kuélap.

46 km südl. von Chachapoyas an der Straße nach Cajamarca; Tel. in Lima 01/ 2 65 91 58; www.estanciachillo.com; 17 Zimmer ●●

Essen und Trinken

Das gastronomische Angebot ist einfach, **La Choza de Marlisa** in der C. Ayacucho 1133 serviert lokale Speisen, das **Chacha** an der Plaza de Armas wird für große Portionen gelobt. Vegetarisches gibt es im Restaurant Vegetariano **El Eden** im Jr. Grau 448.

Alle tgl. geöffnet ●

Service

Information

i perú

Jr. Ortiz Arrieta 588, Pl. de Armas; Tel. 0 41/47 72 92; Mo–Sa 8–19 Uhr

Ziele in der Umgebung

Kuélap

→ S. 177, D 7

Der Ortsrichter von Chachapoyas, Don Juan Crisóstomo Nieto, stolperte 1843 auf der Suche nach Pilzen über die gigantische Ringmauer von Kuélap. Er fühlte sich in biblische Zeiten zurückversetzt und meinte, einen babylonischen Turmbau entdeckt zu haben. Antonio Raimondi, Charles Wiener und zahlreiche weitere berühmte Gelehrte machten sich daraufhin auf den Weg zu der Burgfeste der Wolkenkrieger. Die tatsächlichen Ausmaße der Anlage wurden aber erst im 20. Jh. erkannt. Noch heute bedeckt der undurchdringliche, manchmal wolkenverhangene und gespenstisch anmutende Bergurwald erhebliche Teile Kuélaps. Die üppige Flora mit den vielen Bromelien- und Orchideenspezien steigert die Exotik der Stätte. Eine wuchtige, bis zu 17 m hohe Festungsmauer umgibt den auf 3000 m Höhe gelegenen, ausgesetzten Bergrücken. Innerhalb dieser Mauern stehen die Überreste von ca. 400 zumeist rundlichen Gebäuden, die bis zu 3000 Bewohnern Platz geboten haben könnten. Der Zugang zu der Anlage erfolgt über drei schmale, lange Gänge, die von wenigen Soldaten schnell versperrt werden konnten. Vereinzelt weisen die Gebäude einen zickzackförmigen, an eine Schlange erinnernden Steinfries auf. Am Nordende der Anlage steht ein markanter Wachtturm. Im südlichen Teil wurde ein Gebäude entdeckt, das wegen seiner eigentümlichen Form als Tintenfass bezeichnet wird und vermutlich religiöse Funktionen erfüllte. Kuélap war nicht nur eine Schutzburg, sondern diente als politisches, religiöses und administratives Zentrum der Region. Erste Bewohner siedelten ab 800 n. Chr. auf dem Bergrücken; die Blütezeit begann 1100 n. Chr. Erst um das Jahr 1470 gelang es den Inka, den Widerstand der nach Aussagen verschiedener Chronisten hellhäutigen, blonden und äußerst rebellischen Bergurwaldbewohner zu brechen.

Tgl. 8–17 Uhr; Eintritt 11 S/.
73 km südl. von Chachapoyas plus 20 Min. Fußweg

Museo Leymebamba – Laguna de los Condores

⟶ S. 177, E 7

Nach der Entdeckung der Chachapoyas-Nekropole oberhalb der Laguna de los Condores (Kondor-Lagune) war die vollständige Plünderung der Stätte durch Grabräuber nur eine Frage der Zeit. 1997 brachte eine Maultierkarawane die 219 Mumienbündel samt Grabbeigaben auf ihrer bisher letzten Reise nach Leymebamba in Sicherheit. Hier wurde eigens für den wertvollen Schatz ein Museum errichtet, in dem die Mumienbündel in einem temperierten Raum nun besucht werden können. Das Museum dient auch als Fortbildungszentrum für die Bewohner der Region, die hier vieles über die Kultur ihrer Vorfahren lernen können.

Av. Austria, San Miguel, Leymebamba; www.centromallqui.org.pe; Di–So 9.30–16.30 Uhr; Eintritt 5 S/.
85 km südl. von Chachapoyas

Revash

⟶ S. 177, D 7

Wie Schwalbennester kleben die aus Lehmziegeln errichteten Grabhäuser von Revash in einer schwer zugänglichen Felswand. Leicht überhängende Dächer aus Rohr, Schilf und Lehm bilden den oberen Abschluss, wobei die Gebäude geschickt unter Felsüberhängen stehen. Die Chachapoyas

Eine ringförmige Mauer umgibt die Festung Kuélap der Chachapoyas-Wolkenkrieger. Lange Zeit scheiterten auch die Inka-Krieger an diesen Bollwerken.

wählten kühle, gut belüftete, vor Regen geschützte Plätze für die Ruhestätten ihrer Toten aus, um so die Konservierung der Mumien zu fördern. Die Mausoleen sind mit Gesimsen, Nischen und farbigen Bildnissen verziert, die weithin leuchtend auch Grabräuber anlocken, die hier in Revash leider schneller zur Stelle waren als die Archäologen.

Die Anfahrt erfolgt über Tingo bis Yerba Buena, dann ca. 4 km auf der Straße Richtung Santa Tomás.

74 km südl. von Chachapoyas

Sarkophage von Carajía

→ S. 177, D 7

Die sieben merkwürdigen Sargstatuen bestehen aus einem Gerüst aus Rohr, Schilf und Holz, das einen Lehmverputz bekam, der anschließend bemalt wurde. Den oberen Abschluss der Sarkophage bildet eine Art Helm oder Hut, der von einem menschlichen Schädel, eventuell einem Trophäenkopf geschmückt wird. Im Inneren wurde jeweils ein in ein Rehfell gehülltes, von Textilen umgebenes Mumienbündel, in fetaler Position untergebracht. Die bis zu 2,5 m hohen Statuen erinnern an die steinernen Riesen der Osterinseln. Der Archäologe Federico Kaufmann Doig machte erst 1985 auf die eigenartigen Bewohner der felsigen Steilwand aufmerksam. Die Funde wurden auf ca. 1450 n. Chr. datiert.

Die Anfahrt erfolgt über Luya, Cocherán nach Cruzpata.

Eintritt 3 S/.

Ca. 70 km westl. von Chachapoyas

Pazifikküste – Máncora

→ S. 176, B 6

Nach dem Besuch von Pyramiden, Museen und Kirchen findet man zwischen Cabo Blanco und Tumbes (Grenze zu Ecuador) Erholung an den ganzjährig sonnigen Stränden Nordperus. Von Lima kann man nach Piura, Talara oder Tumbes fliegen, wer aber bereits in Chiclayo ist, folgt der Panamericana in Richtung Norden. Der Badeort Máncora verfügt über die beste Infrastruktur und erfreut sich unter Surfern großer Beliebtheit. Die schöneren Hotels liegen etwas weiter südlich außerhalb von Máncora. Ab Weihnachten bis März platzt der sonst ruhige Ort aus allen Nähten, da sich dann wohlhabende Limeños während der großen Sommerferien auf den Weg in den Norden machen. Aber auch die weitläufigen Sandstrände von Punta Sal und Zorritos laden zum Verweilen ein und werden immer beliebter.

HOTELS/ANDERE UNTERKÜNFTE

Hotels in Máncora und Umgebung

Las Arenas de Máncora

In schöner Strandlage bietet das Las Arenas Palmen, Pool und erstklassige Verpflegung. Das Hotel ist der Libertador-Kette angeschlossen.

Antigua Panamericana Norte Km 1213; Tel. 0 73/25 82 40, Fax 25 80 29; www.lasarenasdemancora.com; 19 Zimmer ●● CREDIT

Hotel Vichayito

Herrliche, rustikale Bungalowanlage mit schönem Pool, südlich von Máncora. Gutes Essen, endlose einsame Sandstrände. Hier ist man abseits des Trubels von Máncora, aber doch noch nahe genug, falls man auch mal etwas »action« sucht.

Carretera Panamericana Norte Km 1155; Tel. in Lima 01/4 36 4 1 73; www.vichayito.com; 8 Bungalows ● AmEx MASTER VISA

Hotel in Punta Sal

Punta Sal Club Hotel

Hotelanlage mit zahlreichen Wassersportmöglichkeiten, Hochseefischerei, Tennis etc.

Panamericana Norte Km 1192; Tel. in Lima 01/4 22 78 55; www.puntasal.com.pe; 160 Zimmer ●●● CREDIT

Der Amazonas

Auf Wasserwegen durch eine üppige und faszinierende Vegetation zu komfortablen Urwaldlodges.

Die mäandernden Regenwaldflüsse verändern häufig ihren Lauf. Zurück bleiben Seen, die sich durch die Regenfälle füllen, aber über Jahrhunderte langsam verlanden.

Die Ausläufer der östlichen Anden verlieren sich im Nebel- und Bergurwald, der schließlich in den Regenwald übergeht. Der tropische, sehr artenreiche, aber undurchdringliche Regenwald bedeckt ca. 60 % der peruanischen Staatsfläche. Einige Straßen überqueren die Anden, enden aber in der Regel dort, wo die Amazonaszuflüsse schiffbar werden – die Flüsse sind die wichtigsten Verkehrswege im Regenwald.

Derzeit leben ca. 65 traditionell lebende Völker, wie z. B. die Shipibos, die Ashánikas oder die Machigengas, im peruanischen Urwald. Traditionelle indianische Bewohner des Regenwalds haben sich seit Jahrtausenden zu nomadisierenden Gruppen von Jägern und Sammlern zusammengeschlossen. Sie betreiben auch Landwirtschaft und legen temporäre Pflanzungen im Wald an. Noch heute leben kleine Volksgruppen völlig abgeschieden von den Einflüssen westlicher Zivilisation, selbst der Gebrauch von Eisen ist ihnen fremd. Das ökologische Gleichgewicht war im Regenwald nie durch die nativen Bewohner bedroht – Gefahr droht von außen. Einerseits breiten sich die Bewohner der Anden immer weiter in den Bergurwald und das Tiefland aus und okkupieren so ursprüngliche Territorien der Urwaldindianer, andererseits verdrängen Holzfäller auf der Suche nach tropischen Edelhölzern, Goldsucher sowie internationale Erdöl- und Gasfirmen die Ureinwohner aus ihren Lebensräumen. Die erste Begegnung mit Fremden kann für traditionelle Urwaldindianer sehr schnell lebensbedrohlich werden, da sie gegen fremde Krankheitserreger wie Grippe, Husten oder Schnupfen keine Abwehrkräfte besitzen.

Der große Kautschukboom, der von 1870 bis 1915 andauerte, brachte erstmals extreme Konsequenzen für das ökologische Gleichgewicht des Regenwalds und seiner Bewohner. Viele Indianerstämme starben durch Krankheit und Versklavung komplett aus. 100 Jahre später stehen noch immer fast ausschließlich wirtschaftliche Interessen im Vordergrund, wenn es um die Nutzung des größten zusammenhängenden Waldgebietes unseres Planeten geht. Heute leiten z. B. Goldwäscher unachtsam tonnenweise hochgiftiges Quecksilber in die Urwaldflüsse. Komplexe Nahrungsketten werden vergiftet. Die Leidtragenden sind aber nicht nur die Menschen, sondern auch ohnehin schon vom Aussterben bedrohte Tiere, wie die Fischotter. Der faszinierende Artenreichtum der Amazonaswälder ist noch längst nicht vollständig erforscht und hütet zahlreiche Geheimnisse, die sich durch rücksichtslose Brandrodung für immer in Rauch auflösen könnten.

Im Rahmen des Ökotourismus bieten sich große Chancen, auf die zunehmende Zerstörung des fragilen Ökosystems Regenwald aufmerksam zu machen und Interesse für seinen Erhalt zu wecken. Verschiedene Projekte versuchen Urwaldindianer mit in die touristische Nutzung des Regenwalds einzubeziehen – schließlich kennen sie ihren Wald ja am besten (z.B. Posada Amazonas; www.perunature.com).

Die Flora und Fauna lernt man nur in Begleitung eines kompetenten Guides kennen. Allerdings muss man auch eine Portion Geduld mitbringen, denn spannende Mensch-Tier-Begegnungen finden nicht auf Schritt und Tritt statt. Gerade Säugetiere zeigen sich seltener als z. B. auf afrikanischen Safaris. Nicht hinter jedem Baumriesen des Regenwalds versteckt sich ein Jaguar oder Tapir, und auch nicht auf jedem Ast sitzt ein Affe. Zuerst einmal erlebt der Besucher den fremdartigen Lebensraum Urwald, das undurchdringliche Grün und die faszinierende Pflanzenvielfalt. Auf 1 qkm Amazonasregenwald wachsen mehr Pflanzenarten als in ganz Deutschland. Die überaus gro-

Seltene Aras gehören an der Papageien-Lecke am Río Tambopata (→ S. 134) noch zu den regelmäßigen Besuchern, weltweit sind sie aber vom Aussterben bedroht.

ße Artenvielfalt ist nicht gleichbedeutend mit der Anzahl der Repräsentanten einzelner Spezies. So beansprucht ein Jaguar bis zu 150 qkm Jagdrevier, in dem er keine Konkurrenz duldet – entsprechend selten sind Begegnungen mit der Großkatze. Je weiter man sich von großen Städten und Siedlungen entfernt, desto größer sind aber die Chancen, Tiere in freier Wildbahn beobachten zu können. Ferner besteht ein großer Unterschied darin, ob man jungfräulichen Primärurwald betritt oder ob sich der Besuch auf Sekundärwald beschränkt. Letztere sind Waldgebiete, die schon einmal zerstört waren und in denen sich das ökologische Gleichgewicht erst wieder einpendeln muss.

In Peru stehen für Besuche des Regenwalds drei wichtige Gebiete mit guter touristischer Infrastruktur bzw. Tourenangeboten zur Auswahl. Zwei davon liegen im Südosten Perus, der Parque Nacional del Manú sowie die Region um Puerto Maldonado mit der Reserva Nacional Tambopata Candamo. Als dritte Alternative bietet sich das Hinterland der Stadt Iquitos am Amazonas im Nordosten Perus an, insbesondere die Reserva Nacional Pacaya-Samiria.

Im Regenwald sollte man sich auf tropische Hitze und Schwüle einstellen. »Friajes«, vereinzelte Kälteeinbrüche, können die Temperaturen allerdings rapide abkühlen lassen. Diese sind aber selten. Leichte, den ganzen Körper bedeckende Baumwollkleidung ist ratsam. Shorts und T-Shirts können keinen ausreichenden Schutz gegen Moskitos und andere kleine Plagegeister bieten. Wirksame Mückenschutzmittel kauft man am besten schon zu Hause. Gesundheitsämter sowie Tropeninstitute informieren darüber, ob und wo ein Malaria- oder Gelbfieberschutz notwendig ist. Solange man sich an die gängigen Spielregeln hält, ist die Belästigung durch Stechfliegen etc. aber deutlich geringer, als allgemein angenommen wird. Das Gros der Niederschläge fällt in der Region Madre de Dios und im Manú-Park zwischen November und April, wobei es auch in den verbleibenden Monaten regnen kann. In Iquitos gibt es keine ausgeprägte Regenzeit, hier unterscheidet man zwischen der Zeit, wenn die Flüsse Hochwasser führen (Januar–Mai), und der Zeit des Niedrigwassers (August–November). Die Niederschläge fallen am Amazonas über das ganze Jahr verteilt.

Parque Nacional del Manú S. 179, D/E 11–E 12

Der Manú-Nationalpark, der sich im Südosten Perus befindet, gilt als eine der interessantesten Regionen unseres Planeten. Die Artenvielfalt ist in dem über 1,5 Mio. ha großen Park besonders ausgeprägt, da sich das Parkgelände vom tiefen Regenwald weit in den Berg- und Nebelwald der Anden hinaufzieht. Hier grenzen auf relativ kleiner Fläche zahlreiche Lebensräume aneinander. Der Manú-Park wurde 1987 von der UNESCO zum Naturerbe der Menschheit ernannt. Lediglich ein kleiner Teil ist Besuchern, die sich einer dafür lizenzierten Reiseagentur unter Führung eines offiziellen Guides anvertrauen, zugänglich.

Der Park ist auf dem Landweg zu erreichen, von Cusco über Paucartambo nach Atalaya, dann geht es per Motoreinbaum auf dem Río Alto Madre de Dios weiter. Die Alternative geht im Charterflugzeug von Cusco in 45 Minuten nach Boca Manú, von hier aus folgt man dem Río Manú stromaufwärts. Die meisten Veranstalter nutzen Zeltcamps, es existieren aber auch zwei Lodges. Zu den prominentesten Bewohnern des Parks gehören die Riesenotter, Brillen- und Mohrenkaimane, Tapire, Brillenbären, 13 Affenarten, Jaguare und Pumas. Über 1014 Vogelarten wurden bisher gezählt, fast täglich muss die Liste der Flora und Fauna des Parks um neu entdeckte Arten erweitert werden.

Service

Manú Expediciones
Sehr kompetenter und erfahrener Veranstalter für Touren in den Manú-Nationalpark sowie angrenzende Ur-

Tausende kleiner Bäche vereinigen sich zu großen Wasserläufen, deren Pegel das Jahr über extrem schwankt. Die Wassermassen reißen auch große Baumriesen mit sich.

waldgebiete. Sehr guter Ruf unter Ornithologen, qualifizierte Guides, guter Service.

P.O. Box 606, Cusco; Tel. 0 84/22 66 71, Fax 23 67 06; www.manuexpeditions.com
CREDIT

Pantiacolla Tours → S. 83, a 1
Zuverlässiger Veranstalter mit jahrelanger Manú- und Bergurwalderfahrung sowie eigener Lodge.

C. Saphi 554, Cusco; Tel. 0 84/23 83 23, Fax 25 26 96; www.pantiacolla.com
AmEx MASTER VISA

Reserva Nacional Tambopata Candamo

→ S. 181, F 13

10 Der Trip in das Naturschutzgebiet Tambopata Candamo ist ähnlich spektakulär wie der Besuch des Manú-Parks, aber die Auswahl an komfortablen Lodges ist am Río Tambopata größer, und die Touren sind etwas mehr auf Urlaub zugeschnitten. Das Abenteuer Regenwald beginnt mit einer mehrstündigen Bootsfahrt zur jeweiligen Lodge. Die Länge der Programme ist unterschiedlich und kann zwischen zwei und fünf Tagen variieren.

Zum Standard gehören ein- bis mehrstündige, mit Tierbeobachtungen verbundene Wanderungen durch verschiedene Formen des Regenwalds. Häufig ist das Ziel eine Cocha, also ein See, der aus dem Altarm eines Flusses entstanden ist. Diese Seen bleiben für einige Jahrhunderte erhalten, verlanden aber zunehmend. Flussotter schätzen solche Altarme wegen ihres Fischreichtums, und auch zahlreiche Vögel finden hier ihre Nahrung. Eine Kanufahrt in Ufernähe bietet beste Gelegenheit, die Flora und Fauna ausgiebig zu betrachten. Da ein erheblicher Teil der Waldbewohner nachtaktiv ist, werden auch nach Einbruch der Dunkelheit Spaziergänge angeboten. Ein Ausflug der besonderen Art ist die Suche nach Kaimanen (vom sicheren Boot aus), deren Augen nachts im Schein von Lampen am Flussufer leuchten. Um ein Maximum an Erlebnis sicherzustellen, begleiten ortskundige Naturführer die Gäste Tag und Nacht auf ihren Exkursionen und versorgen sie mit Informationen.

Ein Höhepunkt, der allerdings mit langen Bootsfahrten auf dem Río Tambopata verbunden ist, ist ein Besuch der berühmten **Colpa de Guacamayos**, einer Papageien-Lecke. Jeden Tag versammeln sich hier große Scharen von Aras und Amazonen, um ihren Mineralsalzbedarf zu decken. In der Trockenzeit ernähren sich viele Bewohner des Regenwalds notgedrungen auch von giftigen Früchten. Die Salze der Lecken dienen dazu, den Körper zu entgiften, der Besuch hier wird also zu einer lebenswichtigen Pflichtübung.

Der Ort **Puerto Maldonado** ist Start- und Endpunkt vieler Exkursionen in die Reserva Nacional Tambopata Candamo. Die Hauptstadt des Departements Madre de Dios liegt am Zusammenfluss der Urwaldströme Madre de Dios und Tambopata und ist per Linienflug von Lima oder Cusco aus täglich zu erreichen. Nur sehr Abenteuerlustige und Hartgesottene wählen die mindestens 20-stündige, manchmal mehrere Tage dauernde Anreise auf dem Landweg von Cusco nach Puerto Maldonado. Der Ort selbst lohnt keinen Aufenthalt, die meisten Touristen haben schon zuvor ein Urwaldpaket gebucht und werden von Repräsentanten der verschiedenen Lodges am Flughafen begrüßt und zum Flusshafen begleitet, von wo aus die Boote zu den Urwaldhotels und -lodges aufbrechen.

Hotels/andere Unterkünfte

Cabaña Quinta
Gemütliches Hotel im Lodgestil.

Jr. Cusco 535; Tel. 0 82/57 10 45, Fax 57 33 36; 54 Zimmer ● VISA

Die meisten Urwaldlodges werden unter ökologischen Gesichtspunkten geführt. Zum Bau werden hauptsächlich Produkte der Region verwendet.

Lodges im Regenwald

Reserva Amazónica
Diese elegante, luxuriöse Lodge am Río Madre de Dios verbindet Naturerlebnisse und Komfort in einer unübertrefflichen, harmonischen Form. Luftige Hängebrücken vermitteln aus einer Höhe von 30 m einen unvergesslichen Blick über die Baumkronen des Urwalds. Top-Service und 1-A-Verpflegung.
www.inkaterra.com ●●●● CREDIT

Libertador Tambopata Lodge
Sehr komfortable, luxuriöse Lodge direkt am Río Tambopata gelegen, mit gutem Trail-System, das eigenständige Wanderungen erlaubt (Libertador-Hotel-Kette).
www.tambopatalodge.com;
max. 59 Gäste ●●● AmEx VISA

Tambopata Research Center
Hier steht Natur pur im Vordergrund, die Lodge verfügt lediglich über 13 einfache, rustikal eingerichtete, auf einer Seite zum Regenwald hin offene Doppelzimmer (Moskitonetze). In nur 500 m Entfernung liegt die berühmte Papageien-Lecke des Río Tambopata (→ S. 134).
www.perunature.com ●●●

Iquitos

→ S. 175, D 3

400 000 Einwohner

Eine Großstadt am Amazonas mitten im Urwald, die lediglich per Schiff oder per Flugzeug zu erreichen ist – das klingt vielversprechend. Wer aber den Regenwald erleben will, der wird auch in Iquitos möglichst schnell das Weite suchen, denn eine Kreuzfahrt in den Pacaya-Samiria-Park verspricht mehr Spannung als der Großstadtdschungel. Zwar weist die Stadt eine interessante Geschichte als Jesuiten-Mission und Vorposten gegen rebellische Urwaldbewohner auf (Mitte 18. Jh.) und spielte auch während der goldenen Zeiten des Kautschuk-

Der Einbaum ist ein nicht wegzudenkendes Fortbewegungsmittel im Lebensraum der Yagua-Indianer, einer traditionell lebenden Gemeinschaft.

booms (Ende 19. Jh.) eine schillernde Rolle, aber aus diesen Epochen ist nur wenig erhalten geblieben. Den Stadtteil Belén sollte man dennoch nicht verpassen.

Folgt man von Iquitos lange genug den breiten Amazonaswasserstraßen, erreicht man auch hier jungfräulichen Urwald. Manche Lodge wartet zudem mit interessanten Hängeluftbrücken in Höhe der Baumkronen auf und ermöglicht dem Besucher eine ganz neue Perspektive auf den Regenwald.

Hotels/andere Unterkünfte

El Dorado Plaza Hotel

Das moderne, sehr komfortable Hotel steht direkt an der Plaza de Armas von Iquitos. Schöner Pool, gutes Restaurant und Top-Service.

C. Napo 252, Pl. de Armas; Tel. 0 65/22 25 55, Fax 22 43 04; www.eldoradoplazahotel.com; 65 Zimmer ●●● CREDIT

Victoria Regia Hotel & Suites

Empfehlenswertes Mittelklassehotel im Stadtzentrum von Iquitos; mit Indoor-Pool.

Av. Ricardo Palma 252; Tel./Fax 0 65/23 19 83; www.victoriaregiahotel.com; 42 Zimmer ●● CREDIT

Acosta

Günstiges, modernes Hotel, bequeme Zimmer, aber etwas laut.

Huallaga 254; Tel./Fax 0 65/23 17 61; www.hotelacosta.com; 28 Zimmer ● CREDIT

Marañón Hotel

Bequeme Zimmer; Pool.

C. Nauta 289; Tel. 0 65/24 26 73, Fax 23 17 37; 32 Zimmer ● CREDIT

Lodges im Regenwald

Amazon Yarapa River Lodge

Sehr komfortable Zimmer, ausgezeichnete Guides, beste Verpflegung: ein sehr intensives Urwalderlebnis.

www.yarapariverlodge.com ●●●●

Explorama Lodges
Die Dschungel-Tourismus-Pioniere von Explorama verfügen über ein Luxushotel sowie verschiedene Lodges bis hin zum einfachen Urwaldcamp – für jeden Reisetyp die passende Unterkunft. Die **Explora Napo Lodge** liegt 160 km entfernt von Iquitos, ist von Primärwald umgeben und bietet Zugang zu einem 500 m langen Hängebrücken-Baumkronen-Weg, der in 35 m Höhe einmalige Aussichten ermöglicht.
www.explorama.com.pe ●●●●
AmEx MASTER VISA

Tahuayo Lodge
Exklusive, preisgekrönte Lodge mit Zugang zu dem Tamshiyacu-Thuayo-Schutzgebiet (Lebensraum der extrem seltenen Uakari-Affen).
www.perujungle.com ●●●●

Muyuna Amazon Lodge
Einfache, aber sehr professionell geführte Lodge, sehr engagierte Guides.
Putumayo 163; Tel. 0 65/24 28 58;
www.muyuna.com ●●●

KREUZFAHRTEN

Amazon Tours and Cruises
Breites Angebot an sehr komfortablen Flusskreuzfahrten auf dem Amazonas, Río Ucayali und Río Marañón.
C. Requena 336, Iquitos;
Tel. 0 65/23 16 11, Fax 23 12 65;
www.amazontours.net

Jungle Expeditions
Äußerlich erinnern die schwimmenden Vier-Sterne-Hotels an Amazonas-Dampfschiffe des 19. Jh., die Innenausstattung lässt allerdings keine Wünsche offen. Definitiv die bequemste Alternative, den Amazonas zu bereisen.
www.junglex.com

SEHENSWERTES

Belén
Pfahlbauten, schwimmender Markt, »Urwald-Venedig« oder einfach nur ein großes Armenviertel – die Einschätzungen variieren extrem. Der Stadtteil Belén, an der Mündung des Río Itaya in den Amazonas, ist eine wichtige Attraktion der Stadt Iquitos.

Steile Übergänge führen von den Gletschern der östlichen Anden-Kordilleren in den Bergurwald und weiter in den Amazonasregenwald.

Mündung sind es 6788 km. Bis dahin zählt der Amazonas ca. 1100 größere und schätzungsweise 100 000 kleinere Nebenflüsse. Das Mündungsdelta ist über 100 km breit, pro Sekunde fließen bis zu 220 000 Kubikmeter Süßwasser in den Atlantik.

Bei Iquitos variiert die Breite des Flusses je nach Wasserstand zwischen 2 und 4 km. Ursprünglich floss der Hauptstrom des Amazonas direkt am Malecón Tarapacá entlang, der als Anlegestelle diente. Aber der Fluss verändert regelmäßig seinen Lauf, und so musste der Flusshafen, an dem die großen Frachtschiffe anlegen, ca. 3 km weiter in den Norden verlegt werden (Puerto Masusa).

Essen und Trinken

Fitzcarraldo

Beliebter Treff mit lokaler sowie internationaler Küche. Große Auswahl, von Palmenherzensalat über Fisch bis zu Pizza, bei gleichzeitiger schöner Aussicht auf den Amazonas.

C. Napo 100, Ecke Malecón Maldonado; Tel. 0 65/22 32 98; tgl. 9–23 Uhr ●● AmEx MASTER VISA

La Gran Maloca

Traditionelles Restaurant in einem klassischen Gebäude aus dem 19. Jh. mit Wandkacheln und viel Stil. Sehr gute lokale Urwaldgerichte sowie internationale Küche, mittags preisgünstiges Menü.

Sargento Lores 180; Tel. 0 65/23 31 26; tgl. 12–23 Uhr ●● DINERS MASTER VISA

Montecarlo

Trotz Neonreklame handelt es sich hier um das beste Restaurant der Stadt. Ausgezeichnete Fisch- und Urwaldgerichte. Kasino im Erdgeschoss.

C. Napo 140, Tel. 0 65/23 22 46; tgl. 12–15 und 19–22 Uhr ●● MASTER VISA

Am Abend

Noa Noa

Die erste Adresse unter den Diskotheken in Iquitos ist ein äußerst beliebter Treffpunkt für Nachtschwärmer und Tanzlustige.

C. Pevas 298; Mi–Sa ab 22.30 CREDIT

Service

Information

i perú

Calle Napo 232; Tel. 0 65/23 61 44; Mo–So 8.30–19.30 Uhr

Flughafen

Aeropuerto Francisco Secada Vignetta ⇢ S. 175, D 3

Tgl. von/nach Lima.

Tel. 0 65/26 01 47

Reserva Nacional Pacaya-Samiria

⇢ S. 174, B/C 4–C 3

Das über 2 Mio. ha große Schutzgebiet beginnt ca. 200 km stromaufwärts, südwestlich von Iquitos, am Zusammenfluss von Marañón und Ucayali. Sumpfgebiete, Seen und Flüsse bestimmen das Bild. Da der Wasserpegel der Ströme um mehr als 10 m schwankt, sind große Teile des Parks Überschwemmungsgebiete. Die Artenvielfalt ist spektakulär und kann fast mit dem berühmten Parque Nacional del Manú (→ S. 133) mithalten (über 500 Vogel-, 102 Säugetier-, 69 Reptil-, 58 Amphibien-, 256 Fisch- und über 1000 Pflanzenarten). 42 000 Menschen leben auf ca. 90 Siedlungen verteilt, davon sind 21 von traditionellen Urwaldindianern bewohnt. Der Park wird auch der Urwald der Spiegel genannt, da sich Himmel und Umgebung in den dunklen Gewässern gut erkennbar spiegeln. Eintritt 33 $; um die erforderliche Genehmigung kümmern sich die Reiseagenturen.

Lodges im Regenwald

Pacaya Samiria Amazon Lodge

Ausgezeichneter Ausgangspunkt für Exkursionen in den Pacaya-Samiria-Park. Komfortable Lodge.

www.pacayasamiria.com.pe ●●●●

Routen und Touren

Seit über 1500 Jahren werden die Salinen von Maras (→ MERIAN-Tipp, S. 146) dank des Klimas und unterirdischer Salzwasservorkommen zur Gewinnung des »weißen Goldes« genutzt. Der Anblick der zahlreichen Salzterrassen ist von beeindruckender Schönheit.

Durch grandiose Landschaften dem Erbe Perus auf der Spur. Abenteuerliche Routen, die Abgeschiedenheit des Andenhochlands und alte Kulturen ziehen den Entdecker in ihren Bann.

Per Gaspedal auf Montblanc-Höhe – Von Huaraz über Chacas nach Yungay

Charakteristik: Fantastische Berglandschaft, Sechstausender aus nächster Nähe, kurvenreiche Strecken, ausgeprägte Höhenunterschiede; nur für geländegängige Fahrzeuge in der Trockenzeit von April bis Oktober geeignet; **Dauer:** 2 Tage; **Länge:** ca. 320 km; **Einkehrmöglichkeiten:** Carhuaz, Chacas, Yanama, Yungay. Es empfiehlt sich, Verpflegung für Picknicks unterwegs zu besorgen; **Karte:** ⇢ S. 178, A 10

Die reichhaltig verzierte Holztür der Kirche in Chacas zeigt landwirtschaftliche Szenen sowie Darstellungen aus der Zeit der heidnischen Chavín-Götter (unterste Reihe).

Wer nicht schon von Lima mit einem Mietwagen angereist ist, kann in Huaraz geländegängige Fahrzeuge mit Fahrer mieten (→ Service, S. 106).

Huaraz ⇢ Chacas

Von Huaraz folgt man der asphaltierten Straße durch den Callejón de Huaylas bis nach Carhuaz (33 km). Hier biegt man rechts ab, die Richtung gibt nun der Pass Punta Olímpica in ca. 50 km Entfernung vor (fragen Sie nach der Abzweigung sicherheitshalber, ob Sie auf dem Weg zur Punta Olímpica sind). Der gewaltige Huascarán (6768 m) rückt immer näher. Zu Beginn führt die holperige Schotterpiste durch Farmland und Eukalyptuswäldchen, bis die Qebrada Ulta erreicht ist. Die Schlucht öffnet sich im oberen Bereich zu einem lang gezogenen Hochtal, in dem vereinzelt Rinder weiden. Die Aussicht wird nun immer spektakulärer. Aus dem Hochtal führt die Straße in zahlreichen Serpentinen zum Pass hinauf. Immer wieder entsteht der Eindruck, als fahre man direkt in die Gletscher, die Moränen und Eisbrüche des Contrahierbas (6036 m) liegen auf Augenhöhe. Es wird felsig, schotterig und kalt. Der Pass Punta Olímpica (4890 m) gleicht einer Schneise, die auf 100 m Länge durch die Felsen zwischen dem Bergmassiv des Contahierbas und des Nevado Ulta gesägt wurde. Der Blick zurück auf den Huascarán und den Nevado Chopicalqui ist unvergesslich. Entlang türkisfarbener Gletscherseen schlängelt sich die Straße wieder in tiefere Gefilde. Große Lupinensträucher blühen, kleine Wäldchen aus andinen Krüppelhölzern prägen die Landschaft, und plötzlich sind schon erste landwirtschaftliche Nutzflächen zu erkennen.

Das Panorama wird zunehmend lieblicher, bis der koloniale Ort **Chacas** erreicht ist (vom Pass ca. 35 km). Das **Hostal Pilar** bietet hübsche, gepflegte Zimmer (Jr. Ancash 110; Tel. in Huaraz 0 43/42 38 13; Ansprechpartner: Señora Pilar • ▭). Die **Plaza de Armas** sowie die **Kirche** mit einem einzigartig geschnitzten Portal sind Schmuckstücke der Region. Die Schnitzarbeiten sind Beispiele des erfolgreichen kirchlichen Entwicklungshilfeprojekts »Artesanos Don Bosco

Peru«. Der Pfarrer Ugo de Censi leitet in Chacas seit 1976 verschiedene Projekte, wobei die Kunstschreinerwerkstätten über die Grenzen des Landes hinaus bekannt geworden sind. Mittlerweile existieren auch in den Orten Cusco und Lima Werkstätten (www.artesanosdonbosco.com).

Yanama ···> Huaraz

Ein früher Aufbruch ist ratsam. Die Straße führt talabwärts in 22 km nach San Luis und in ca. 30 km bis zur Puente (Brücke) Llacma. Achtung: Hier biegt man links Richtung Westen, Richtung Yanama, ab und fährt nicht auf der Hauptroute Richtung Piscobamba weiter. Je höher man kommt, desto spektakulärer wird die Sicht über die fruchtbaren Täler bis zu den markanten Eisspitzen der Cordillera Blanca. Nach der Ortschaft **Yanama** (einfache Restaurants und Geschäfte) schlängelt sich die Schotterstraße steil bergauf. An kleinen Seen vorbei, geht es bis auf 4750 m Höhe zum Pass Portachuelo de Llanganuco. Die Sicht auf die rechts oberhalb (im Norden) der Llanganuco-Seen gelegenen Eisgipfel Huandoy (6395 m), Pisco (5800 m) und den Chacraraju (6112 m) ist atemberaubend. Gegenüber (südlich der Seen) erscheinen der Chopicalqui sowie die Gipfel des Huascarán. Riesige Gletschermoränen zeigen eindeutig, wie sich hier im Laufe der Jahrtausende die Landschaft verändert hat. Leider sind auch die Gletscher der Cordillera Blanca auf dem »Rückzug« und schmelzen mit einer verheerenden Geschwindigkeit.

Die türkisfarbenen **Llanganuco-Seen** gelten nicht zu Unrecht als Juwelen der Anden. Hier sollte man einen Stopp einlegen und sich die Füße vertreten. Der **Nationalpark Huascarán** (→ MERIAN-TopTen, S. 107) unterhält ein Besucherzentrum mit Eintrittskontrolle (5 S/. pro Tag) und mit Picknickplätzen etc. Bis Yungay sind es noch 26 km auf der Schotterpiste. Das Massiv des Huascarán zeigt sich erneut von einer prachtvollen Seite. Von Yungay sind es 56 km auf asphaltierter Straße bis nach Huaraz.

Gewaltige Höhenunterschiede liegen zwischen dem Pass Portachuelo und den wunderschönen Llanganuco-Seen. Die vier Huandoy-Spitzen scheinen den Himmel zu berühren.

Auf Inka-Straßen durch die Anden

Auf uralten Wegen treffen sich die Geister der Ahnen vergangener Kulturen und moderne Trekker.

Als sich die Spanier 1532 auf den Weg von der Pazifikküste nach Cajamarca machten, nutzten sie Teile eines gigantischen Straßenverbunds, der vom Süden des heutigen Kolumbiens bis weit hinein nach Chile reichte. Sie folgten einer Infrastruktur, die über mindestens zwei Jahrtausende gewachsen war und zahlreiche Handelsrouten verschiedener Hochkulturen miteinander verband.

Zur Vernetzung dieser Straßen leisteten die Inka einen erheblichen Beitrag. Um die Versorgung ihrer Truppen sowie adeliger Reisender über längere Strecken zu gewährleisten, legten die Inka in regelmäßigen Abständen an ihren Straßen Rasthäuser an, die über prallvolle Waren- und Lebensmittellager verfügten. Sie konnten ja nicht ahnen, dass sich später feindliche Eindringlinge nach Herzenslust in diesen »Tambos« bedienen würden ...

In den Anden versuchten die Architekten der Inka die Straßen so zu verlegen, dass ein unnötiges Auf und Ab vermieden wurde – dafür musste auch hier und da mal ein ganzer Hang aufgeschüttet werden! Manches Kopfsteinpflaster hat die letzten 500 Jahre nahezu schadlos überstanden, und zahlreiche Straßen leisten den Bewohnern entlegener Hochtäler gar heute noch gute Dienste.

Reisen wie die alten Inka

Moderne Trekkingrouten bedienen sich ebenfalls dieser alten Straßen. Konnte der Inka seinerzeit das einmalige Andenpanorama aus seiner Sänfte noch in vollen Zügen genießen, stöhnt so mancher Bergwanderer heute, wenn es darum geht, 5000 m hohe Pässe zu bewältigen. Allerdings ist ein organisiertes Trekking mit Lasttieren, die das Gepäck transportieren, bei dem Köche für das leibliche

Wohl sorgen sowie zahlreiche Helfer den Touristen verwöhnen, kein großer Komfortverzicht. Und wenn man das Zeltlager erreicht, fühlt man sich sicher fast so gut wie hochgestellte Inka-Reisende, wenn sie am Ziel ihrer Reise aus ihren Sänften stiegen.

Der bekannteste Inka-Weg, der zugleich der meistbegangene Wanderpfad in ganz Südamerika ist, führt in drei bis vier Tagen über drei Pässe nach Machu Picchu. Der Ausgangspunkt liegt bei Bahnkilometer 82 (Bahnlinie von Cusco nach Aguas Calientes) am Ufer des Río Urubamba. Von einem einsamen Bergerlebnis kann hier allerdings nicht mehr die Rede sein. Örtliche Reiseagenturen kümmern sich um die notwendige Genehmigung und die komplette Abwicklung. Wanderfreunden, die eher die unberührte Berglandschaft abseits des Trubels suchen, bieten sich zahlreiche Alternativen an, die mindestens genauso schön sind wie der berühmte Inka-Trail (→ Sport und Freizeit, S. 36).

Alte Wege, neue Erfahrungen

Aber warum sollte man sich überhaupt zu Fuß durch die Anden mühen? Der Grund ist einfach: Die unglaubliche Weite und Schönheit der Anden können nur zu Fuß entdeckt werden. Viele Reisende, die nicht wandern, erblicken zwar aus großer Entfernung einige Eisgipfel, aber die Welt der Hochanden bleibt ihnen verborgen. Dazu gehören nicht nur große Lama- und Alpakaherden, die vor Gebirgsseen oder einzigartigen Gletscherpanoramen auf kargen Weiden ihr Futter suchen, sondern vor allen Dingen Begegnungen mit den gastfreundlichen, liebenswerten Bewohnern des Hochlands. Die Genügsamkeit, mit der diese Menschen in extremer Abgeschiedenheit ein sehr einfaches Dasein fristen, ist beeindruckend. Hier oben, zwischen Himmel und Erde, wo die Anden kein Ende zu nehmen scheinen, bekommt man die Gewissheit, die eigene vertraute Welt verlassen zu haben und neue Wege zu beschreiten. Und bei angemessener Bezahlung schaffen die »kleinen Dienstleistungen«, die man in ländlichen Gegenden unter Vertrag nimmt, dringend benötigte Arbeitsplätze.

Die Inka- und einige Vor-Inka-Kulturen verstanden es meisterhaft, Wege durch unwegsame Hochanden- sowie undurchdringliche Regenwaldgebiete anzulegen, wie z. B. in Form einer geflochtenen Hängebrücke (bei Queshuachaca).

Ein »Agrarlabor« der Inka und Salinen – Von Cusco über Moray nach Maras

Charakteristik: Besuch zweier kultureller Highlights auf einer Hochebene oberhalb des Urubambatals mit einfachen kurzen Wanderungen. Der Blick auf die Fünftausender der Urubamba-Kordilllere ist fantastisch; **Dauer:** Tagesausflug; **Einkehrmöglichkeiten:** am Ende des Ausflugs im Urubambatal; **Karte:** → S. 151, c 3–c 2–b 2

Wer in Cusco vor 9 Uhr startet, kann zusätzlich auf der Fahrt nach Moray auch den Besuch von **Chinchero** mit einbauen. Die Ortschaft ist nicht nur an Sonntagen (Markt → MERIAN-Tipp, S. 94) sehenswert. Für die Fahrt sollte man ein Taxi unter Vertrag nehmen. In Moray wartet das Fahrzeug am Parkplatz der archäologischen Stätte, in Maras besichtigt man die Salinen und wandert auf kurzer Strecke (45 Min.) ins Urubambatal. Das Taxi bestellt man für die Rückfahrt nach Cusco an die Brücke von Pichincoto (in der Nähe des Tunupa-Restaurants) ins Urubambatal (Taxi für den Tagesausflug von/bis Cusco ca. 120 S/.).

Cusco → Moray

Die Anfahrt erfolgt von Cusco über Chinchero nach Maras. Die letzten 9 km der Fahrt bis nach Moray werden auf staubiger Schotterpiste zurückgelegt. Die Sicht über die Hochebenen auf die Eisgipfel der Urubamba-Kordillere ist beeindruckend.

In **Moray** geben vier trichterförmige, bis zu 150 m tiefe Terrassenanlagen Rätsel auf. Die durchschnittliche Temperatur schwankt zwischen dem obersten Terrassenring und dem tiefsten Teil der Natursenke um bis zu 15 °C. Die Anlagen erinnern an Amphitheater, waren aber mit großer Wahrscheinlichkeit landwirtschaftliche Experimentierflächen. Schon die Vorfahren der Inka waren sehr darauf bedacht, möglichst ertragreiche und kälteresistente Mais-, Kartoffel- und Getreidesorten zu züchten.

Maras → Cusco

Die Straße zu den Salinen von Maras (→ MERIAN-Tipp, S. 146) führt erneut über die Ortschaft Maras. Die Salinen liegen in einer Schlucht, die man plötzlich von der Hochebene erblickt (von Moray könnte man auch in ca. 1,5 Std. auf 6–7 km zu den Salinen wandern). Man erfragt den Weg am besten im Besucherzentrum in Moray. Achtung: ausreichend Trinkwasser mitnehmen. In einer Stunde kann man herrlich durch die Salinen und weiter ins Urubambatal wandern. Der Weg führt an der linken Talseite in schotterigen Serpentinen talabwärts. Bevor man den Río Urubamba erreicht, liegt linker Hand ein Friedhof. Am Fluss biegt man rechts ab und gelangt zu einer Fußgängerbrücke. Von hier sind es 500 m bis zur Hauptstraße von Urubamba nach Ollantaytambo, von dort geht es zurück nach Cusco.

MERIAN-Tipp

9 Salinen von Maras

In den Salinen wird heute noch auf einzigartige Weise lebenswichtiges Salz gewonnnen. Das salzige Quellwasser wird über Kanäle in mehr als 3000 Verdunstungsbecken geleitet, die sich, Bienenwaben ähnlich, an die Sonnenseite des Berghangs schmiegen – ein unglaublicher Anblick. Durch Sonneneinstrahlung und Wind kommt es zur Verdunstung des Wassers, zurück bleibt eine Salzkruste. Das abgetragene und gereinigte Salz wird auf den Märkten der Region verkauft. Schon die Inka nutzten die Salzvorkommen auf diese Weise.

→ S. 151, b 2

Kolonialcharme und qualmende Schlote – Von Lima über Ayacucho nach Huancayo

Charakteristik: Abwechslungsreiche Tour abseits der touristischen Routen, starke Höhenunterschiede; **Länge:** 1150 km; **Dauer:** 4–5 Tage; **Einkehrmöglichkeiten:** Pisco, Ayacucho, Huancayo, Straßenrestaurants; **Karte:** → S. 178, A 11–B 12–C 12–C 11–B 1–A 11

Der Charme der Kolonialstadt Ayacucho steht im Gegensatz zu der Moderne des Handelszentrums Huancayo. Dagegen hat die Atmosphäre der auf dem Weg liegenden Minenstadt La Oroya etwas Bedrohliches. Hier kommt eine ganz andere Realität der Anden zum Vorschein. Der höchste Pass ist bei Ticlio auf 4850 m erreicht. Die Straßenverhältnisse variieren von der mehrspurigen Panamericana am Pazifik bis hin zu kurvigen Schotterpisten in den Anden. Auf sämtlichen Teilstrecken verkehren Busse, aber erst die Fahrt mit einem Mietwagen ermöglicht es, die abwechslungsreiche Landschaft und die zahlreichen spektakulären Aussichten zu genießen. In Ayacucho sollte man mindestens einen Tag für Besichtigungen einplanen.

Lima → S. Clemente

Von Lima bis S. Clemente folgt man der Panamericana Sur (227 km, 3 Std. Fahrzeit). Wer nicht an einem Tag bis Ayacucho fahren möchte, fährt in S. Clemente einige Kilometer weiter bis Pisco und besucht die eindrückliche Mondlandschaft der **Paracas-Halbinsel**. Nach einer Übernachtung empfiehlt sich am nächsten Morgen der Bootsausflug zu den Seevögel- und Seelöwenkolonien der **Ballestas-Inseln** (→ beide Reserva Nacional Paracas, S. 56). Zurück in S. Clemente, folgt man der Vía de los Libertadores, einer Route, die schon die Befreiungskämpfer Símon Bolívar und José de Sucre 1824 wählten.

Tambo Colorado → Ayacucho

Die Strecke schlängelt sich gemütlich das fruchtbare Tal des Río Pisco hinauf. 40 km hinter S. Clemente lohnt der Besuch der Inka-Festung **Tambo Colorado**, die als Administrativzentrum diente und zu den am besten erhaltenen Inka-Hinterlassenschaften der Küste zählt. Nahe des aus Adobe-Ziegeln erbauten Komplexes befindet sich ein Friedhof. Durch Erdbewegung wurden große Teile der Ruhestätte freigelegt, sodass Reste von Grabbeigaben und in Tuch gehüllte Knochen sowie Schädel überall auf dem Boden verteilt liegen.

Über Pámpano gelangt man nach **Huaytara**. Hier wurde die **Kolonialkirche Johannes des Täufers** auf gewaltigen Inka-Mauern errichtet. Den weiteren Weg bestimmen ein kontinuierliches »Rauf und Runter« sowie Getreidefelder und Eukalyptusbäume. In größeren Höhen zeigen sich erste Alpakaherden. Hinter Rumichaca und einer Abzweigung, die links nach Huancavelica führt (nicht abbiegen), gewinnt die Straße erneut an Höhe, bis der Pass Apacheta (4776 m) erreicht ist. Bis Ayacucho geht es nun langsam wieder 2000 Höhenmeter herunter, aber Geduld, die Strecke zieht sich: Selbst die letzten Kurven, wenn die Stadt schon zum Greifen nahe scheint, nehmen kein Ende ...

Die im Jahr 1540 unter dem Namen Huamang gegründete Stadt **Ayacucho** spielte zu Beginn der Kolonialzeit im 16. und 17. Jh. eine wichtige Rolle. Als sich Ende des 18. Jh. die Handelsrouten vom Hochland an die Küste verschoben und das Quecksilbergeschäft stagnierte, verlor die Stadt zunehmend an Bedeutung. 1824 gelang den Befreiungskämpfern nördlich von Huamanga auf der Wari-Stätte Quinoa-Pampa der entscheidende Sieg über die spanischen Kolonialtruppen. Daraufhin verlieh Simón Bolívar der Stadt den Namen Ayacucho – die Ruhestätte der Toten/Seelen – im Gedenken an die Opfer der Schlacht.

Heute zählt Ayacucho zu den ärmsten Departements Perus. Die Bewohner leben von einfacher Landwirtschaft, die Gegend ist karg und trocken. Die fortschreitende Verarmung der Ayacuchaños sowie das Desinteresse der zentralistisch orientierten Regierung in Lima, die sozialen Missstände zu beheben, haben mit Sicherheit dazu beigetragen, dass die terroristische Bewegung »Leuchtender Pfad« Anfang der 1980er Jahre hier einen blutigen Bürgerkrieg entfachte (→ S. 10). An dieses tragische Kapitel der peruanischen Geschichte erinnert das **Museo de la Memoria** im Stadtzentrum.

Einmal im Jahr – zur Karwoche – steht Ayacucho im Mittelpunkt des öffentlichen Interesses. Die **Osterprozessionen** gelten als einige der schönsten auf der ganzen Welt. Die Umzüge beginnen am Mittwoch mit der **Procesión del Encuentro** (**Prozession der Begegnung**) und enden mit der **Wiederauferstehungsprozession** am Ostersonntag. Doch Ayacucho lohnt das ganze Jahr über einen Besuch, da das koloniale Erbe prachtvoll ist (→ MERIAN-Tipp, S. 149).

Zentral an der Plaza de Armas gelegen, befindet sich das **Ayacucho Plaza Hotel** im Kolonialstil (Jr. 9 de Diciembre 184; Tel. 0 66/31 22 02, Fax 31 23 14; 80 Zimmer ● CREDIT). Informationen findet der Ayacucho-Besucher bei **i perú** (Portal Municipal 48, Plaza de Armas; Tel./Fax 0 66/ 31 83 05; Mo–Sa 8.30–19.30, So 8.30–14.30 Uhr).

Die archäologische Stätte **Wari** liegt 22 km nördlich von Ayacucho. Hier entstanden ab 600 n. Chr. zeremonielle Zentren, Plätze, Straßen, große ummauerte Gevierte mit Wohn- und Arbeitsstätten, unterirdische Gänge, Herrschaftsgräber sowie beeindruckende Be- und Entwässerungssysteme. Dieser Ort gab der Kultur der Wari ihren Namen, die

Über den ganzen amerikanischen Kontinent verlaufend, verbindet die Panamericana Alaska mit Feuerland. In Peru zieht sie sich als endloses Asphaltband durch die Küstenwüste.

für so überragende Bauwerke wie den Tempel Willcawaín (→ Huaraz, S. 105) verantwortlich waren. Ein kleines Ortsmuseum liefert nützliche Infos für den Besuch der »Stadt in Ruinen« (tgl. 8–17 Uhr).

Huancayo ···> Lima

Die ersten 45 km (1 Std.) der Straße von Ayacucho bis Huanta sind asphaltiert, dann folgen 140 km (4 Std.) auf einer Schotterpiste parallel zum Río Mantaro über Mayocc, Anco, Mariscal Caceres bis Izcuchaca. Bis Huancayo verbleiben zum Schluss noch 68 km auf guter Straße (90 Min.).

Die quirlige, moderne und nicht unbedingt schöne Stadt **Huancayo** (430 000 Einwohner, 3244 m) gilt als das wichtigste Handelszentrum der Zentralanden, verfügt aber kaum über touristische Sehenswürdigkeiten. An Sonntagen wird ein großer Markt abgehalten, auf dem unter anderem Kunsthandwerk angeboten wird. Ca. 20 Min. nördlich von Huancayo (21 km Schnellstraße Richtung Lima) bietet das ländliche **Hotel Loma Verde** (Leopoldo Peña 770, Concepción; Tel./Fax 0 64/58 15 69; www.lomaverdeperu.com; 24 Zimmer ●● CREDIT) eine gemütliche Alternative zu den Hotels in der Stadt (z. B. **Hotel Presidente**; zentral gelegenes, modernes Hotel mit bewachtem Parkplatz; C. Real 1138; Tel./Fax 0 64/23 54 19; www.hoteles-delcentro.com; 84 Zimmer ● CREDIT).

Von Huancayo aus folgen zwei Straßen dem linken und rechten Ufer des Río Mantaro (rechts Schnellstraße), die später wieder zusammentreffen. Nach der fruchtbaren Mantaro-Ebene schlängelt sich die Straße durch eine schöne Felslandschaft bis zu der Minenstadt **La Oroya** (124 km). Abraumhalden, Schlote und riesige Metallindustrieanlagen vermitteln einen düsteren Eindruck. Hier braucht man nicht viel Fantasie, um sich den tristen Alltag der Minenarbeiter vorzustellen. Achtung: Zwischen La Oroya und Lima sind auf der kurvenreichen Strecke zahlreiche Schwerlaster unterwegs. Die Polizei ahndet Verstöße gegen Überholverbote!

Bis zum Anticona-Pass, der sich auf 4850 m befindet, sind es noch 46 km und 1100 Höhenmeter. Auf die Passhöhe folgen kurze Hochebenen, dann verengt sich das Tal zunehmend. Die Felswände rücken immer dichter zusammen, und eine lange, sehr kurvenreiche Talfahrt nach Lima beginnt. In der engen Schlucht verläuft auch eine der höchsten Eisenbahnstrecken der Welt. Sie führt durch 69 Tunnels und über 67 Brücken, die auch mehrfach die Straße überqueren. In wenigen Stunden gelangt man von der Höhe des Montblancs an die Ufer des Pazifiks. Von **Chosica** (viele Restaurants), einem beliebten Ausflugsort der Limeños, sind es noch 37 km bis Lima. Die Fahrt durch die Hauptstadt erfordert aufgrund des hohen Verkehrsaufkommens ein wenig Geduld.

MERIAN-Tipp

10 Koloniales Erbe von Ayacucho

Von der wichtigen Rolle Ayacuchos zu Beginn der Kolonialzeit zeugen heute noch 33 Kolonialkirchen und zahlreiche Herrschaftshäuser (oder zumindest deren Überreste). Die Kathedrale, die Jesuitenkirche La Companía, sowie San Francisco, Santo Domingo und das Kloster der Santa Clara sollte man auch nicht verpassen. Das Zusammenspiel der barocken, churrigueresken, plateresken, maurischen und indianischen Stilrichtungen verblüffen den Besucher immer wieder von neuem. Mit Blattgold überzogene Altäre, aus Zedernholz geschnitzte Kanzeln, Beichtstühle und Skulpturen sowie die Ölgemälde sind eine Augenweide für Kunstliebhaber. In Santa Ana blüht das berühmte Kunsthandwerk Ayacuchos.

···> S. 178, C 12

Eine abenteuerliche Fahrt – Von Cusco über Paucartambo nach Pisaq

Charakteristik: Abwechslungsreiche Rundfahrt, großteils abseits der touristischen Routen; **Dauer:** 1 Tag; **Länge:** ca. 215 km; **Einkehrmöglichkeiten:** Paucartambo und Pisaq. Die Fahrt sollte nur in der Trockenzeit von April bis Oktober unternommen werden; **Karte:** ⇢ S. 151, c 3–d 3–d 2–c 2–c 3

Dieser Ausflug ist auf Reisende zugeschnitten, die die touristischen Routen um Cusco für einen Tag verlassen wollen und auf Schotterpisten im Alleingang die Anden erleben möchten. Voraussetzung für die Rundfahrt ist ein Mietwagen (am besten ein Pick-up, Allrad ist nicht nötig). Ein früher Aufbruch ist angeraten.

Cusco ⇢ Paucartambo

Auf der Av. Cultura verlässt man Cusco in südöstlicher Richtung. Diese asphaltierte Straße führt bis an die Ufer des Titicacasees. Nach ca. 25 km biegt man von der Hauptstraße nach Huambutio ab. Nach 2,5 km überquert man den Río Vilcanota und folgt hinter der Brücke (0 km) der Abzweigung nach rechts. In den nächsten Stunden gehören Lamas und Esel sowie Staub und Schotter zu den Wegbegleitern. Unscheinbare kleine Orte liegen am Wegesrand (Taucamarca, Huasacmayo etc.), bis man nach ca. 30 km Huancarani erreicht. Hier biegt man nicht nach rechts ab, sondern folgt der Hauptstraße weiter in Richtung des Passes Q'elquay Kunka. Vereinzelte Lama- und Alpakaherden grasen an den kargen Hängen. Selbst Kartoffeln werden noch in dieser extremen Höhe von knapp 4000 m angebaut. Bei guter Sicht kann man die Eisriesen der Vilcanota am Horizont ausmachen. Wieder talabwärts stehen in **Ninamarca** (ca. 55 km) auffällige **Chullpas-Grabtürme**. Angehörige der Lupaca-Kultur bestatteten hier in der Zeit vor den Inka ihre Toten. Solche Grabtürme sind in den südlichen Anden Perus weit verbreitet. Zumeist wurden sie schon in der Kolonialzeit geplündert. Die Piste führt nun herunter nach Paucartambo auf 2830 m ins Mapochetal (ca. 80 km).

Das Örtchen **Paucartambo** (ca. 5400 Einwohner) macht einen verschlafenen Eindruck, explodiert aber jedes Jahr pünktlich am 16. Juli, wenn das **Fest der Virgin del Carmen** (Jungfrau Carmen) gefeiert wird (→ Feste und Events, S. 33). Gläubige und Schaulustige aus ganz Peru reisen dann an, um an den Prozessionen teilzunehmen und die Tänzer und Musiker über mehrere Tage zu begleiten. Der Ort hat seinen kolonialen Charme bewahrt, ein kleiner Rundgang bis zur Kirche lohnt sich!

Llullucha ⇢ Pisaq

Die Rückfahrt erfolgt auf einer alternativen Strecke über den bekannten Ort Pisaq im Urubambatal. Man verlässt Paucartambo (0 km) in südwestlicher Richtung durch das Quelcomayotal. Es folgen die Dörfer Llullucha, Huarranca und nach ca. 25 km **Colquepata**, das auf 3750 m liegt. Hier sollte man einen Blick auf die kleine **Kolonialkirche** werfen.

An der Kreuzung hinter Colquepata biegt man rechts ab. Nach weiteren 15 km ist der Pass Huachuqasa (4180 m) erreicht. Auch hier weiden Kleinkamele, die die Weber des Ortes Chahuaytire (ca. 56 km) wegen ihrer Wolle züchten. Es folgen die Dörfer Cuyo Grande und Qello Qello (64 km). Bald darauf stößt die Schotterpiste auf eine asphaltierte Straße, die bergauf zu den Ruinen von Pisaq führt und bergab nach 4 km in den Ort **Pisaq** (→ S. 98). Falls es die Zeit zulässt, sollte man der sehr sehenswer-

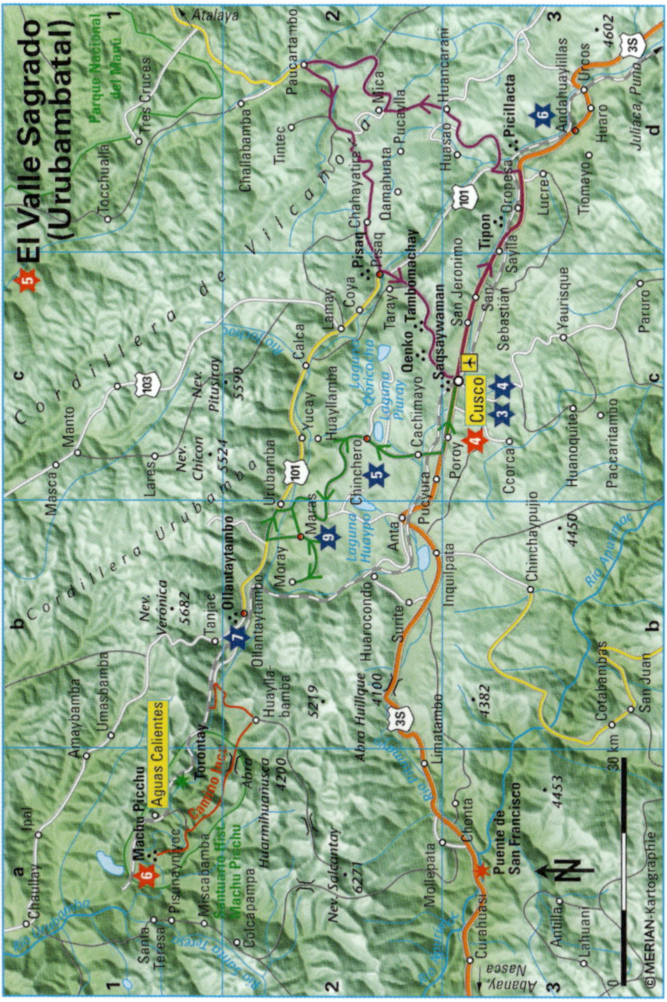

ten, nahe gelegenen archäologischen Stätte von Pisaq einen Besuch abstatten. Hier kann man sich nach der langen Fahrt ausgezeichnet die Füße vertreten – umgeben von Inka-Ruinen. In Pisaq laden einige Cafés und Restaurants an der Plaza zum Verweilen ein. Dienstags, donnerstags und sonntags wird ein Markt abgehalten, auf dem man Mitbringsel für Daheimgebliebene erstehen kann. Man bemerkt sofort, dass man wieder in die touristische Welt Perus zurückgekehrt ist – die Lamahirten und Hochlandbauern in ihren kleinen Dörfern rücken in weite Ferne. Bis Cusco sind es noch 32 km auf guter Straße (ca. 45 Min.).

Wissenswertes über Peru

Weltberühmt und zahllos oft verewigt – ob als Ölgemälde oder Aquarell, Machu Picchu (→ S. 99) muss für alles herhalten, und dies so farbenfroh wie möglich!

Von der Anreise über den Essdolmetscher, diplomatische Vertretungen, Kleidungstipps zum Klima und Zollmodalitäten findet sich auf den folgenden Seiten alles für den perfekten Aufenthalt in Peru.

Jahreszahlen und Fakten im Überblick

Um 40 000–20 000 v. Chr.
Besiedlung des amerikanischen Kontinents über die Beringstraße und den Atlantik.

10 000 v. Chr.
Felsmalereien von Lauricocha und Toquepala (Peru).

3000 v. Chr.
Präkeramische Zeit: Gründung von Caral, der ältesten Stadt Amerikas.

1000–200 v. Chr.
Formativum: erster Kultur-Horizont durch die Chavín-Kultur. Die Paracas entwickeln die Kunst des Webens.

200 v.–600 n. Chr.
Regionale Kulturen: Zeit der Tiwanaku (heutiges Bolivien), Nasca (Südküste), Recuay (Zentralanden) und Mochica (Nordküste).

Bis 900 n. Chr.
Die kriegerischen Wari verbreiten kulturelle Errungenschaften der Tiwanaku-Kultur.

900–1450 n. Chr.
Erneut regionale Herrschaften: Chimú und Sicán an der Nordküste, Chancay (Zentralküste), Chachapoyas (nordöstl. Bergland), Ica-Chincha (Südküste), Chanka (Zentralanden) und in den südlichen Anden ab dem 13./14. Jh. Aufstieg des Inka-Imperiums.

Ab 1438
Expansion unter dem Inka Pachacútec Yupanqui. Das Inka-Reich entwickelt sich zum größten Reich Südamerikas. Ab 1530 Bruderkrieg zwischen den Inka Huascar und Atahualpa.

1532/33
Gefangennahme und Ermordung des Inka Atahualpa in Cajamarca. Beginn der Kolonialzeit.

Ab 1535
Pizarro gründet Lima und wird 1541 in der Stadt ermordet.

1536–1538
Aufstand Manco Incas gegen die Spanier, Belagerung Cuscos.

1543
Gründung des Vizekönigreichs Peru. Konquistadoren-Krieg bis zur Hinrichtung Gonzalo Pizarros 1548.

1545
Entdeckung der größten Silbervorkommen der Welt in Potosi (heutiges Bolivien).

1551
Gründung der San-Marcos-Universität in Lima, der ersten Amerikas.

1568
Bekämpfung der Idolatrie unter Führung des peruanischen Vizekönigs Francisco de Toledo.

1572
Hinrichtung des Inka-Thronfolgers Túpac Amaru I. in Cusco.

1717
Abspaltung des Vizekönigreichs Neugranada von Peru (Ecuador, Kolumbien, Panama und Venezuela).

1767
Vertreibung der Jesuiten aus Hispanoamerika.

1776
Abspaltung des Vizekönigreichs Rio de la Plata von Peru (Argentinien, Bolivien, Paraguay und Uruguay).

1781
Nach einem missglückten Aufstand wird Túpac Amaru II. in Cusco zum Tode verurteilt.

1821–1824
Unabhängigkeitserklärung Perus unter Führung von José de San Martin und Símon Bolívar.

1826–1866
In 40 Jahren regieren 35 Präsidenten, es herrscht politisches Chaos.

1854
Offizielle Abschaffung der Sklaverei in Peru.

1883
Niederlage Perus und Boliviens im »Salpeterkrieg« gegen Chile. Verlust der südlichen Provinzen.

1927
Víctor Raúl Haya de la Torre gründet die heute älteste bestehende politische Partei Perus, die revolutionäre APRA – Alianza Popular Revolucionaria Americana.

1928
Chile tritt die Provinz Tacna wieder an Peru ab (die Provinzen Arica und Tarapacá bleiben chilenisch).

1941/42
Krieg zwischen Peru und Ecuador. Das Protokoll von Rio de Janeiro spricht Peru den größten Teil des strittigen Amazonasgebiets zu.

1968–1980
Militärdiktatur unter den Generälen Velasco Alvarado und Morales Bermúdez. Es folgen Landreformen, Verstaatlichungen von Bodenschätzen, Banken sowie Teilen der Industrie.

1970
Ein Erdbeben in der Cordillera Blanca fordert 70 000 Tote.

1980
Rückkehr zur Demokratie. Fast gleichzeitig macht der maoistisch-revolutionäre Sendero Luminoso – Leuchtender Pfad –, der aus einer Studentenbewegung entstand, mit ersten Anschlägen auf sich aufmerksam.

1980–1993
Die Kämpfe zwischen Anhängern des Sendero Luminoso und dem peruanischen Militär fordern 60 000 Menschenleben, der Konflikt wird auf dem Rücken der indigenen Landbevölkerung ausgetragen.

1985–1990
Unter der Regierung Alan Garcías (APRA) gerät Peru in ein wirtschaftliches und innenpolitisches Chaos.

1990–2000
Fujimori, Sohn japanischer Einwanderer, wird überraschend Präsident. Nach anfänglichen Erfolgen blühen Korruption und Vetternwirtschaft. Nach der dritten durch Betrug gewonnenen Wahl flüchtet Fujimori Ende 2000 ins japanische Exil.

1998
Friedensvertrag mit Ecuador.

2001
Unter Alejandro Toledos Präsidentschaft stabilisiert sich zwar die Wirtschaftslage, aber die Masse der Peruaner spürt davon wenig, die Unzufriedenheit wächst, Proteste folgen.

2006
Alan García wird erneut (1985–1990) zum Präsidenten gewählt. Der nationalpopulistische Kandidat Ollanta Humala unterliegt im zweiten Wahlgang. Die APRA, die Partei des Präsidenten, muss bei den Regional- und Kommunalwahlen im November 2006 schwere Verluste einstecken. Die Gewinner sind unabhängige Kandidaten und regionale Parteien.

ab 2007
Der Kampf gegen die extreme Armut und Korruption im Lande sind hochgesteckte Ziele der Regierung für ihre Legislaturperiode.

Nie wieder sprachlos

Ausspracheregeln

c: *vor dunklen Vokalen wie »k« (como), vor hellen Vokalen wie engl. »th« (gracias)*
ch: *wie »tsch« (ocho)*
h: *wird nicht gesprochen*
j: *wie »ch« (jueves)*
ll: *wie »j« (calle)*
ñ: *wie »nj« (mañana)*
qu: *wie »k« (quisiera)*
s: *wie »ss« (casa), am Wortende verschluckt*
y: *wie »j« (hoy)*
z: *wie engl. »th« (diez)*

Wichtige Wörter und Ausdrücke

Ja	*sí*
Nein	*no*
Bitte	*por favor*
Danke	*gracias*
und	*y*
Wie bitte?	*Cómo?*
Ich verstehe nicht	*No entiendo*
Entschuldigung	*con permiso, perdón*
Guten Morgen	*buenos días*
Guten Tag	*buenas tardes*
Guten Abend	*buenas noches*
Auf Wiedersehen	*adiós*
Hallo	*hola*
Ich heiße ...	*Me llamo ...*
Ich komme aus ...	*Yo soy de ...*
Wie geht's?	*¿Que tal/cómo está?*
Danke, gut	*Bien, gracias*
Wer, was, welcher	*quien, que, cual*
Wie viel?	*¿cuánto?*
Wo ist?	*¿dónde está?*
Wann?	*¿cuándo?*
Wie lange?	*¿cuánto tiempo?*
Sprechen Sie Deutsch?	*¿Habla alemán?*
heute	*hoy*
morgen	*mañana*

Zahlen

eins	*uno*
zwei	*dos*
drei	*tres*
vier	*cuatro*
fünf	*cinco*
sechs	*seis*
sieben	*siete*
acht	*ocho*
neun	*nueve*
zehn	*diez*
zwanzig	*veinte*
fünfzig	*cincuenta*
hundert	*cien*
zweihundert	*doscientos*
fünfhundert	*quinientos*
tausend	*mil*

Wochentage

Montag	*lunes*
Dienstag	*martes*
Mittwoch	*miércoles*
Donnerstag	*jueves*
Freitag	*viernes*
Samstag	*sábado*
Sonntag	*domingo*

Mit und ohne Auto

Wie weit ist es nach ...?	*¿Cuánto tiempo dura el viaje hasta ...?*
Wie kommt man nach ...?	*¿Por dónde se va a ...?*
Wo ist ...?	*¿Dónde está ...?*
– die nächste Werkstatt	*el próximo taller*
– die nächste Busstation	*la próxima parada de buses*
– der Flughafen	*el aeropuerto*
– die Touristeninformation	*la información turística*

– die nächste Bank	*el próximo banco*
– die nächste Tankstelle	*la próxima gasolinera/grifo*
Wo finde ich einen Arzt/eine Apotheke?	*¿Dónde encuentro un doctor/una farmacia?*
Bitte voll tanken!	*¡Lleno, por favor!*
Normalbenzin	*regular*
Super	*super*
Diesel	*diesel/petroleo*
Bleifrei	*sin plomo*
rechts	*a la derecha*
links	*a la izquierda*
geradeaus	*derecho*
Ich möchte ein Auto/Fahrrad mieten	*Quiero alquilar un coche/una bicicleta*
Wir hatten einen Unfall	*Tuvimos un accidente*
Ich habe eine Panne	*Tengo una avería*
Eine Fahrkarte nach ... bitte!	*¡Quisiera un pasaje a ..., por favor!*

Hotel

Ich suche ein Hotel	*Busco un hotel*
Ich möchte ein Zimmer für ... Personen	*Tiene usted una habitacion para ... personas*
Haben Sie noch Zimmer frei?	*¿Hay habitaciones libres?*
– für eine Nacht	*para una noche*
– für eine Woche	*para una semana*
Ich habe ein Zimmer reserviert	*He reservado una habitación*
Wie viel kostet das Zimmer?	*¿Cuánto vale la habitación?*
– mit Frühstück	*desayuno incluido*
– mit Halbpension	*con media pensión*
Kann ich das Zimmer sehen?	*¿Es posible ver la habitación?*
Ich nehme das Zimmer	*Quiero la habitación*
Kann ich mit Kreditkarte zahlen?	*¿Puedo pagar con tarjeta de crédito?*

Restaurant

Die Speisekarte bitte!	*¡La lista de platos/el menú, por favor!*
Ich hätte gern einen Kaffee	*¡Un café, por favor!*
Die Rechnung bitte!	*¡La cuenta, por favor!*
Wo finde ich die Toiletten?	*¿Dónde está el baño/el servicio?*
– Damen/Herren	*damas/caballeros*
Kellner(in)	*camarero/camarera*
Frühstück	*desayuno*
Mittagessen	*almuerzo*
Abendessen	*cena*

Einkaufen

Wo gibt es ...?	*¿Dónde hay ...?*
Ich möchte ...	*Quisiera .../Desearía .../Me gustaría ...*
Haben Sie ...?	*¿Hay ...?*
Wie viel kostet das?	*¿Cuánto vale esto?*
Das ist zu teuer	*Es demasiado caro*
Ich nehme es	*Me lo llevo*
Geben Sie mir bitte hundert Gramm/ein Kilo ...!	*¡Por favor déme cien gramo/un kilo de ...!*
Danke, das ist alles	*Gracias, eso es todo*
geöffnet	*abierto*
geschlossen	*cerrado*
Bäckerei	*panadería*
Markt	*mercado*
Lebensmittelgeschäft	*supermercado*
Briefmarke für einen Brief/Postkarte nach	*sello para una carta postal/una tarjeta postal a*
– Deutschland	*Alemania*
– Österreich	*Austria*
– in die Schweiz	*Suiza*

Die wichtigsten kulinarischen Begriffe

A

aceite: Öl
– *de oliva:* Olivenöl
aceituna: Olive
adobo: Schweinefleisch in Maisbier eingelegt
agua: Wasser
– *con (sin) gas:* Wasser mit (ohne) Kohlensäure
– *mineral:* Mineralwasser
– *potable:* Trinkwasser
aguardiente: Branntwein, Schnaps
ahumado: geräuchert
ají: scharfe Soße
ajo: Knoblauch
a la casa: nach Art des Hauses
a la plancha: gegrillt
albóndiga: Frikadelle, Bulette
alcachofa: Artischocke
almendra: Mandel
anticucho: Fleischspieß
– *de corazón:* Rinderherzspieß
– *de pollo:* Hühnchenfleischspieß
alpaca: Kleinkamel (Fleisch)
arveja: Erbse
arroz: Reis
asado: Braten
– *bien asado/bien hecho:* durchgebraten (Fleisch)
azúcar: Zucker

B

bacalao: Kabeljau, Stockfisch
bebida: Getränk
bistec: Beefsteak
bocadillo/bocadito: Imbiss, Snack
bonito: Thunfischart
botella: Flasche
brocheta: Spieß
buey: Rind, Ochse

C

cabra: Ziege
café con leche: Milchkaffee
– *cortado:* Kaffee mit wenig Milch
– *solo:* schwarzer Kaffee
calabaza: Kürbis
calamar: Tintenfisch
caldo: Brühe
caliente: heiß
camarones: Krabben
camote: Süßkartoffel
cangrejo: Krebs
carne: Fleisch
carne molida: Hackfleisch
carta: Speisekarte
– *de vinos:* Weinkarte
cebiche de pescado: pikant marinierter Fisch in Limonensaft
– *de mariscos:* marinierte Meeresfrüchte in Limonensaft
– *mixto:* gemischte ...
cebolla: Zwiebel
cerdo: Schwein
cerveza: Bier
– *oscura:* dunkel
– *rubia:* hell
chairo: deftiger Eintopf
chicha: vergorenes Maisbier
chicha morada: Erfrischungsgetränk aus lilafarbenem Mais
chicharrón de chancho: frittierte Schweinefleischstücke
– *de pollo:* frittierte Hühnchenfleischstücke
– *de pescado:* frittierte Fischstücke
chorizo: rote Paprikawurst
chuleta: Kotelett
chuño: gefriergetrocknete Kartoffel
churro: in Öl ausgebackenes Spritzgebäck
coliflor: Blumenkohl
concha: Muschel
– *de abanico:* Jakobsmuschel
copa: Weinglas
cordero: Lamm
crema: Sahne
crema de espárragos: Spargelcremesuppe
crudo: roh
crustáceos: Schalentiere
cuchara: Löffel

Das Büfett im Restaurant Tunúpa in Cusco (→ MERIAN-Favorit, S. 89) vor dem großen Ansturm. Neben landestypischen Gerichten wird hier auch internationale Küche geboten.

cuchillo: Messer
cuy: Meerschweinchen
cuy al horno: Meerschweinchen im Ofen zubereitet

D
digestivo: Verdauungsschnaps
dorada: Goldbrasse
dulce: süß, Süßigkeiten
durazno: Pfirsich

E
embutido: Wurst
empanada: Teigtasche
empanado: paniert
entrada: Vorspeise
ensalada: Salat
ensalada de fruta: Obstsalat
escabeche: Marinade
espárrago: Spargel
espinaca: Spinat
estofado: Schmorbraten

F
fideos: dünne Nudeln
filete: Filet
flan: Pudding
fresa: Erdbeere
frejoles: Bohnen
fresco: frisch
frío: kalt
frito: gebraten, frittiert
fruta: Frucht, Obst

G
galleta: Keks
guisado: Schmorfleisch

H
habas: dicke Bohnen, Saubohnen
hígado: Leber
huevo: Ei
– *duro:* hart gekocht
– *frito:* Spiegelei
– *revuelto:* Rührei

Gehört sicher nicht zu den kulinarischen Hochgenüssen, wird aber in Peru gerne zum Essen getrunken: Limonade in allen Farbschattierungen.

J

jamón: Schinken
jugo: Saft
– de fruta: Fruchtsaft
– de naranja: Orangensaft

L

langosta: Languste
langostino: Garnele/Riesengarnele
leche: Milch
lechón: Spanferkel
lechuga: Kopfsalat
legumbres: Gemüse, Hülsenfrüchte
lengua: Zunge
lenguado: Seezunge
lenteja: Linse
limon: Limone
llama: Lama
lomo: Lende, Filet

M

maní: Erdnuss
mate de coca: Kokatee
mate de manzanilla: Kamillentee
manteca: Fett
mantequilla: Butter
manzana: Apfel
mariscos: Meeresfrüchte
mazamorra morada: Süßspeise aus lilafarbenem Mais
mejillónes: Miesmuscheln
membrillo: Quitte
menta: (Pfeffer-)Minze
menú: Menü, Karte
– del día: Tagesmenü
mermelada: Marmelade
mero: Zackenbarsch
mesa: Tisch
miel: Honig
milanesa: paniertes Schnitzel
morcilla: Blutwurst
mostaza: Senf
mote: aufgequollene Maiskörner

N

naranja: Orange
nata: Sahne
nuez: Nuss

O

a la olla: im Topf gekocht

P

pachamanca: Festessen aus dem Steinofen
paella: Reisgericht
palillo de dientes: Zahnstocher
palmito: Palmenherz
palta: Avocado
pan: Brot
– integral: Vollkornbrot
papas: Kartoffeln
– fritas: Pommes frites
– hervidas: Salzkartoffeln
para llevar: zum Mitnehmen
parrillada: Grillteller
pasas: Rosinen
pastel: Kuchen, Torte
pato: Ente
pavo: Truthahn
pecho: Brust
pepino: Gurke
pera: Birne
perejil: Petersilie
pescado: Fisch
pez espada: Schwertfisch
pimienta: Pfeffer
piña: Ananas
plátano: Banane
plato fuerte: Hauptgericht
pollo: Huhn
pollo broster: Huhn vom Grill
postre: Nachtisch
puchero: Eintopf
pulpo: Krake

Q

queso: Käse

R

raya: Rochen
refresco: Erfrischungsgetränk
relleno: gefüllt, Füllung
repollo: Weißkohl
res: Rind
riñones: Nieren
rocoto relleno: gefüllte scharfe Schoten

S

sal: Salz
salchicha: Würstchen
salmón: Lachs
salsa: Sauce
sandía: Wassermelone
sardina: Sardine
seco: trocken (Wein)
servilleta: Serviette
seta: Pilz
sin alcohol: alkoholfrei
sopa: Suppe
– de verduras: Gemüsesuppe

T

tallarínes: Nudeln
tamales: gedünstete Maisteigtasche
tapa: Appetithäppchen
tarwi: eiweißhaltige Lupinenbohne
té: Tee
tenedor: Gabel
ternera: Kalbfleisch
tierno: zart
tocino: Speck
tortilla: Omelett
– española: Omelett mit Kartoffeln
trigo: Weizen
trucha: Forelle
turrón: Mandelkonfekt

U

uva: Weintraube
uchucuta: pikante Kräutersoße

V

venado: Hirsch
verduras: Gemüse
vinagre: Essig
vino: Wein
– blanco: Weißwein
– del país: Landwein
– rosado: Roséwein
– tinto: Rotwein

Y

yuca: Maniok

Z

zanahoria: Mohrrübe

168 Spanier gegen ein Imperium

Die Spanier nutzten die Gunst der Stunde, den Inka wurde sie zum Verhängnis.

Unter der Führung des neunten Inka Pachacutec begann ab 1438 die rasante Ausbreitung der »Sonnensöhne« über den südamerikanischen Kontinent. In knapp 100 Jahren entwickelte sich der Regionalstaat um Cusco zum größten Reich des vorspanischen Amerikas. Die Eroberungsfeldzüge verliefen blitzartig, kaum war der Feind besiegt, marschierte die Kriegsmaschine der Inka weiter. Bald eilte den Inka der Ruf voraus, sie seien unbesiegbar. Viele lokale Fürstentümer ergaben sich kampflos.

Die neue Ordnung der Inka

Aber es blieb kaum Zeit, die Vorherrschaft in den eroberten Gebieten zu festigen. Unterlegene Herrscher sowie ihre Untertanen wurden im Schnellverfahren zu neuen Bürgern des Inka-Reichs umerzogen. Den entmachteten Adel erhoben die Inka unter ihrem Kommando wieder in einen fürstlichen Stand. Eine Fülle an Geschenken und Privilegien machte die Schmach der Niederlage schnell vergessen. Allerdings war das Leben in den Anden durch eine reziproke Ordnung bestimmt, das heißt durch Geben und Nehmen! Hatte man sich erst einmal in diese Abhängigkeit begeben, war man verpflichtet, nun auch die Wünsche und Forderungen der neuen Herrscher zu erfüllen. Utopische Steuer- und Tributforderungen der Inka sorgten für wachsenden Unmut in dem noch losen Staatenverbund, den man heute als Inka-Reich bezeichnet. Aufmüpfige Stämme wurden brutalen Zwangsumsiedlungen unterzogen. Kein Wunder, dass manche Völker den Zeitpunkt für günstig hielten, sich aus dem Joch der Inka zu befreien, als 1532 die spanischen Konquistadoren auftauchten. Doch dieser vermeintliche Weg aus der Knechtschaft führte Millionen von Menschen vom Regen in die Traufe.

Spanien und die Gunst der Stunde

Als ob die Spanier indirekt über Jahrzehnte auf den idealen Moment für die Eroberung Perus gewartet hätten, kam ihnen ein Bruderkrieg zwischen den rivalisierenden Thronfolgern Huascar und Atahualpa zugute. Der Krieg hatte das Inka-Reich extrem geschwächt, es war in verschiedene Lager gespalten. Der Inka Atahualpa aber war durch den Triumph über seinen Bruder so geblendet, dass er sich für unbesiegbar hielt. Ein paar fremde Eindringlinge, so meinte er, könnten ihm, dem Sonnensohn, nichts anhaben. Es sollte anders kommen: Dem spanischen Augenzeugen und Chronisten Francisco Xerez zufolge hatte die ganze Schlacht gerade mal 30 Minuten gedauert. Vereinbart war ein erstes friedliches Treffen zwischen Francisco Pizarro und dem Inka Atahualpa, aber Pizarro hatte die günstige Gelegenheit zu einem Überraschungsangriff in Cajamarca erkannt. Kanonen spieen Feuer, Reiter preschten hervor, und ehe sich der Inka versah, befand er sich schon in Gefangenschaft. Seine Leibgarde war wie vom Blitz getroffen, niemals zuvor hatten sie etwas Ähnliches erlebt, es war, als hätten sich die Götter erhoben. Zwischen 3000 und 7000 Indigene fanden den Tod. Auf spanischer Seite gab es keine Verluste zu beklagen. Das Reich der Inka war führungslos, der alleinige Herrscher gedemütigt und seiner Macht beraubt. Trotz einer tonnenschweren Gold- und Silberlösegeldzahlung brachen die Spanier ihr Wort und setzten ihren Gefangenen nicht wieder auf freien Fuß. Der letzte Inka wurde 1533 mit dem Würgeeisen nach einer sehr fadenscheinigen Anklage ermordet. Trotzdem war der Weg in die alte Inka-Hauptstadt Cusco noch nicht ganz frei. Je nachdem, wem die Spanier unterwegs begegneten, wurden sie als Befreier empfangen oder als Feinde bekämpft. Kaum zu glauben, aber vereinzelt wurden sie sogar für Abgesandte des andinen Gottes Viracocha gehalten. Ihr wahres Gesicht und ihre Goldgier konnten die Spanier trotz alledem nicht lange verbergen. Aber da war es bereits zu spät, um das Rad der Geschichte zurückzudrehen. Trotz verschiedener Aufstände sollte die spanische Herrschaft bis 1821 andauern.

Dieses Wandgemälde aus Cusco legt Zeugnis ab vom oftmals blutigen Verlauf der peruanischen Geschichte. Hier ist die Unterwerfung der Inka durch die Konquistadoren zu sehen.

Nützliche Adressen und Reiseservice

Auf einen Blick

Fläche: 1 285 216 qkm
Einwohnerzahl: 28,5 Mio.
Hauptstadt: Lima
Staatsform: Präsidialrepublik
Verwaltung: 25 Regionen, die in 194 Provinzen gegliedert sind.
Sprachen: Spanisch, im Hochland Quechua und Aymára.
Religion: Offiziell sind 90 % der Peruaner katholisch.
Wirtschaft: Trotz Abbau der enormen Erzvorkommen sowie von Erdgas- und Erdöllagern leben ca. 20 % der Peruaner in extremer Armut, die Schere zwischen Reich und Arm ist sehr groß.

Anreise/Ausweis

Peru unterhält Grenzübergänge zu den Nachbarländern Bolivien, Brasilien, Chile, Ecuador und Kolumbien. Zumeist erfolgt die Einreise aber über den internationalen Flughafen Jorge Chávez in Lima. Deutsche, Österreicher und Schweizer benötigen lediglich einen zum Zeitpunkt der Einreise noch mindestens sechs Monate gültigen Reisepass. Bei der Einreise erhält der Besucher eine Touristenkarte, die auszufüllen ist und von der Einreisebehörde abgestempelt wird. Lima wird aus den USA, Europa (Madrid und Amsterdam) und Lateinamerika angeflogen. Vom Flughafen Lima fährt ein Shuttle-Bus für ca. 8 US$ zu Hotels ins Zentrum von Lima sowie in den Stadtteil Miraflores. Ein einfaches Taxi sollte nicht mehr als 10 US$ kosten, die schwarzen Limousinen verlangen 20–30 US$.

Ausreise

Bei der internationalen Ausreise von Lima ist eine Flughafen-/Ausreisesteuer von ca. 31 US$ (oder Landeswährung) in bar zu bezahlen. Für Flüge im Inland werden 5–6 US$ berechnet.

Auskunft

Peru unterhält keine Fremdenverkehrsbüros in Deutschland, Informationen sind unter www.peru.org.pe erhältlich. Das Auswärtige Amt informiert unter der Rubrik »Länder- und Reiseinformationen« über Peru: www.auswaertiges-amt.de.

Bevölkerung

Peru zählt ca. 28,5 Mio. Einwohner. Fast ein Drittel davon lebt im Großraum Lima. Die genaue Zusammensetzung der Bevölkerung des Landes ist aufgrund der vielen Einwanderungswellen schwierig zu bestimmen. Ca. 47 % der Peruaner sind indigener Abstammung, 37 % Mestizen, 13 % Nachfahren europäischer Einwanderer und ca. 3 % Farbige und Asiaten. Das Bevölkerungswachstum liegt bei 1,36 %, die durchschnittliche Lebenserwartung beträgt 69 Jahre. 18 % der Bevölkerung leben in extremer Armut (Stand: Juli 2006).

Buchtipps

Peruanische Schriftsteller: **Ciro Alegría** »Die Welt ist groß und fremd«; **José María Arguedas** »Die tiefen Flüsse«; **Alfredo Bryce Echenique** »Eine Welt für Julius«; **Mario Vargas Llosa** »Die Stadt und die Hunde«, »Tante Julia und der Kunstschreiber«.

Diebstahl/Sicherheit

Auf Reisen durch Peru stellt man keinen Reichtum zur Schau. Wertgegenstände und Reisedokumente, die man nicht permanent benötigt, gehören in den Hotelsafe oder ein abgesperrtes Gepäckstück im Hotelzimmer. Gepäck und Wertgegenstände lässt man außerhalb der Hotels nie unbeobachtet. Märkte locken Taschen- und Trickdiebe an. Nachts sollte man dunkle Gassen und unsichere Viertel meiden und nur mit offiziellen Taxis fahren. Bei Problemen wendet man sich an die Policía de Turismo (Touristenpolizei).

Diplomatische Vertretungen

In Deutschland

Botschaft der Republik Peru
Mohrenstr. 42, 10117 Berlin;
Tel. 0 30/2 06 41 03, Fax 20 64 10 51 und 2 29 28 57

In Österreich

Botschaft der Republik Peru
Gottfried Keller Gasse 2/1-2, 1030 Wien;
Tel. 01/7 13 43 77, Fax 7 12 77 04

In der Schweiz

Botschaft der Republik Peru
Thunstr. 36, 3005 Bern;
Tel. 0 31/3 51 85 55, Fax 3 51 85 70

In Peru

Deutsche Botschaft → S. 51, c 1
Av. Arequipa 4202-4210, Miraflores, Lima 18; Tel. 01/2 12 50 16, Fax 4 22 64 75

Deutsches Honorarkonsulat
Consulado Alemán → S. 83, b/c 1/2
San Agustin 307, Cusco; Tel. 0 84/24 29 70

Schweizer Botschaft
→ S. 51, nordwestl. a 1
Av. Salaverry 3240, San Isidro, Lima 27;
Tel. 01/2 64 03 05, Fax 2 64 13 19

Österreichische Botschaft
→ S. 51, nordwestl. a 1
Edificio De las Naciones, Av. Central 643, San Isidro, Lima; Tel. 01/4 42 05 03, Fax 4 42 88 51; Post an: Casilla 853, Lima 100

Feiertage

1. Januar Neujahr (Año Nuevo)
April Gründonnerstag und Karfreitag (Jueves y Viernes Santo)
1. Mai Tag der Arbeit (Día de los Trabajadores)
29. Juni Peter und Paul (Día de San Pedro y San Pablo)
28./29. Juli Nationalfeiertag/ Unabhängigkeitstag (Fiestas Patrias)
15. August Mariä Himmelfahrt (Virgen de la Asunción)
30. August Hl. Rosa von Lima (Santa Rosa de Lima)
8. Oktober Schlacht von Angamos (Combate de Angamos)
1. November Allerheiligen (Todos los Santos)
8. Dezember Mariä Empfängnis (La Inmaculada Concepción)
25. Dezember Weihnachten (Navidad)

Fernsehen

In Peru existieren ein staatlicher sowie acht kommerzielle Fernsehkanä-

Entfernungen (in km) zwischen wichtigen Orten in Peru

	Arequipa	Ayacucho	Cajamarca	Cusco	Huaraz	Lima	Puerto Maldonado	Puno	Trujillo	Tumbes	Tacna
Arequipa	–	1110	1882	520	1420	1010	1005	311	1579	2291	363
Ayacucho	1110	–	1430	590	968	558	1130	980	1127	1839	1405
Cajamarca	1882	1430	–	1957	647	872	2497	2193	309	791	2173
Cusco	520	590	1957	–	1495	1085	540	390	1654	2366	883
Huaraz	1420	968	647	1495	–	410	2035	1731	338	1056	1711
Lima	1010	558	872	1085	410	–	1625	1321	569	1281	1301
Puerto Maldonado	1005	1130	2497	540	2035	1625	–	824	2194	2906	1368
Puno	311	980	2193	390	1731	1321	824	–	1890	2602	412
Trujillo	1579	1127	309	1654	338	569	2194	1890	–	718	1870
Tumbes	2291	1839	791	2366	1056	1281	2906	2602	718	–	2582
Tacna	363	1405	2173	883	1711	1301	1368	412	1870	2582	–

Auch in Peru sind E-Mail und Internet auf dem Vormarsch, aber die alte Hauptpost von Lima (→ S. 44) behauptet sich weiterhin stolz.

le. In größeren Städten und in den meisten Hotels gibt es Kabel- bzw. Satellitenfernsehen, das internationales TV-Programm empfängt (auch Deutsche Welle, CNN etc.).

FKK

FKK verstößt gegen die gängigen Moralvorstellungen der Peruaner und sollte daher unterlassen werden. Das gilt insbesondere für Besuche der Thermalbäder im Hochland, denn hier ist man zu Gast bei der indigenen Landbevölkerung. Indianerinnen gehen häufig mit Rock und Bluse baden.

Fotografieren

Der Respekt vor anderen Menschen verbietet es, aus nächster Nähe ungefragt zu fotografieren. Oftmals stehen in touristischen Zentren Fotomodelle bereit, die sich in kompletter Tracht gegen ein Trinkgeld ablichten lassen (1–2 S/.). In vielen Kirchen herrscht ein striktes Fotografierverbot. Militärische Einrichtungen und Personal sollte man nicht ungefragt fotografieren. Digitale Bilder kann man in allen touristischen Orten auf CD brennen lassen.

Geld

Die peruanische Währung ist der Nuevo Sol, S/. – kurz Sol genannt. Als Zweitwährung gilt der US-Dollar. Teure Importware ist häufig sogar in US$ ausgewiesen. In Hotels, besseren Restaurants sowie bei Airlines und Reisebüros kann man problemlos mit der Kreditkarte bezahlen. Per EC-Karte kann man an Bankautomaten fast überall in Peru US$ sowie S/. abheben.

Der Euro wird in den Wechselstuben größerer Orte akzeptiert, ist aber meist leicht unterbewertet (in etwa in dem Maße, wie beim Kauf von US$ in Europa Wechselgebühren anfallen). In offiziellen Wechselstuben wechselt man sicherer als bei Straßenwechslern. Banken bieten lange Wartezeiten und schlechte Kurse.

Der Sol ist in 100 Centimos unterteilt. Es existieren Münzen im Wert von 1, 5, 10, 20 und 50 Centimos sowie 1-, 2- und 5-S/.-Münzen. Es gibt 10-, 20-, 50-, 100- und 200-S/.-Scheine. Die 100- und 200-S/.-Scheine eignen sich nur für große Einkäufe. Achten Sie darauf, dass Sie immer etwas Kleingeld dabeihaben. Ganz wichtig:

Reisen Sie nur mit einwandfreien US$- und €-Banknoten. Leicht eingerissene oder befleckte Scheine werden nicht akzeptiert. Schweizer Franken werden zu schlechten Tauschkursen gewechselt.

Goethe-Institut

Jr. Nazca 722, Jesús Maria, Lima; Tel. 01/4 33 31 80, Fax 4 31 04 94; www.goethe.de

Internet

Da viele Peruaner keinen eigenen PC besitzen, findet man zahlreiche öffentliche Internetkabinen.

Kleidung/Klima

Peru kann man das ganze Jahr über bereisen. An der **Küste** fallen trotz der hohen Luftfeuchtigkeit kaum Niederschläge (vereinzelt feiner Nieselregen, »Garúa«). Von Mai bis Oktober ist es in Lima diesig und kühl, von Dezember bis März wird es sehr warm (bis zu 30 °C).

Im **Hochland** sind die Temperaturschwankungen extrem. Eine Jacke oder Pullover sollte immer griffbereit sein. Sonnenhut, Brille und Sonnencreme gehören aber ebenso zur Standardausrüstung, da die Sonneneinstrahlung sehr aggressiv ist. Von November/Dezember bis März herrscht Regenzeit in den Anden, Trockenzeit ist von April bis Oktober. Tagsüber ist es dann zumeist sonnig, nachts aber empfindlich kalt. Zu Beginn der Trockenzeit im April/Mai sind die Andenhänge noch saftig grün, mit zunehmendem Verlauf der Trockenzeit dörrt die Landschaft aus.

Im **Regenwald** ist es heiß und schwül, trotzdem sind lange Hemden und Hosen (schon als Moskitoschutz) dringend zu empfehlen. Generell macht »Gammellook« in Peru keinen guten Eindruck, auch einfache, ärmere Peruaner kleiden sich immer bestmöglich.

Medizinische Versorgung

Die Qualität der medizinischen Versorgung ist in Peru vom Geldbeutel abhängig. In den Großstädten existieren moderne Privatkliniken mit ei-

Wechselkurse

Nuevo Sol	Euro	Franken
1	0,25	0,40
2	0,50	0,80
3	0,75	1,20
5	1,25	2,00
10	2,50	4,00
15	3,75	6,00
25	6,25	10,00
40	10,00	16,00
50	12,50	20,00
80	20,00	32,00
100	25,00	40,00
200	50,00	80,00
500	125,00	200,00

Stand: Januar 2007

Nebenkosten
(umgerechnet in Euro)

1 Tasse Kaffee	1,00–2,00
1 Bier (0,2 l)	1,25–3,00
1 Cola	1,00
1 Brot (ca. 500g)	1,25
1 Schachtel Zigaretten	1,25–1,75
1 Liter Super-Benzin	1,00
Öffentl. Verkehrsmittel (Einzelfahrt)	0,50
Mietwagen/Tag	ab 45,00

ner Notaufnahme – »Emergencia«. In ländlichen Gegenden findet man nur kleine »Posta Medicas«, das sind Krankenstationen, in denen zumindest ein Pfleger oder eine Krankenschwester professionelle Hilfe leistet. Generell sollte man bei Reisen in ländliche Gebiete eine kleine Notfallapotheke mitführen. In den Städten existieren zahlreiche Apotheken, die Medikamente rezeptfrei verkaufen. Eine Auslandskrankenversicherung ist dringend ratsam. Die Gesundheitsämter informieren über notwendige Impfungen und Vorkehrungen.

Notruf

Polizei 105
Feuerwehr 106

Öffnungszeiten

In Peru gibt es keine gesetzlichen Ladenschlusszeiten. In Lima sind manche Supermärkte 24 Std. geöffnet. Die meisten Geschäfte sind zwischen 10 und 20 Uhr geöffnet.

Politik

Für viele Peruaner war die Politik der letzten 25 Jahre von falschen Versprechungen, Enttäuschungen und Korruption geprägt. Entsprechend haben die traditionellen politischen Parteien ihre Glaubwürdigkeit verloren. Sie mussten Platz machen für politische Newcomer wie Alberto Fujimori und Alejandro Toledo. Fujimori tauchte 1990 mit seiner Partei »Wechsel 90« am politischen Horizont auf und wurde zum Präsidenten gewählt. Dem steilen Aufstieg folgte im Jahr 2000 ein radikaler Absturz. Er erklärte nach Wahlmanipulationen und Korruptionsaffären seinen Rücktritt per Fax aus Japan. Sein Nachfolger Toledo galt als der »Schuhputzerjunge«, der es nach Harvard schaffte, also ein studierter Vertreter der Unterprivilegierten. Trotz seines stabilen Wirtschaftskurses von 2001 bis 2006 war am Ende seiner Amtsperiode der Geldbeutel vieler Peruaner genauso leer wie zuvor. Der nächste Newcomer trat an – dieses Mal einer mit nationalpopulistischen Kampfsprüchen. Ollanta Humalas Zielgruppe waren die bis dato in Peru häufig diskriminierten »Indios« und Mestizen der südlichen Hochanden. Allerdings scheiterte er im zweiten Wahlgang 2006 an dem Expräsidenten Alan García. Der hatte das Land von 1985 bis 1990 in den Bankrott gesteuert, beteuert aber, aus den Fehlern gelernt zu haben.

Post

Für den Versand von Postkarten etc. unterhält Serpost einen zuverlässigen Service. Eine Postkarte nach Europa kostet ca. 6 S/. Der Versand von Paketen in die EU mit Serpost, DHL etc. ist teuer.

Reiseknigge

Der Begriff »Indio« gilt als Schimpfwort und sollte gerade in Gegenwart der Landbevölkerung nicht verwendet werden. Man spricht von »Campesinos«, Bauern, oder »Indígenas« – Indigenen (allerdings nicht als Anrede).

Als »Gringos« werden hellhäutige Ausländer bezeichnet, im Gegensatz zu »Chinos«, damit sind alle Asiaten gemeint. Der Begriff Gringo kann sehr nett gemeint sein (»Gringito« – Verkleinerungsform), kann aber auch einen giftigen Beigeschmack bekommen – also genau hinhören, bevor man vorschnell in die Luft geht.

Bei Wanderungen und Trekkings sollte man bedenken, dass das Flusswasser für die Bevölkerung zugleich Trinkwasser ist. Man wäscht sich also nicht direkt in Bächen oder Flüssen, geschweige denn verrichtet man andere »Geschäfte« in deren Nähe. Selbst organischer Müll zersetzt sich im kalten Andenhochland nur sehr langsam. Müll darf generell nicht irgendwo verscharrt werden, sondern wird wieder »ausgeführt«. Hier sollte der Tourist mit gutem Beispiel vorangehen.

Bevor die Lamatreiber zu einem langen, schwierigen Marsch aufbrechen, bitten sie die Erdmutter Pachamama und die Apus um einen guten Ausgang ihrer Reise.

Religion
Auch wenn offiziell 90 % der Bevölkerung katholisch sind, so werden die ursprünglichen Naturgottheiten der frühen Andenbewohner in ländlichen Gegenden noch heute verehrt. Sekten und evangelische Kirchen verzeichnen regen Zulauf (Mormonen, Adventisten).

Sprache
Die Amtssprache ist Spanisch. In den Anden sind die indianischen Sprachen Quechua und Aymára weit verbreitet. Im Amazonasregenwald existieren über 60 Sprachen ethnischer Minderheiten. Die Schulkinder lernen Englisch.

Stromspannung
220 Volt, 60 Hertz.

Telefon
Peru verfügt über ein modernes Telefonnetz und zahlreiche öffentliche Telefonkabinen. Deutsche Quadband-Handys funktionieren in den größeren Städten.

Vorwahl von Deutschland 0049
Vorwahl von Peru 0051

Trinkgelder
In Restaurants sind 10 % Trinkgeld üblich, auch wenn schon eine Servicesteuer von 10 % im Rechnungsbetrag ausgewiesen ist oder es »Servicio incluido« heißt. Die 19-%-IGV-Steuer entspricht der deutschen Mehrwertsteuer. Taxifahrer rechnen nicht mit Trinkgeld, der Fahrpreis ist für Touristen meist schon erhöht. Hotelkofferträger freuen sich über 1 US$ oder 3 bis 4 S/. Generell sollte man bedenken, dass viele Dienstleistungen von fleißigen Helfern erbracht werden, die wenig verdienen und somit auf zusätzliche Trinkgelder angewiesen sind.

Trinkwasser
Leitungswasser ist für den empfindlichen Touristenmagen kein Trinkwasser. Allerdings wird Mineralwasser so gut wie überall verkauft.

Gerade in großer Höhe ist es besonders wichtig, den erhöhten Flüssigkeitsbedarf zu decken. Zum Zähneputzen ist das Leitungswasser bedenkenlos nutzbar.

Transport

Taxis

In peruanischen Städten sind die öffentlichen Verkehrsmittel immer heillos überfüllt und äußerst unübersichtlich organisiert. Man fährt daher am besten mit den günstigen Taxis. In Cusco kostet eine Standardfahrt innerhalb der Stadt tagsüber 2 S/., nachts 3 S/. Selbst längere Fahrten in Lima sind für Touristen günstig (Taxi von Miraflores in die Altstadt Limas ca. 12–15 S/.).

Auch für Tagesausflüge sind Taxis eine gute Alternative. Man sollte aber zuvor den Preis, die Route, die Dauer des Ausflugs und die Zahl der Besichtigungsstopps genau ausmachen. Häufig kommt ein Ausflug so billiger als mit dem Mietwagen, und man kann unterwegs Spaziergänge etc. unternehmen, ohne sich um das Auto zu sorgen.

Inlandflüge

Größere Entfernungen legt man in Peru am besten mit dem Flugzeug zurück. Für die Strecke von Lima bis Cusco (ca. 1000 km) benötigt man im Flugzeug 60 Minuten, während eine Busfahrt 24 Stunden in Anspruch nimmt. Die Fluggesellschaften Aerocondor (www.aerocondor.com.pe) und LAN Peru (www.lan.com.pe) verfügen über die größten Streckennetze. E-Tickets können bei LAN online erworben werden. Bei frühzeitiger Buchung werden Flüge günstiger angeboten.

Mietwagen

Fahrten mit dem Mietwagen kommen sehr teuer, wenn das Fahrzeug nicht an der ursprünglichen Anmietstelle wieder zurückgegeben werden kann. Bei größeren Entfernungen und oftmals schlechten Straßen sind auch geländegängige Fahrzeuge nur begrenzt eine Alternative für eine Rundreise durch Peru. Lange Strecken fliegt man besser. Bei Pannen in ländlichen Gegenden kann es zu erheblichen Verzögerungen kommen, denn Ersatzfahrzeuge stehen nicht auf Anhieb zur Verfügung. Der Verkehr in Lima ist gewöhnungsbedürftig.

Überlandbusse

Verschiedene private Busunternehmen verfügen über ein riesiges Streckennetz in Peru (z.B. Cruz del Sur, Ormeño). Für lange Strecken empfehlen sich die Luxusbusse (Royal Class, Imperial Service etc.). Allerdings sieht man auf Busfahrten nicht viel vom Land. Häufig laufen bei geschlossenen Gardinen Videos rund um die Uhr, viele Stecken werden nachts gefahren. Bei Strecken, die es nicht zu fliegen lohnt, sind die Linienbusse für Individualreisende trotzdem oftmals die beste Alternative. Auf den wichtigen Routen wie z.B. der Panamericana an der Küste, fahren die Busse sehr regelmäßig. Lokale »Bummelbusse« sammeln auch unterwegs Fahrgäste auf. Solche Busse sind nur für kurze Strecken geeignet.

Züge

Nach Machu Picchu fährt man mit dem Zug, denn es gibt keine Straßenverbindung. Zwischen Cusco und Puno am Titicacasse verkehrt die Andenbahn. Der komfortable Touristenzug mit Panoramawagen ist eine attraktive Alternative zur Busfahrt auf der parallel zu den Gleisen verlaufenden Straße. Andere Zugstrecken werden in Peru derzeit für Passagiere nicht regelmäßig angeboten (www.perurail.com).

Wirtschaft

Der Bergbau ist Perus wichtigster Devisenlieferant. Die Hälfte der Exporterlöse geht auf den Abbau von Kupfer, Gold, Zink, Silber, Blei und Eisenerz zurück. Die Hälfte der erwerbstätigen Peruaner arbeitet im Dienstleistungssektor. Der Tourismus

verzeichnet seit Mitte der 1990er Jahre wieder ein kräftiges Wachstum. Der Anteil der industriellen Arbeitsplätze macht knapp 20 % aus, gut 30 % entfallen auf den Landwirtschafts- und Fischereisektor. Unter den landwirtschaftlichen Exportprodukten verdienen Kaffee und Spargel Erwähnung. Die illegalen Gewinne aus dem Anbau von Kokablättern und der Herstellung von Kokain werden natürlich nicht offiziell erfasst, beeinflussen aber die Wirtschaft und Politik Perus. Das BIP betrug 2005 ca. 75 Mrd. US$, Peru erzielte einen Exportüberschuss.

Die wichtigsten Handelspartner Perus sind die USA, gefolgt von der EU und China. Die Auslandsverschuldung des Landes beträgt ca. 30 Mrd. US$. Die Inflation erreichte 1990 ein Rekordhoch von über 7500 %, liegt aber mittlerweile nur noch bei ca. 2 %. Die Wirtschaftsstatistiken sollten nicht darüber hinwegtäuschen, dass fast 20 % der Peruaner in extremer Armut leben. Unterbeschäftigung und Arbeitslosigkeit bestimmen den Alltag vieler Familien.

Zeitungen/Zeitschriften

Unter den sechs größeren Tageszeitungen Perus ist »El Comercio« die Zeitung mit der umfangreichsten, auch internationalen Berichterstattung. Das politische Magazin »Carretas« ist bekannt für seine kritischen Artikel.

Zeitverschiebung

MEZ minus sechs Stunden, in der Sommerzeit minus sieben Stunden.

Zoll

Bei der Einreise interessiert sich der peruanische Zoll nicht für Touristen, solange diese keine kommerzielle Ware einführen. Die Ausfuhr von historischem Kulturgut sowie von Tier- und Pflanzenprodukten, die dem Artenschutz unterliegen, ist strikt verboten. Bei der Ausreise kommt es zu strengen Drogenkontrollen. Für die Rückkehr in die EU gelten die üblichen Zollvorschriften für die Einreise aus Nicht-EU-Ländern.

Weitere Auskünfte unter www.zoll.de, www.bmf.gv.at/zoll und www.zoll.ch.

Auch wenn manche exotische Blume ein schönes Mitbringsel wäre: Unterliegt eine Pflanze dem Artenschutz kommt sie nicht durch den Zoll!

Kartenatlas

Orientierung leicht gemacht: mit Planquadraten und allen Orten und Sehenswürdigkeiten.

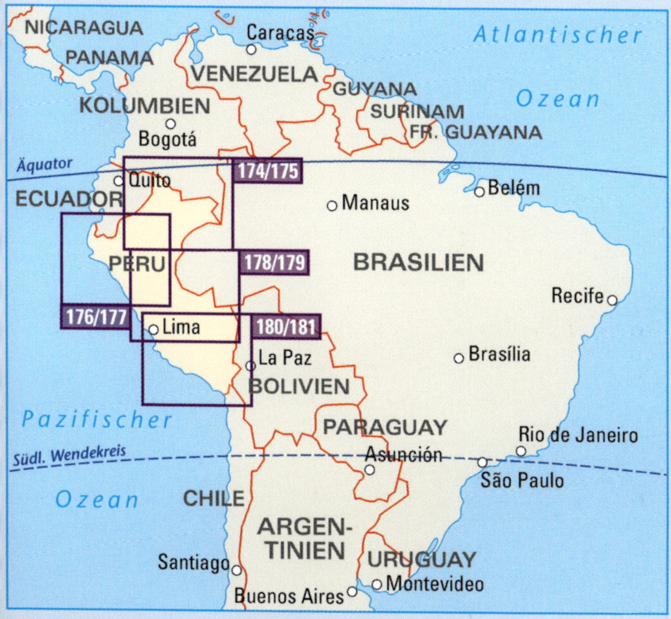

Legende

Routen und Touren

- Huaraz-Chacas-Yungay (S. 142)
- Cusco-Moray-Maras (S. 146)
- Lima-Ayacucho-Huancayo (S. 147)
- Cusco-Paucartambo-Pisaq (S. 150)

Sehenswürdigkeiten

- MERIAN-TopTen
- MERIAN-Tipp
- Sehenswürdigkeit, öffentl. Gebäude
- Sehenswürdigkeit Kultur
- Sehenswürdigkeit Natur
- Kirche
- Museum
- Denkmal
- Archäologische Stätte

Verkehr

- Autobahn
- Fernverkehrsstraße
- Hauptstraße
- Nebenstraße
- Unbefestigte Straße, Weg
- Fußgängerzone
- Busbahnhof
- Flughafen
- Flugplatz

Sonstiges

- Information
- Theater
- Markt
- National-, Naturpark

A B C

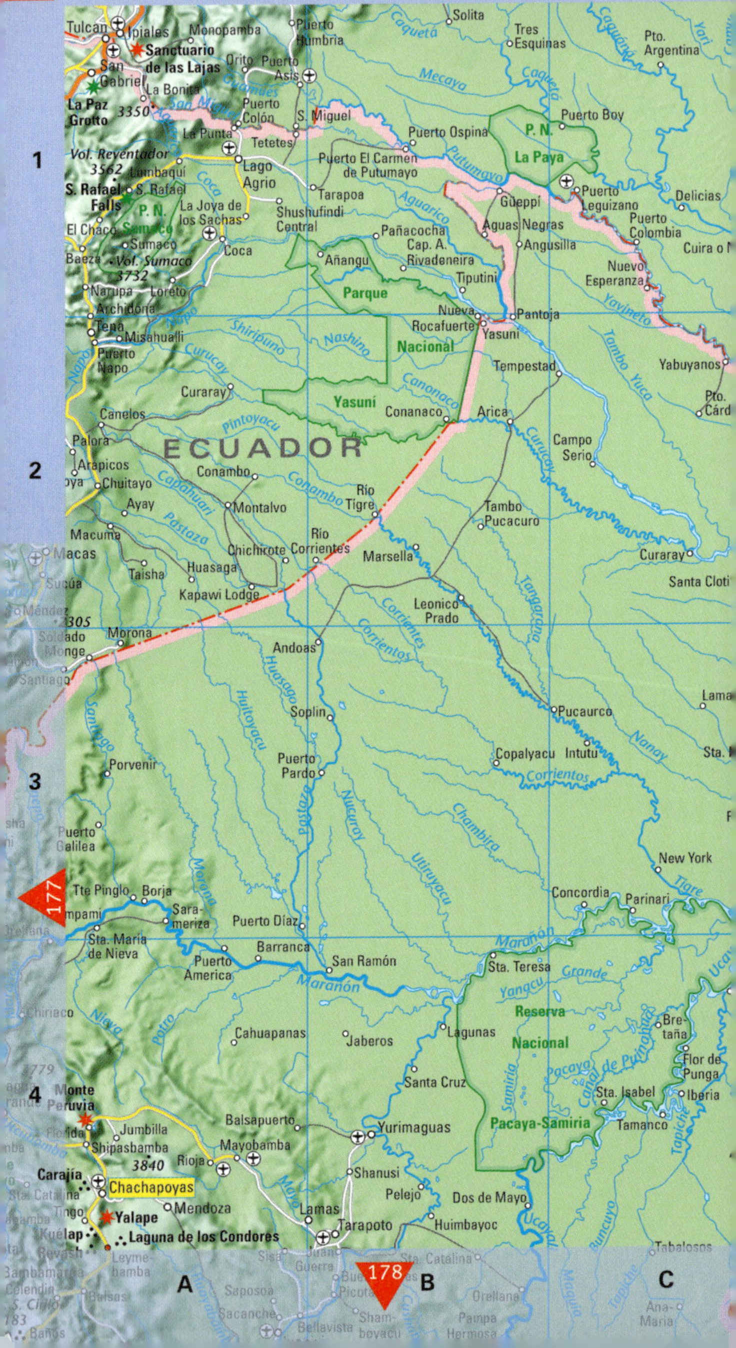

Tulcan
Ipiales
Monopamba
Puerto Umbria
Solita
Caquetá
Tres Esquinas
Caguán
Yari
Pto. Argentina
Sanctuario de las Lajas
San Gabriel
La Bonita
Orito
Puerto Asis
Guamués
Mecaya
Caquetá
La Paz Grotto
3350
San Miguel
Aguarico
Puerto Colón
S. Miguel
Puerto Ospina
Puerto Boy
P. N.
La Paya
La Punta
Tetetes
Puerto El Carmen de Putumayo
Putumayo
Vol. Reventador
3562
Lumbaquí
Lago Agrio
Puerto Leguizano
Delicias
S. Rafael Falls
S. Rafael
Coca
Tarapoa
Güeppí
Puerto Colombia
P. N.
Sumaco
La Joya de los Sachas
Shushufindi Central
Aguarico
Aguas Negras
El Chaco
Sumaco
Coca
Pañacocha
Cap. A. Rivadeneira
Angusilla
Cuira o N
Baeza
Vol. Sumaco
3732
Añangu
Nuevo Esperanza
Narupa
Loreto
Tiputini
Parque
Archidona
Yavineto
Tena
Napo
Nueva Rocafuerte
Pantoja
Misahualli
Shiripuno
Nashino
Yasuní
Puerto Napo
Napo
Curucay
Nacional
Tambo Yuca
Yabuyanos
Tempestad
Curaray
Yasuní
Canonaco
Pto. Card
Canelos
Conanaco
Arica
Pintoyacu
Palora
ECUADOR
Curucay
Campo Serio
Arapicos
Conambo
Chuitayo
Capahuari
Conambo
Río Tigre
Ayay
Montalvo
Tambo Pucacuro
Pastaza
Macuma
Río Corrientes
Macas
Chichirote
Marsella
Curaray
Taisha
Huasaga
Sucúa
Santa Cloti
Kapawi Lodge
Leonico Prado
Tangarana
Méndez
2305
Corrientes
Soldado Monge
Morona
Corrientes
Andoas
Santiago
Huasago
Lama
Huitoyacu
Soplin
Pucaurco
Santiago
Porvenir
Puerto Pardo
Copalyacu
Intutu
Nanay
Sta.
Corrientes
Pastaza
Nucuray
Chambira
Puerto Galilea
Urituyacu
New York
Morona
Tte Pinglo
Borja
177
Concordia
Parinari
Tigre
Sara-meriza
Puerto Díaz
Sta. Maria de Nieva
Barranca
Marañón
Puerto America
San Ramón
Sta. Teresa
Grande
Marañón
Yanacu
Ucayali
Chiriaco
Nieva
Reserva
Potro
Bre-taña
Cahuapanas
Jaberos
Lagunas
Nacional
3779
Pacaya
Flor de Punga
Canal de Puinahua
Monte Peruvia
Santa Cruz
Samiria
Sta. Isabel
Iberia
Balsapuerto
Pacaya-Samiria
Tamanco
Jumbilla
Yurimaguas
Tapiche
Shipasbamba
Mayobamba
3840
Rioja
Carajía
Shanusi
Chachapoyas
Mayo
Pelejo
Dos de Mayo
Tingo
Yalape
Mendoza
Lamas
Ucayali
Buncuyo
Kuélap
Tarapoto
Huimbayoc
Laguna de los Condores
Leyme-bamba
Tabalosos
178
Sta. Catalina
Juanjuí
Saposoa
Picota
Orellana
Maquia
Tapiche
Sacanche
Sham-boyacu
Pampa Hermosa
Ana-Maria
Bellavista
Guerra
Celendín
Huallaga
Cushabatay

A B C

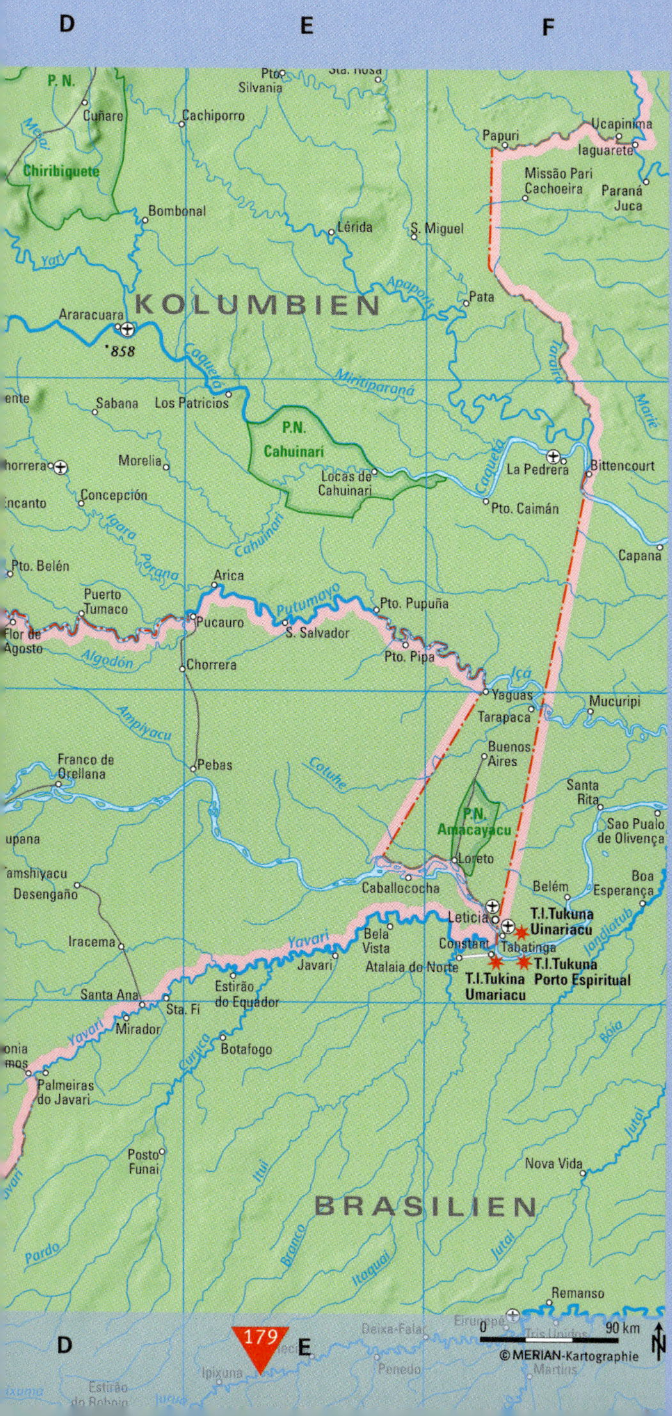
D
E
F
1
2
3
4
P. N.
Chiribiquete
Cuñare
Pto. Silvania
Sta. Rosa
Cachiporro
Papuri
Ucapinima
Iaguarete
Missão Pari Cachoeira
Paraná Juca
Bombonal
Lérida
S. Miguel
Yari
KOLUMBIEN
Apaporis
Pata
Araracuara
858
Caquetá
Miritiparaná
Taraira
Mariê
Sabana
Los Patricios
P.N. Cahuinarí
Morelia
Locas de Cahuinari
La Pedrera
Bittencourt
Caquetá
Pto. Caimán
Concepción
Igara Paraná
Cahuinari
Capana
Pto. Belén
Arica
Puerto Tumaco
Putumayo
Pto. Pupuña
Pucauro
S. Salvador
Flor de Agosto
Algodón
Chorrera
Pto. Pipa
Içá
Yaguas
Mucuripi
Tarapaca
Ampiyacu
Buenos Aires
Franco de Orellana
Pebas
Cotuhe
P.N. Amacayacu
Santa Rita
Sao Pualo de Olivença
Loreto
Caballococha
Belém
Boa Esperança
Desengaño
Leticia
T.I. Tukuna Uinariacu
Jandiatub
Iracema
Yavari
Bela Vista
Constant
Tabatinga
Javari
Atalaia do Norte
T.I. Tukuna Porto Espiritual
T.I. Tukina Umariacu
Estirão do Equador
Santa Ana
Sta. Fi
Mirador
Yavari
Curuça
Botafogo
Bóia
Palmeiras do Javari
Jutaí
Posto Funai
Nova Vida
Ituí
BRASILIEN
Pardo
Branco
Itaquai
Jutaí
Remanso
Eirunepé
Deixa-Falar
0
90 km
N
Tres Unidos
© MERIAN-Kartographie
Penedo
Martins
Ipixuna
Estirão do Bobojo
Juruá
179

A B C

José Luís Tamayo
Elela
Ancón
Chanduy
338
Progreso
El Morro
Playas
102
Puná
Posoria
Ester de Boca
Pto. Grande
Balao
25
PAN AM
Machala
Santuaria Nacional
Manglares de Tumbles
Huaquillas
Sta. Rosa
Tumbes
Zarumilla
Arenillas
Zorritos
S. Jacinto
Balsas
92
Pampa El Toro
Puyanga
Petrified
Forest
3087
Cañaveral
Alamor
Máncora
1A
P. N. Cerros de Amotape
Pindal
Celica
El Alto
Cabo Blanco
PAN AM
1618
Zapotillo
Macará
Chira
La Tina
Lobitos
1
Suyo
Talara
Co. Prieto
704
Poechos
Las Lomas
PAN AM
Tambo Grande
S. Jacinto
C. de Guamani
3367
San Felipe de Vichayal
Chulucanas
Chira
Sullana
Paita
Vicus
Catacaos
Piura
299
Laguna Ramón
Sechura
Bahía de Sechura
Estuario de Virrita
Bayóvar
Desierto de Sechura
Cascajal
Cerro Illesca
517
Ficuar
Olmos
La Trampa
Cerro Calpon
1283
Salinas
36
Illimo
Mochumí
9
Lambayeque
Chiclayo
Santa Rosa
Puerto Eten
8
Pazifischer Ozean

5
6
7
8

A B C

D
E
F
174
177
5
6
7
8
178
Macas
Sangay
Sucúa
Mendez
2305
Soldado Monge
Morona
Limón
Santiago
Taisha
Huasaga
Kapawi Lodge
Chichirote
Corrientes
Marsella
Leonico Prado
Andoas
Soplin
Puerto Pardo
Pucaurco
Copalyacu
Intuto
Corrientes
Porvenir
Puerto Galilea
Paquisha
Guayzimi
Tte Pinglo
Borja
Huampami
Sara-meriza
Puerto Díaz
Orellana
Sta. María de Nieva
Puerto America
Barranca
San Ramón
Marañón
Concordia
Sta. Teresa
San José de Lourdes
Chiriaco
Cahuapanas
Jaberos
Lagunas
Reserva Nacional Pacaya-Samiria
Santa Cruz
3779
Bagua Grande
Monte Peruvia
Florida
Jumbilla
Shipasbamba
Balsapuerto
Yurimaguas
Mayobamba
Rioja
3840
Carajía
Chachapoyas
Sta. Catalina
Tingo
Yalape
Mendoza
Shanusi
Pelejo
Dos de Mayo
Lamas
Tarapoto
Huimbayoc
Kuélap
Revash
Laguna de los Condores
Leyme-bamba
Sisa
Juan Guerra
Sta. Catalina
Buenos Aires
Picota
Saposoa
Sacanche
Orellana
Bellavista
Juanjui
Sham-boyacu
Pampa Hermosa
Ucayali
Cutervo
Chota
Bambamarca
Celendin
C. S. Cirilo
4183
Balsas
Otuzco
Baños del Inca
Cajamarca
Bolivar
Gran Pajatén
Contamana
Campanilla
P.N. Rio Abiseo
4333
Cascas
Cachachi
Caja-bamba
Huama-chuco
Chugay
Polvora
Tirután
Parcoy
Tocache Nuevo
Buldibuyo
4733
Quiruvilca
Julcán
Santiago de Chuco
Pampas
4930
Pallasca
Cabana
Tayabamba
Uchiza
Nuevo Progrese
Pucallpa
S. N. Calipuy
R.N. Calipuy
Tauca
Corongo
Sihuas
Huacrachuco
San Alejandro
Honoria
Tour-navista
Yanac
Umbe
Cordillera Blanca
Gran Muralla
Huallanca
6120
Alpamayo
Huascarán
6768
Santa
Chimbote
Moro
Caraz
Llamellin
Arancay
Monzon
Aucayacu
Aguaytia
16
Luyando
Yungay
Chacas
Carhuaz
Tingo María
Nepeña
Samanco
522
Tortuga
Buenavista Alta
Tarica
Huari
Tantamayo
Tingo Maria
Las Palmas
Codo del Pozuzo
Pto. Inca
Sechín
Pariacoto
Huaraz
Jacas Grande
Chuquis
Recuay
Chavín de Huántar
Churubamba
Chaglla
Puerto Pachitea
1144
Señal Mongon
Aija
Chavinillo
0
90 km
N
178
© MERIAN-Kartographie
Marañón
Huallaga
Ucayali
Pachitea
Aguaytia
Tigre
Pastaza
Huasaga
Huitoyacu
Chambira
Utiruyacu
Nucuray
Morona
Santiago
Cenepa
Nieva
Potro
Utcubamba
Mayo
Huayabamba
Biabo
Cushabatay
Pisqui
Samiria
Yanayacu
Pacaya
Zamora

178
174
177
180
A
B
C
9
10
11
12
Carajía
Chachapoyas
Mendoza
Yalape
Kuélap
Laguna de los Condores
Shanusi
Lamas
Tarapoto
Dos de Mayo
Chota
Bambamarca
Celendín
Bevash
Leyme-
bamba
Balsas
Baños
del Inca
Cajamarca
Bolívar
Gran
Pajatén
Campanilla
P.N.
Río Abiseo
Huayabamba
Sisa
Juan
Guerra
Buenos Aires
Picota
Saposoa
Sacanche
Bellavista
Juanjui
Sham-
boyacu
Cushabatay
Sta. Catalina
Orellana
Pampa
Hermosa
Contamana
Ucayali
Maquia
Tapiche
Tabalos
Ana-
Maria
Biabo
Huallaga
Cajabamba
Huamachuco
Chugay
4733
Quiruvilca
Pampas
4930
Santiago
de Chuco
Pallasca
Cabana
Tauca
Corongo
Sihuas
Parcoy
Buldibuyo
Tayabamba
Marañón
Polvora
Tocache
Nuevo
Uchiza
Nuevo
Progrese
Pisqui
Tirután
Calleria
Aguaytia
Pucallpa
Masis
Huacrachuco
Umbe
Yanac
Santa
Cordillera Blanca
6120
Alpamayo
Huallanca
Huascarán
6768
Caraz
Yungay
Carhuaz
Moro
Nepeña
Chacas
P.N.
Huari
Tarica
Buenavista
Alta
Huaraz
Pariacoto
Recuay
Chavín de
Huantar
Huascarán
Aija
Culebras
Malvas
Huarmey
Chiquián
1144
Señal Mongon
Sechín
Tortuga
Llamellin
Arancay
Monzon
Tantamayo
Tingo María
P.N.
Tingo María
Jacas Grande
Chuquis
Churubamba
Chavinillo
Las
Palmas
Luyando
Aucayacu
Aguaytia
16
San
Alejandro
Hondria
Tour-
navista
1500
Iparia
Pto. Inca
Ucayali
Pachitea
Codo del
Pozuzo
Chaglla
Puerto
Pachitea
Huánuco
Panao
Pozuzo
Baños
Jesus
Ambo
San Rafael
C. Yerupajá
6634
Chaqui-
stambo
Cajacay
Cajamarquilla
Señal Canoas
1477
Ocros
Cajatambo
Yanahuanca
5748
Huachón
Paramonga
Paramonga
Barranca
Supe
Ambar
Manas
Oyón
Churin
Caral
S. N.
Huayllay
Cerro
de Pasco
Huayllay
Junín
Carhuamayo
P.N. Junín
Junín
Ondores
Sayán
Huaura
Huacho
Jucul
Sta.
Cruz
Pacaraos
4500
Acos
R.N.
Lachay
1
PAN
AM
Huaral
Chancay
Ancón
Canta
Sta. Rosa
de Socco
Yangas
Huanza
La Oroya
Tarma
Palcamayo
Palca
Pto. Bermudez
P.N.
Yanachaga
Chemillén
Oxapampa
Paucartambo
Palcazú
Pichis
San Luis
de Shuaro
Bajo
Pichanaqui
La Merced
San Ramón
Perené
Satipo
Puerto
Maza-
mari
Monobamba
Ricrán
Jauja
Sta. Rosa
de Ocopa
Llaylla
Santo Domingo
de Acobamba
5334
Concepción
Huancayo
Mantaro
Callao
LIMA
Cocachacra
Rímac
Matucana
5317
Ricardo Palma
Chan-
chayllo
Chupaca
Santiago de
Anchucaya
S. José
de Quero
Huancan
Salcabamba
Pachacamac
Pachacamac
Lurín
S. Bartolo
Punta Chilca
386
Chilca
Calanga
Ayaciri
Yauyos
Tomas
Mala
Omas
5010
Acostambo
Pampas
Paucarbamba
Mariscal
Cáceres
Huanca-
velica
Churcam
Acobamba
Mala
Asia
Luna-
huaná
Cata-
huasi
Cerro Chocca
5231
Aurahua
Yauli
Lircay
Huanta
San Vincente
de Cañete
Cañete
San Juan
de Yanac
Arma
S. Pedro de Cachi
L. Orcococha
Castrovirreyna
Chincha
Alta
Tambo
Colorado
Chiclláraza
5170
Huaytara
Cangallo
Pisco
Islas Ballestas
Puerto San Martín
Pen. de Paracas
Paracas
Humay
Huancano
Santiago de
Chocorvos
Huanca
Sancos
S. José de los
Molinos
Laramarca
Ica
Huacaña
Laguna Grande
Huacachina
Ocucaje
Laramate
Res. Nacional
de Paracas
Huayuri
Otoca
El Ingenio
Lucanas
Anda-
marca
26
Ayacucho
A
B
C

D
E
F
175
179
181
9
10
11
12
Remanso
Eirunepé
Tris Unidos
Vila Martins
Deixa-Falar
Recife
Penedo
Ipixuna
Estirão do Robojo
Ipixuma
Juruá
Santo Amaro
Tarauacá
Envira
Val-paraiso
Guajará
Iapim
Cruzeiro do Sul
Macucauá
Lorena
Pauini
Tatajuba
São Vicente
T.I.Kaxinawa Colônia Vinte e Sete
Saúde
Seringal Macatuba
Pólo Norte
Progresso
Feijó
Tarauacá
Jurupari
Porto Walter
Cocameira
Fortaleza
Serra do Divisor
Gregório
Embira
Atenas
Paraná do Ouro
Sta. Helena
Taumaturgo
Tarauacá
Manuel Urbano
Alto Bonito
Mamoeiro
Tejo
Muru
Purus
Terra Nova
Foz do Breu
Foz do Jordão
California
Sobral
BRASILIEN
Envira
Simpatia
Esperanza
Puerto Portillo
Dimpolis
Caeté
Yurua
Curanja
Curanja
Curitiba
San Pedro
Alto Purus
Avelino Chaves
Branco
Inuya
Estação Ecológica Rio Acre
Xapuri
Urubamba
Alerta
Chandless
Assis Brasil
Iñapari
Sepahua
De las Piedras
Tahuamanu
Mishagua
Iberia
Forta-leza
San Lorenzo
Lidia
Camisea
Parque
Firmeza
Fitzcarrald
Manu
Barcelona
Mavila
Nacional
Lucerna
Manu
Boca Manú
Reserva Nacional Tambopata Candamo
Yavero ó Paucartambo
del
Urubamba
Co. Atalaya 4381
Alto Madre de Dios
Las Piedras
Quellouno
10
Madre de Dios
Inambari
Fitzcarraldo
Quillabamba
Mara-nura
Manú
Pto. Maldonado
Yanatili
Atalaya
Baltimore
Lucma
7
Manto
Sta. Rosa
6
Ollantaytambo
5
Karte siehe Seite 151
P. N. Bahuaja-Sonene
Machu Picchu
Urubamba
Pto. San Carlos
Nevado Salcantay 6270
9
Calca
Paucar-tambo
Quincemil
Santuario de Ampay
Anta
5
Pisaq
Lacuni Bajo
Lima-tambo
Inambari
Tambopata
5223
4
Cusco
Ccatca
Marcapata
Abancay
Lucre
Ocongate
Heath
3
4
6
Urcos
Ausangate 6400
1170
Cotabambas
Ayapata
Pacchani
San Rafael
Lam-brama
Tambo-bamba
Allincapac 5785
Acomayo
Cusipata
Coasa
Limbani
Chuquibambilla
Progreso
Combapata
Macusani
Pilcopata
Pacha
Yabaoca
Templo de Viracocha
Sicuani
0
90 km
N
D
E
181
© MERIAN-Kartographie

180
178
178
A
B
C
13
14
15
16
Chancay
Huaral
Ancón
Canta
Sta. Rosa de Socco
La Oroya
Matucana
Cocachacra
Chaclacayo
Callao
LIMA
Pachacamac
Lurín
Punta Chilca
386
Chilca
Mala
Asia
San Vincente de Cañete
Ricardo Palma
Santiago de Anchucaya
S. Bartolo
Calanga
Ayaciri
Omas
Lunahuana
Yauyos
5010
Tomas
Catahuasi
Aurahua
Cerro Chocca
5231
San Juan de Yanac
Arma
Castrovirreyna
Chincha Alta
Pisco
Tambo Colorado
Huaytara
Islas Ballestas
Puerto San Martín
Paracas
Pen. de Paracas
Laguna Grande
Huacachina
Res. Nacional de Paracas
Humay
Huancano
Santiago de Chocorvos
S. José de los Molinos
Ica
Ocucaje
Laramarca
Laramate
Palpa
Otoca
El Ingenio
Huayuri
968
Cahuachi
Lineas de Nasca
Nasca
Santa Ana
Cerro Criterion
1725
Cementerio de Chauchilla
R.N. Pampa Galeras
San Juan
Acarí
Yauca
Chala
Chaparra
Atico
Ocoña
Concepción
Huancayo
Chupaca
S. José de Quero
Huancan
Salcabamba
Pampas
Acostambo
Paucarbamba
Huancavelica
Mariscal Cáceres
S. Pedro de Coris
Churcampa
Acobamba
Yauli
Lircay
Huanta
S. Pedro de Cachi
L. Orcococha
Ayacucho
Chicllaraza
5170
Cangallo
Vilcas Huaman
Huanca Sancos
Carhuanca
Querobamba
Huacaña
Pampachiri
Andamarca
Lucanas
Puquio
Abra Huashua
5300
Coracora
Pacapau
Sancos
Chumpi
Pullo
Lago Parinacochas
Cotah
Pausa
5520
Cahuacho
Quicacha
Caraveli
Puerto Rico
San Francisco
Abra Tapuna
3815
San Miguel
Ocros
Chungui
Nevado
Nacional de Am
Andahuaylas
Colcabamba
Chuqui
Chalhuanca
Pampamarca
Ica
Pisco
Cañete
Mala
Mantaro
Pampas
De Lomas
PAN AM
1
26
10
Pazifischer Ozean

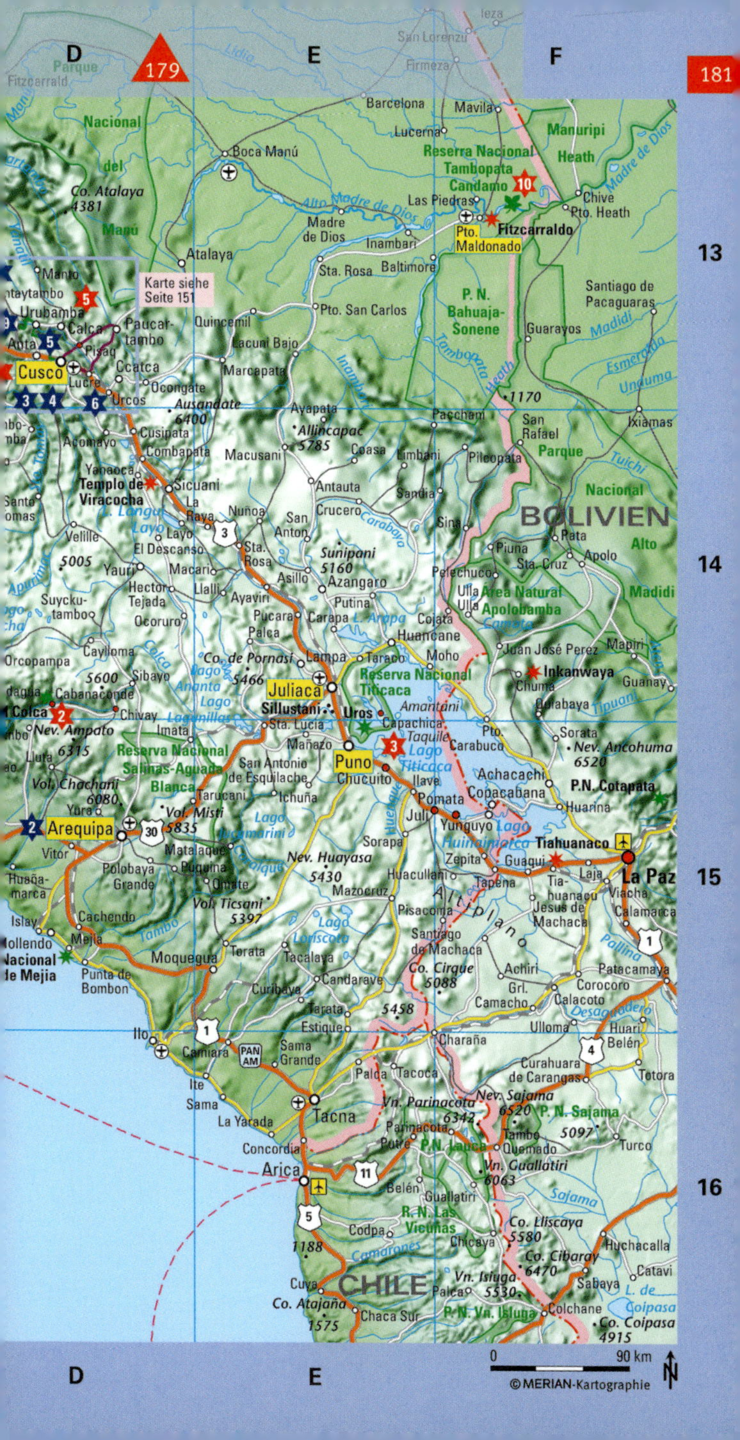

D
E
F
179
181
13
14
15
16
Parque Nacional del Manú
Fitzcarrald
Barcelona
Mavila
Lucerna
Boca Manú
Reserva Nacional Tambopata Candamo
10
Manuripi Heath
Co. Atalaya 4381
Alto Madre de Dios
Las Piedras
Chive
Pto. Heath
Madre de Dios
Madre de Dios
Inambari
Pto. Maldonado
Fitzcarraldo
Atalaya
Sta. Rosa
Baltimore
Manto
Karte siehe Seite 151
Ollantaytambo
5
Urubamba
Calca
Paucartambo
Quincemil
Pto. San Carlos
P. N. Bahuaja-Sonene
Santiago de Pacaguaras
Guarayos
Madidi
Anta
5
Pisaq
Lacuni Bajo
Cusco
Lucre
Ccatca
Marcapata
Inambari
Tambopata
Heath
Esmeralda
Undumo
Ocongate
Urcos
3
4
6
Ausangate 6400
Ayapata
1170
Pacchani
San Rafael
Ixiamas
Cusipata
Allincapac 5785
Acomayo
Combapata
Macusani
Coasa
Limbani
Pilcopata
Parque
Tuichi
Yanaoca
Templo de Viracocha
Sicuani
Antauta
Nacional
La Raya
Nuñoa
San Anton
Crucero
Carabaya
Sandia
Sina
BOLIVIEN
L. Langui Layo
Layo
3
Pata
Alto
Velille
Sta. Rosa
Piuna
Sta. Cruz
Apolo
5005
El Descanso
Sunipani 5160
Yauri
Macari
Asillo
Azangaro
Pelechuco
Madidi
Suyckutambo
Hector Tejada
Llalli
Ayaviri
Putina
Ulla Ulla
Area Natural Apolobamba
Pucara
Carapa
L. Arapa
Cojata
Ocoruro
Palca
Huancane
Camata
Caylloma
Calca
Co. de Pornasi
Lampa
Tarapo
Moho
Juan José Perez
Mapiri
Orcopampa
5600
Sibayo
Lago Ananta
5466
Reserva Nacional Titicaca
Inkanwaya
Chuma
Guanay
Cabanaconde
Juliaca
Sillustani
Uros
Amantani
Quilabaya
Tipuani
Colca
2
Chivay
Lago Lagunillas
Capachica
Pto. Carabuco
Sorata
Nev. Ampato 6315
Imata
Sta. Lucia
Taquile
Nev. Ancohuma 6520
Llura
Mañazo
3
Lago Titicaca
Reserva Nacional Salinas-Aguada Blanca
San Antonio de Esquilache
Puno
Chucuito
Ilave
Achacachi
P.N. Cotapata
Vol. Chachani 6080
Ichuña
Copacabana
Huarina
Yura
Tarucani
Vol. Misti 5835
Pomata
Juli
Yunguyo
Lago Huiñaimarca
Tiahuanaco
2
Arequipa
30
Lago Jucumarini
Huenque
Sorapa
Zepita
Guaqui
La Paz
Vitor
Matalaque
Nev. Huaysa 5430
Huacullani
Tapena
Tiahuanacu
Laja
Viacha
Huañamarca
Polobaya Grande
Puquina
Omate
Mazocruz
Altiplano
Jesus de Machaca
Calamarca
Vol. Ticsani 5397
Lago Loriscota
Pisacoma
Islay
Cachendo
Tambo
Santiago de Machaca
Pallina
1
Mollendo
Mejia
Moquegua
Torata
Tacalaya
Co. Cirque 5088
Achiri
Patacamaya
Nacional de Mejia
Punta de Bombon
Candarave
Grl. Camacho
Corocoro
Curibaya
Calacoto
Desaguadero
Tarata
5458
Ilo
1
Estique
Charaña
Ulloma
Huari
Belén
4
Camiara
PAN AM
Sama Grande
Curahuara de Carangas
Totora
Ite
Palca
Tacoca
Sama
Vn. Parinacota 6342
Nev. Sajama 6520
P. N. Sajama
5097
Tacna
La Yarada
Parinacota
Putre
P.N. Lauca
Tambo Quemado
Turco
Concordia
Arica
11
Vn. Guallatiri 6063
Sajama
Belén
Guallatiri
5
R.N. Las Vicuñas
Co. Lliscaya 5580
Codpa
Chicaya
1188
Camarones
Huchacalla
Co. Cibaray 6470
Catavi
Cuya
CHILE
Vn. Isluga 5530
Sabaya
L. de Coipasa
Co. Atajaña 1575
Palca
Chaca Sur
P. N. Vn. Isluga
Colchane
Co. Coipasa 4915
0
90 km
N
© MERIAN-Kartographie
D
E

T

U

V

Y

Z

Hier finden Sie alphabetisch aufgeführt alle in diesem Band beschriebenen Orte und Ziele, Routen und Touren. Bei einzelnen Sehenswürdigkeiten steht jeweils der dazugehörige Ort in Klammern zusätzlich stehen die Abkürzungen H für Hotel, R für Restaurant und E für Einkaufen. Außerdem enthält das Register wichtige Stichworte sowie alle MERIAN-Tipps, -TopTen und -Favoriten dieses Reiseführers. Wird ein Begriff mehrfach aufgeführt, verweist die **fett** gedruckte Zahl auf die Hauptnennung, eine *kursive* Zahl verweist auf ein Foto.

Liebe Leserinnen und Leser,
wir freuen uns, Ihre Meinung zu diesem Reiseführer zu erfahren. Bitte schreiben Sie uns, wenn Sie Berichtigungen und Ergänzungsvorschläge haben oder wenn Ihnen etwas besonders gut gefällt:

TRAVEL HOUSE MEDIA GmbH, Postfach 86 03 66, 81630 München
E-Mail: merian-live@travel-house-media.de Internet: www.merian.de

Der Autor
Diesen Reiseführer schrieb **Günter Hane**, Jahrgang 1962. Er lebt seit über 20 Jahren in Peru und ist selbstständiger Reiseunternehmer. Er betreut Trekking- und Kulturreisende auf ausgefallenen, maßgeschneiderten Reiserouten durch das Reich der Inka (www.hanetours.com). Sozial- und umweltverträglicher Tourismus ist ihm ein besonderes Anliegen.

Bei Interesse an Karten aus MERIAN-Reiseführern wenden Sie sich bitte an:
iPUBLISH GmbH, geomatics
E-Mail: geomatics@ipublish.de

Fotos
Titelbild: Machu Picchu (G. Hane)
Alle Fotos G. Hane außer: Hemispheres/laif 14/15, 113; Huber/Orient 136; Raach/laif 108

Alle Angaben in diesem Reiseführer sind gewissenhaft geprüft. Preise, Öffnungszeiten usw. können sich aber schnell ändern. Für eventuelle Fehler übernimmt der Verlag keine Haftung.

Programmleitung
Susanne Böttcher
Projektleitung
Verónica Reisenegger
Redaktion
Sonja Bayer
Lektorat
Eva Morgenstern für bookwise, München
Gestaltung
wieschendorf.design, Berlin
MERIAN-Quiz
Verónica Reisenegger (Konzept und Idee)
Karten
MERIAN-Kartographie
Satz
Eva Morgenstern für bookwise, München
Druck
Appl, Wemding
Bindung
Auer, Donauwörth
Gedruckt auf
Nopacoat Edition von der Papier Union

1. Auflage

TRAVEL HOUSE MEDIA

100 JAHRE
GANSKE VERLAGSGRUPPE

Peru

MERIAN-Tipps

Tipps und Empfehlungen für Kenner und Individualisten

1. **Museo Nacional de Arqueología, Antropología e Historia del Perú in Lima**
Das Museum bietet einen Überblick von den ersten Sammlern bis in die Kolonialzeit (→ S. 48).

2. **San Camilo Mercado in Arequipa**
Exotisches Obst und Gemüse bietet dieser Markt genauso wie Zubehör für Medizinmänner (→ S. 67).

3. **MAP – Museo de Arte Precolombiano in Cusco**
Wunderschöne Fundstücke vergangener Kulturen (→ S. 89).

4. **Restaurant Granja Heidi in Cusco**
Ob Frühstück, Mittag- oder Abendessen – zu jeder Tageszeit eine tolle Küche (→ S. 90).

5. **Sonntagsmarkt in Chinchero**
Vor der prachtvollen Kulisse der Anden werden regionale Produkte verkauft (→ S. 94).

6. **Andahuaylillas**
Die sogenannte »Sixtinische Kapelle Amerikas« besitzt ein (farben)prächtiges Inneres (→ S. 95).

7. **El Albergue in Ollantaytambo**
Ein einzigartiges Erlebnis ist die Übernachtung in dem urigen ehemaligen Bahnhofsgebäude (→ S. 96).

8. **Huaca El Brujo im Chicamatal**
Fabelwesen, Priester und Menschenopfer umgeben den Besucher in dieser Ausgrabungsstätte der Mochica (→ S. 115).

9. **Salinen von Maras**
Schon die Inka nutzten die riesigen Salzterrassen zur Gewinnung des »weißen Goldes« (→ S. 146).

10. **Koloniales Erbe von Ayacucho**
Durch 33 Kirchen und zahlreiche Herrenhäuser wird hier die Kolonialzeit wieder lebendig (→ S. 149).

← MERIAN-TopTen finden Sie auf Seite 1